중학교 | 정보

중 간 · 기 말 · 내 신 대 비

자습서
+
평가 문제집

(주) 삼양미디어

차례

I. 컴퓨팅 시스템

O1 컴퓨팅 시스템과 운영체제 ·· 06

O2 피지컬 컴퓨팅 시스템 ·· 12

O3 피지컬 컴퓨팅 시스템 구현 ··· 18

● 대단원 마무리 문제 ·· 24

II. 데이터

O1 디지털 데이터의 가치와 표현 ······································ 28

O2 데이터의 수집과 관리 ··· 34

O3 데이터 구조화 ··· 40

O4 데이터와 문제 해결 ··· 46

● 대단원 마무리 문제 ··· 52

III. 알고리즘과 프로그래밍

O1 문제 정의와 상태 ··· 58

O2 핵심 요소와 알고리즘 표현 ··· 66

O3 알고리즘 분석과 비교 ··· 74

04 문제 해결 전략과 알고리즘 설계 ················· 80

05 데이터의 순차적 저장 ······················· 86

06 논리 연산과 중첩 제어 구조 ··················· 94

07 함수와 디버깅 ··························· 102

08 문제 해결 프로젝트 ······················· 110

● 대단원 마무리 문제 ··················· 118

Ⅳ. 인공지능

01 인공지능과 인공지능 시스템 ················· 128

02 인공지능과 데이터 ······················· 134

03 인공지능 시스템을 이용한 문제 해결 ············· 140

04 인공지능 윤리 ··························· 146

● 대단원 마무리 문제 ··················· 152

Ⅴ. 디지털 문화

01 디지털 사회와 진로 ······················· 158

02 디지털 윤리와 권리 보호 ···················· 164

● 대단원 마무리 문제 ··················· 176

● 정답 및 해설 ························· 180

컴퓨팅 시스템

01 | 컴퓨팅 시스템과 운영체제

02 | 피지컬 컴퓨팅 시스템

03 | 피지컬 컴퓨팅 시스템 구현

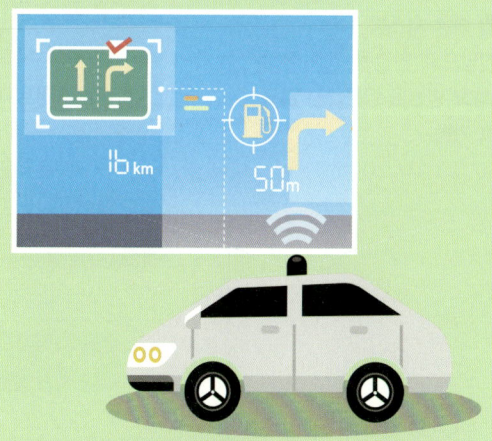

01 컴퓨팅 시스템과 운영체제

학습 목표
- 컴퓨팅 시스템의 구성 요소와 동작 원리를 설명할 수 있다.
- 컴퓨팅 시스템에서 운영체제의 기능을 설명할 수 있다.

1 컴퓨팅 시스템의 이해

1. 컴퓨팅 시스템의 개념

(1) 컴퓨팅(Computing): 컴퓨터를 이용해 데이터를 처리하고 계산을 수행하는 모든 과정

(2) 컴퓨팅 시스템(Computing system): 하드웨어와 소프트웨어로 구성된 다양한 문제 해결에 활용하는 시스템

　예 스마트폰, 웨어러블 기기, 스마트 가전기기, 자율주행 자동차 등

2. 컴퓨팅 시스템의 활용

(1) 하드웨어의 소형화와 성능 향상, 소프트웨어 기술의 발전으로 여러 분야의 문제 해결

(2) 일상생활의 문제뿐만 아니라 과학, 교육, 의료, 산업 등 여러 분야의 문제 해결

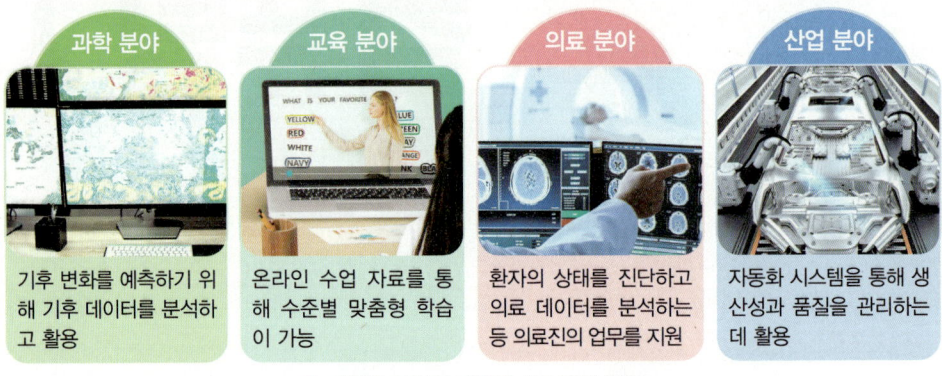

과학 분야	교육 분야	의료 분야	산업 분야
기후 변화를 예측하기 위해 기후 데이터를 분석하고 활용	온라인 수업 자료를 통해 수준별 맞춤형 학습이 가능	환자의 상태를 진단하고 의료 데이터를 분석하는 등 의료진의 업무를 지원	자동화 시스템을 통해 생산성과 품질을 관리하는 데 활용

⬆ 다양한 분야의 컴퓨팅 시스템의 활용

(3) 우리 생활 속 컴퓨팅 시스템의 활용

❶ 개인용 컴퓨팅 시스템: 스마트폰, 태블릿, 랩톱 컴퓨터, 데스크톱 컴퓨터 등

❷ 웨어러블 컴퓨팅 시스템: 스마트 워치, 스마트 슈즈, 스마트 글라스 등

❸ 산업 서비스 분야 컴퓨팅 시스템: 자동화 택배 센터의 로봇, 서빙 로봇, 키오스크, 원격 의료 시스템 등

❹ 교통 관련 컴퓨팅 시스템: 자율주행 자동차, 대중교통 도착 알림 시스템 등

❺ 가정에서 사용되는 컴퓨팅 시스템: 스마트 냉장고, 스마트 에어컨, 로봇 청소기, 인공지능 스피커, 스마트 TV, 스마트 도어 록 등

3. 컴퓨팅 시스템의 구성

하드웨어와 소프트웨어로 구성되어 있으며, 상호 작용을 통해 데이터를 처리하고 문제를 해결

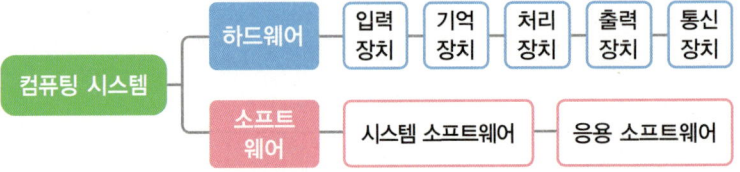

랩톱 컴퓨터
이동성과 활용성이 높아 어디서나 다양한 컴퓨팅 업무 처리 가능

원격 의료 시스템
통신망으로 연결된 의료 장비를 통해 병원을 방문하지 않고 진료 가능

(1) 하드웨어(HW, hardware): 컴퓨팅 시스템을 구성하는 물리적인 장치로, 우리가 직접 만지고 볼 수 있는 모든 부품을 포함

❶ 입력 장치: 문자, 소리, 이미지 등의 다양한 형태의 입력을 디지털 신호로 변환하는 장치

　예 키보드, 마우스, 웹캠, 마이크 등

❷ 기억 장치: 프로그램이나 데이터를 기억시켜 두고 필요할 때 이용할 수 있게 하는 장치

구분	내용
주기억 장치	현재 작업 중인 데이터와 프로그램을 일시적으로 저장하며 전원이 꺼지면 데이터가 사라짐 **예** 램(RAM) 등
보조 기억 장치	대용량의 데이터와 프로그램을 장기간 저장하며 전원이 꺼져도 데이터가 사라지지 않음 **예** 하드디스크, USB 메모리, 반도체 기억소자 저장 장치 등

❸ 처리 장치: 컴퓨팅 시스템에서 사람의 두뇌와 같은 역할을 하는 장치

구분	내용
중앙 처리 장치 (CPU)	명령에 따라 데이터를 처리하고 연산을 수행하는 연산 장치와 여러 장치를 관리하고 제어하는 제어 장치로 구성
그래픽 처리 장치 (GPU)	그래픽 작업을 전담하여 고성능 그래픽 처리를 수행

❹ 출력 장치: 처리한 결과를 텍스트, 이미지, 소리 등의 형태로 변환하여 사용자에게 보여 주는 장치 **예** 모니터, 프린터, 스피커 등

❺ 통신 장치: 다양한 컴퓨팅 시스템 간에 데이터를 주고받기 위한 장치

　예 유선 랜 카드, 무선 랜 카드 등

(2) 소프트웨어(SW, software): 컴퓨팅 시스템에서 다양한 작업을 수행할 수 있도록 지시하는 프로그램

❶ 시스템 소프트웨어: 하드웨어와 응용 소프트웨어를 관리하기 위해 만든 소프트웨어

　예 운영체제 등

❷ 응용 소프트웨어: 특정 작업을 수행하기 위한 프로그램

　예 한셀, 엑셀, 프레젠테이션 등

4. 컴퓨팅 시스템의 동작 원리

(1) 컴퓨팅 시스템은 입력 → 처리 → 출력의 과정으로 동작

(2) 사용자가 데이터나 명령 입력(입력 장치) → 입력된 데이터나 명령 처리(처리 장치) → 결과(출력 장치)

(3) 과정에서 필요한 데이터와 프로그램은 기억 장치를 활용

(4) 운영체제는 하드웨어가 원활하게 작동하도록 모든 동작을 제어하고 관리

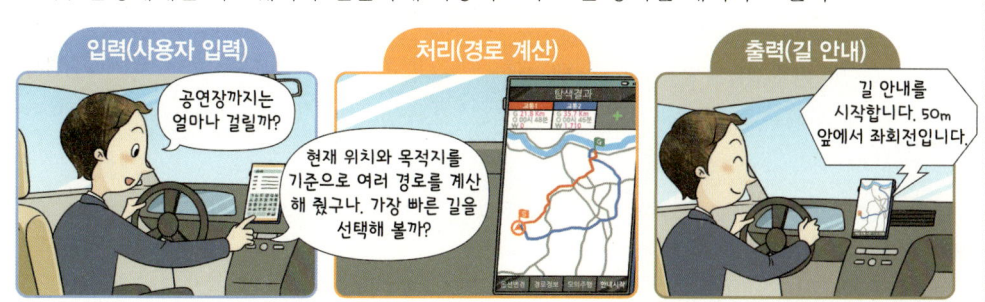

사람과 컴퓨팅 시스템의 구성 비교
하드웨어와 소프트웨어는 사람의 몸과 정신처럼 서로 긴밀하게 연결되어 있음. 하드웨어가 사람의 '몸'에 비유된다면, 소프트웨어는 '정신'에 비유되며 하드웨어를 제어하고 활용. 이 두 요소가 조화를 이루어 컴퓨팅 시스템이 효율적으로 작동

❷ 운영체제

1. 운영체제의 개념

운영체제
컴퓨터의 하드웨어 시스템을 효율적으로 운영하기 위한 소프트웨어. 컴퓨터를 작동하고 시스템 전체를 감시하며, 처리해야 할 데이터의 관리와 작업 계획 등을 조정하는 여러 가지의 프로그램으로 구성

(1) 운영체제(OS:Operating System): 컴퓨팅 시스템의 전원이 켜질 때 가장 먼저 실행되는 시스템 소프트웨어

❶ 하드웨어와 응용 소프트웨어 사이에서 하드웨어를 제어하고 자원을 효율적으로 관리

❷ 사용자가 응용 소프트웨어를 통해 작업을 수행할 때, 운영체제는 필요한 하드웨어를 배정하고 관리

❸ 운영체제는 사용자가 컴퓨팅 시스템을 편리하고 안정적으로 사용할 수 있는 환경을 제공

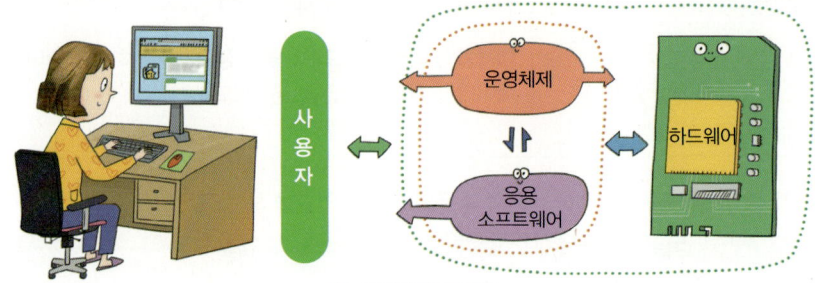

⬆ 운영체제의 역할

(2) 운영체제의 종류

❶ 데스크톱 운영체제: 윈도(Windows), 리눅스(Linux), 맥 OS(Mac OS) 등

❷ 모바일 운영체제: 안드로이드(Android), 아이오에스(iOS) 등

2. 운영체제의 기능

(1) 사용자 인터페이스 제공 : 사용자가 컴퓨팅 시스템을 편리하게 사용할 수 있도록 함

예 문자 기반, 그래픽, 음성 사용자 인터페이스 등

(2) 주기억 장치 관리: 프로그램 실행 시 필요한 메모리 공간을 배정하고, 실행 종료 후 메모리를 회수함

(3) 입출력 장치 관리: 키보드, 마우스, 모니터, 프린터 등 다양한 입출력 장치를 관리함

(4) 프로세스 관리: 실행 중인 프로그램이 원활하게 실행될 수 있도록 컴퓨팅 자원을 할당하고 관리함

(5) 파일 관리: 파일의 생성, 삭제, 이동, 검색, 보관 등의 작업을 지원함

 **점검 하기**

1 다음에서 설명하는 것은 무엇인가?

> 하드웨어와 소프트웨어로 구성되어 다양한 문제 해결에 활용되는 시스템

2 다음에서 설명하는 것은 무엇인가?

> 컴퓨팅 시스템의 전원이 켜질 때 가장 먼저 실행되며, 하드웨어와 응용 소프트웨어 사이에서 하드웨어를 제어하고 자원을 효율적으로 관리하는 소프트웨어

정답 **1** 컴퓨팅 시스템 **2** 운영체제

개념 확인 문제

01 다음 중 컴퓨팅 시스템의 설명으로 옳은 것은?

① 하드웨어로만 구성된 계산 장치이다.
② 소프트웨어로만 구성된 프로그램 집합이다.
③ 운영체제가 설치된 데스크톱 컴퓨터만을 의미한다.
④ 통신 장치만을 이용해 데이터를 전달하는 시스템이다.
⑤ 하드웨어와 소프트웨어로 구성되어 문제 해결에 활용되는 시스템이다.

02 다음 중 컴퓨팅 시스템의 하드웨어 구성 요소에 해당하지 <u>않는</u> 것은?

① 입력 장치
② 처리 장치
③ 기억 장치
④ 응용 장치
⑤ 출력 장치

03 다음 중 운영체제의 주요 기능으로 옳지 <u>않은</u> 것은?

① 파일 관리
② 주기억 장치 관리
③ 입출력 장치 관리
④ 응용 프로그램 개발
⑤ 사용자 인터페이스 제공

04 다음에서 설명하는 것은 무엇인가?

> 컴퓨팅 시스템을 구성하는 물리적인 장치로, 우리가 직접 만지고 볼 수 있는 모든 부품

정답 및 해설

정답

01 ⑤   **02** ④   **03** ④   **04** 하드웨어

해설

01 컴퓨팅 시스템은 하드웨어와 소프트웨어로 구성되어 다양한 문제 해결에 활용되는 시스템이다.

02 하드웨어는 입력·처리·기억·출력·통신 장치이다.

03 운영체제의 주요 기능으로는 사용자 인터페이스 제공, 주기억 장치 관리, 입출력 장치 관리, 프로세스 관리, 파일 관리 등이 있다.

04 하드웨어는 컴퓨팅 시스템을 이루는 물리적인 장치이며, 소프트웨어는 컴퓨팅 시스템에서 다양한 작업을 수행할 수 있도록 지시하는 프로그램이다.

시험 대비 문제

01 다음 중 컴퓨팅 시스템으로 보기 <u>어려운</u> 사례는?

① 스마트폰으로 결제를 처리하는 경우
② 원격 의료 시스템을 통해 진료를 받는 경우
③ 스마트 냉장고가 인터넷으로 요리법을 제공하는 경우
④ 자율주행 자동차가 센서 정보를 분석해 주행하는 경우
⑤ 사람이 종이에 계산 과정을 적어 문제를 해결하는 경우

02 다음 중 컴퓨팅 시스템이 일상생활뿐 아니라 사회 전반의 문제 해결에 활용될 수 있게 된 가장 큰 배경은 무엇인가?

① 사용 방법이 동일하기 때문이다.
② 네트워크 기술이 필수이기 때문이다.
③ 모든 기능이 자동화되었기 때문이다.
④ 컴퓨터의 외형이 단순해졌기 때문이다.
⑤ 하드웨어 성능 향상과 소프트웨어 기술 발전 때문이다.

03 다음에서 설명하는 것은 무엇인가?

> 프로그램이나 데이터를 기억해 두고 필요할 때 이용할 수 있게 하는 장치

① 기억 장치
② 처리 장치
③ 입력 장치
④ 출력 장치
⑤ 통신 장치

04 다음 중 주기억 장치와 보조 기억 장치를 바르게 설명한 것은?

① 보조 기억 장치는 출력 장치이다.
② 주기억 장치는 통신을 담당한다.
③ 보조 기억 장치는 연산을 수행한다.
④ 주기억 장치는 전원이 꺼지면 데이터가 사라진다.
⑤ 주기억 장치는 장기 저장, 보조 기억 장치는 일시 저장 장치이다.

05 다음 중 출력 장치로만 묶인 것은?

> 가. 모니터　　　　　나. 프린터
> 다. 키보드　　　　　라. 마우스

① 가, 나　　　　　② 가, 다
③ 가, 라　　　　　④ 나, 다
⑤ 다, 라

06 컴퓨팅 시스템의 작동 과정을 올바르게 나열한 것은?

① 처리 → 입력 → 출력
② 입력 → 출력 → 처리
③ 입력 → 처리 → 출력
④ 출력 → 처리 → 입력
⑤ 저장 → 입력 → 처리

07 컴퓨팅 시스템에 운영체제가 없다면 발생할 수 있는 문제로 가장 적절한 것은?

① 화면이 항상 꺼져 있다.
② 인터넷 연결이 차단된다.
③ 입력 장치가 작동하지 않는다.
④ 모든 프로그램이 자동으로 실행된다.
⑤ 하드웨어 자원이 체계적으로 관리되지 않는다.

08 다음에서 설명하는 소프트웨어의 종류는?

> 특정 작업을 수행하기 위해 사용하는 프로그램

① 하드웨어   ② 운영체제
③ 통신 장치   ④ 응용 소프트웨어
⑤ 시스템 소프트웨어

09 다음 중 컴퓨팅 시스템, 하드웨어, 운영체제의 관계를 가장 잘 설명한 것은?

① 하드웨어는 소프트웨어 없이 작동한다.
② 컴퓨팅 시스템은 하드웨어만으로 구성된다.
③ 응용 소프트웨어가 모든 자원을 직접 관리한다.
④ 컴퓨팅 시스템은 소프트웨어만으로도 작동이 가능하다.
⑤ 운영체제는 하드웨어와 소프트웨어 사이에서 자원을 관리한다.

10 다음 사례에서 운영체제의 역할로 가장 적절한 것은?

> 여러 프로그램이 동시에 실행될 수 있도록 컴퓨팅 자원을 배분함

① 파일 관리   ② 프로세스 관리
③ 통신 장치 관리   ④ 입출력 장치 관리
⑤ 사용자 인터페이스 제공

11 무인 주문 키오스크에서 사용자가 화면을 터치해 주문하고 결제 결과가 화면에 표시된다. 이 과정에서 운영체제의 역할로 가장 적절한 것은?

① 음식 조리
② 주문 내용 저장
③ 사용자 행동 예측
④ 화면 디자인 제작
⑤ 하드웨어와 프로그램을 연결하여 동작 제어

단답형

12 컴퓨팅 시스템을 구성하는 두 가지 요소는?

_____

13 컴퓨팅 시스템에서 사람의 두뇌와 같은 역할을 하는 장치는?

_____

14 컴퓨팅 시스템 간에 데이터를 주고받기 위한 장치는?

_____

15 사용자가 컴퓨터를 쉽게 사용할 수 있도록 환경을 제공하는 운영체제의 기능은?

_____

서술형

16 컴퓨팅 시스템의 정의를 서술하시오.

_____
_____
_____

17 컴퓨팅 시스템이 우리 생활을 편리하게 만드는 이유를 한 가지 서술하시오.

_____
_____
_____

피지컬 컴퓨팅 시스템

학습 목표
- 피지컬 컴퓨팅의 개념을 설명할 수 있다.
- 생활 속 적용 사례를 통해 피지컬 컴퓨팅 시스템의 필요성과 가치를 판단할 수 있다.

1 피지컬 컴퓨팅 시스템의 이해

1. 피지컬 컴퓨팅 시스템의 개념

(1) 피지컬 컴퓨팅: 다양한 센서를 통해 주변 환경의 상태를 입력받아 조건에 따라 처리하고, 그 결과를 발광 다이오드(LED), 스피커, 모터 등을 이용해 출력하여 현실 세계와 상호 작용하는 것을 의미

(2) 피지컬 컴퓨팅 시스템: 피지컬 컴퓨팅을 가능하게 하는 하드웨어와 소프트웨어가 함께 작동하는 시스템

↑ 피지컬 컴퓨팅의 개념도

2. 피지컬 컴퓨팅 시스템의 특징

(1) 센서를 통해 현실 세계의 정보를 수집

(2) 수집한 데이터를 처리하여 환경을 자동으로 조절

(3) 사용자와 현실 세계에서 상호 작용

3. 생활 속 피지컬 컴퓨팅 시스템의 예

(1) 온도와 습도를 측정하여 자동으로 습도를 조절하는 가습기

(2) 적외선 센서를 통해 손이 가까워지면 자동으로 소독제를 분사하는 자동 소독기

(3) 미세 먼지 센서를 통해 실내 공기 상태를 감지하여 자동으로 작동하는 스마트 공기 청정기

2 피지컬 컴퓨팅 시스템의 구성

1. 피지컬 컴퓨팅 시스템의 원리

(1) 피지컬 컴퓨팅 시스템의 동작 과정: 입력 → 처리 → 출력

(2) 피지컬 컴퓨팅 시스템의 구성 요소: 센서, 마이크로컨트롤러, 액추에이터

↑ 피지컬 컴퓨팅 시스템의 원리

2. 센서(입력 장치)

(1) 센서(sensor): 물리적 환경에서 빛, 소리, 온도 등을 감지하여 데이터를 수집하는 장치

(2) 센서는 주변 환경의 변화를 디지털 신호로 변환하여 처리 장치에 전달

(3) 센서의 종류

구분	내용
빛 센서	주변의 빛 밝기를 측정
온·습도 센서	주변의 온도와 습도를 측정
토양 습도 센서	토양의 수분량을 측정
소리 센서	소리의 크기를 측정
초음파 센서	거리나 위치를 측정

3. 마이크로컨트롤러(처리 장치)

(1) 마이크로컨트롤러(MCU): 센서에서 수집된 정보를 처리하고, 액추에이터를 제어하는 장치

(2) 마이크로컨트롤러는 프로세서, 메모리, 입출력 모듈 등을 갖춘 작은 컴퓨터

4. 액추에이터(출력 장치)

(1) 액추에이터(actuator): 마이크로컨트롤러의 처리 결과에 따라 동작을 수행하는 장치

(2) 액추에이터를 통해 처리 결과가 빛, 소리, 회전, 문자 등의 형태로 출력

(3) 액추에이터의 종류

구분	내용
DC 모터	회선 출력
서보모터	모터 각도 출력
발광 다이오드(LED)	빛 출력
액정 표시기(LCD)	텍스트나 그래픽 출력
스피커	소리 출력

5. 피지컬 컴퓨팅 시스템의 동작 흐름

(1) 센서가 주변 환경을 감지하여 데이터를 입력

(2) 마이크로컨트롤러가 입력된 데이터를 처리하고 판단

(3) 액추에이터가 처리 결과에 따라 물리적인 동작을 수행

센서 활용 사례

• 스마트 가로등: 빛 센서를 활용해 주변의 밝기에 따라 자동으로 조명 켜짐, 꺼짐이 가능

• 스마트 휴지통: 초음파 센서를 활용해 사람과의 거리를 감지하여 자동으로 휴지통 뚜껑 열림, 닫힘이 가능

액추에이터 활용 사례

• 미세 먼지 측정기: 액추에이터를 통해 측정 결과를 표시

• 자율주행차: 서보모터와 DC 모터를 활용해 처리된 결과에 따라 주행

점검 하기

1 다음에서 설명하는 것은 무엇인가?

> 센서를 통해 주변 환경의 정보를 입력받아 처리한 후, LED, 스피커, 모터 등과 같은 장치를 이용해 물리적인 반응으로 결과를 출력하는 컴퓨팅 시스템

2 설명하는 내용이 맞으면 ○, 틀리면 ×에 표시하세요.

• 마이크로컨트롤러는 센서에서 입력된 정보를 처리하고, 액추에이터를 제어하는 역할을 한다. (○ / ×)

정답 **1** 피지컬 컴퓨팅 시스템 **2** ○

개념 확인 문제

01 다음 중 피지컬 컴퓨팅 시스템의 설명으로 옳은 것은?

① 응용 소프트웨어만으로 구성된 시스템

② 계산과 저장만 수행하는 컴퓨팅 시스템

③ 네트워크를 통해 정보만 전달하는 시스템

④ 화면을 통해 결과를 확인하는 컴퓨팅 시스템

⑤ 현실 세계의 정보를 입력받아 물리적인 반응으로 출력하는 시스템

02 피지컬 컴퓨팅 시스템에서 주변 환경의 변화를 감지하는 장치는?

① 센서

② 스피커

③ 액추에이터

④ 디스플레이

⑤ 마이크로컨트롤러

03 피지컬 컴퓨팅 시스템의 기본 동작 구조로 옳은 것은?

① 처리 → 입력 → 출력

② 출력 → 입력 → 처리

③ 저장 → 처리 → 출력

④ 입력 → 출력 → 처리

⑤ 입력 → 처리 → 출력

04 피지컬 컴퓨팅 시스템에서 센서로부터 입력된 데이터를 처리하고 출력 장치를 제어하는 장치는 무엇인가?

_____

05 LED, 모터, 스피커와 같이 처리 결과를 물리적으로 나타내는 장치를 통틀어 무엇이라 하는가?

_____

정답 및 해설

정답

01 ⑤ 02 ① 03 ④ 04 마이크로컨트롤러 05 액추에이터

해설

01 피지컬 컴퓨팅 시스템은 센서를 통해 현실 세계의 정보를 입력받고, 그 결과를 빛·소리·움직임과 같은 물리적인 반응으로 출력한다.

02 센서는 온도, 빛, 소리 등 환경의 변화를 감지하여 입력 데이터로 제공한다.

03 피지컬 컴퓨팅 시스템은 입력된 정보를 처리한 뒤 결과를 출력하는 구조를 가진다.

04 마이크로컨트롤러는 시스템의 처리 장치로서 입력 데이터를 분석하고 출력을 제어한다.

05 액추에이터는 피지컬 컴퓨팅 시스템에서 출력 역할을 담당한다.

시험 대비 문제

01 다음 중 피지컬 컴퓨팅 시스템의 특징으로 옳지 <u>않은</u> 것은?

① 센서를 사용한다.
② 물리적인 출력이 있다.
③ 자동 제어가 가능하다.
④ 현실 세계와 상호 작용한다.
⑤ 항상 화면으로 결과를 확인한다.

02 다음 중 센서의 역할을 가장 잘 설명한 것은?

① 출력을 수행한다.
② 결과를 표시한다.
③ 전원을 공급한다.
④ 프로그램을 실행한다.
⑤ 환경 정보를 감지하여 데이터로 변환한다.

03 다음 중 입력 장치로만 묶인 것은?

가. 온도 센서	나. 초음파 센서
다. LED	라. 스피커

① 가, 나
② 가, 다
③ 가, 라
④ 나, 라
⑤ 다, 라

04 다음 중 센서의 역할이 <u>아닌</u> 것은?

① 빛 감지
② 온도 측정
③ 소리 감지
④ 모터 회전
⑤ 거리 측정

05 다음 중 피지컬 컴퓨팅 시스템의 출력 장치에 포함되지 <u>않는</u> 것은?

① LED
② 모터
③ 부저
④ 스피커
⑤ 초음파 센서

06 다음 빈칸에 들어갈 가장 알맞은 말은?

> 센서 → (   ) → 액추에이터의 흐름으로 피지컬 컴퓨팅 시스템이 동작한다.

① 출력
② 저장
③ 입력
④ 네트워크
⑤ 마이크로컨트롤러

07 다음 중 출력 장치를 선택할 때 가장 먼저 고려해야 할 기준은?

① 장치의 크기
② 장치의 가격
③ 장치의 색상
④ 입력 장치의 종류
⑤ 사용자에게 전달할 정보의 방식

08 다음 관계가 성립할 때 빈칸에 들어갈 말로 옳은 것은?

> 센서 : 입력 = 액추에이터 : (   )

① 감지
② 처리
③ 출력
④ 저장
⑤ 제어

09 다음 중 피지컬 컴퓨팅 시스템의 구성 요소가 모두 포함된 사례는?

① 계산기 앱
② 자동 소독기
③ 음악 재생 프로그램
④ 문서 작성 프로그램
⑤ 그림 편집 프로그램

[10~11] 다음 글을 읽고 물음에 답하시오.

> 한 중학교에서는 야간 자율학습 이후 학생들이 귀가할 때 복도가 어두워 안전사고의 위험이 있다는 의견이 제기되었다. 이를 해결하기 위해 사람이 복도에 들어오면 자동으로 조명이 켜지고, 일정 시간 동안 사람이 없으면 다시 꺼지는 시스템을 피지컬 컴퓨팅 시스템으로 구현하고자 한다.

10 위와 같은 자동 조명 시스템을 피지컬 컴퓨팅 시스템으로 구현할 때, 사람의 출입 여부를 감지하여 시스템에 입력값을 제공하는 역할을 하는 장치로 가장 적절한 것은?

① LED
② 스피커
③ 전원 장치
④ 동작 감지 센서
⑤ 마이크로컨트롤러

11 자동 조명 시스템에서 센서의 값이 일정 기준 이상일 때 조명을 켜도록 프로그램을 실행하는 장치는 무엇인가?

① 센서
② 버튼
③ 조명 장치
④ 출력 모듈
⑤ 마이크로컨트롤러

12 다음과 같은 코드가 실행될 때 나타나는 동작은?

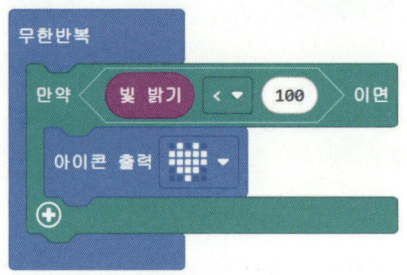

빛 밝기: 0 – 어두움, 255 – 밝음

① 항상 LED가 켜진다.
② 항상 LED가 꺼진다.
③ LED가 한 번만 켜진다.
④ 주변이 밝을 때 LED가 켜진다.
⑤ 주변이 어두울 때 LED가 켜진다.

13 다음과 같은 코드가 실행될 때 나타나는 동작은?

① 멜로디가 계속 반복된다.
② 아무 동작도 하지 않는다.
③ 멜로디 없이 하트만 출력된다.
④ 하트를 누르면 멜로디가 재생된다.
⑤ 멜로디가 7번 재생된 뒤 하트가 출력된다.

[14~16] 다음 글을 읽고 물음에 답하시오.

> 학교 동아리에서 작은 온실을 운영하고 있다. 온실 내부 온도가 너무 높아지면 식물이 시들 수 있고, 너무 낮아지면 성장이 느려질 수 있다. 그래서 학생들은 마이크로비트의 온도 센서를 이용해 현재 온도를 확인하고, 특정 조건이 되면 소리(멜로디)로 경고가 나오도록 구현했다. 또한 점검 담당자가 필요할 때 버튼을 눌러 현재 온도를 표시하도록 프로그램을 만들었다.

14 이 코드가 실행되었을 때 나타나는 결과로 옳은 것은?

① 아무것도 출력되지 않는다.
② "START"가 한 번만 출력된다.
③ "START"가 계속 반복 출력된다.
④ 버튼 A를 눌러야 "START"가 출력된다.
⑤ 온도가 기준을 넘으면 "START"가 출력된다.

15 다음은 온도에 따라 경고를 주는 코드이다. 이 프로그램의 동작을 가장 잘 설명한 것은?

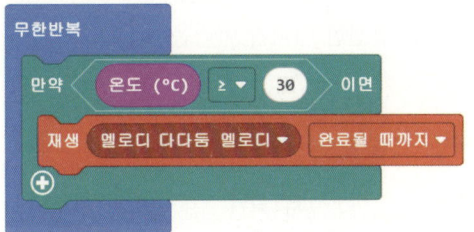

① 버튼을 눌러야 멜로디가 재생된다.
② 멜로디는 시작할 때 한 번만 재생된다.
③ 온도와 상관없이 항상 멜로디가 재생된다.
④ 온도가 30℃ 이상일 때만 멜로디가 재생된다.
⑤ 온도가 30℃ 초과일 때만 멜로디가 재생된다.

16 다음과 같이 코드를 추가했다. 이 기능이 추가되었을 때 나타나는 결과로 옳은 것은?

① 버튼 A를 누르면 현재 온도가 1 증가한다.
② 버튼 A를 누르면 "START"가 반복 출력된다.
③ 버튼 A를 누르면 경고 멜로디가 즉시 멈춘다.
④ 버튼 A를 누르지 않아도 온도가 계속 표시된다.
⑤ 버튼 A를 누르면 현재 온도가 LED 화면에 표시된다.

단답형

17 피지컬 컴퓨팅 시스템에서 환경 변화를 감지하는 장치를 무엇이라 하는가?

서술형

18 피지컬 컴퓨팅 시스템의 세 가지 구성 요소와 각 역할을 설명하시오.

19 무인 매장에서 조명이 자동으로 켜지는 과정을 입력·처리·출력 구조로 설명하시오.

20 피지컬 컴퓨팅 시스템을 활용할 수 있는 생활 속 사례를 한 가지 제시하고 간단히 설명하시오.

03 피지컬 컴퓨팅 시스템 구현

학습 목표
• 문제 해결 목적에 맞는 피지컬 컴퓨팅 구성 요소를 선택할 수 있다.
• 다양한 사회 문제를 피지컬 컴퓨팅 시스템으로 해결할 수 있다.

피지컬 컴퓨팅 시스템 구현 과정

1. 해결 아이디어 구상
① 문제 상황에서 해결해야 할 구체적인 문제를 정의
② 어떤 상황에서 시스템이 동작해야 하는지 생각 예 정전 시 어두운 공간에서 안전하게 대피하기

2. 하드웨어 구성
① 문제 해결 목적에 맞게 입력·처리·출력 장치를 선택
③ 구성 요소 예 빛 센서, 발광 다이오드

3. 프로그래밍
① 센서로부터 입력된 데이터를 처리하여 결과를 출력하도록 프로그램을 작성
② 조건문과 반복 구조를 활용하여 상황에 따라 다른 동작이 이루어지도록 함
③ 프로그램의 흐름: 입력(센서값) → 처리(조건 판단) → 출력(동작)

4. 시스템 구현 및 테스트
① 작성한 프로그램을 마이크로컨트롤러에 업로드하여 실행
② 시스템이 의도한 대로 동작하는지 확인
③ 오류가 발견되면 하드웨어 구성이나 프로그램을 수정

빛 센서
빛 센서는 마치 우리의 눈처럼 주변의 밝기를 감지하는 역할

1 피지컬 컴퓨팅 시스템의 구현

1. 피지컬 컴퓨팅 시스템 구현 절차

1 해결 아이디어 구상
문제 상황에서 해결해야 할 구체적인 문제를 정의

2 하드웨어 구성하기
피지컬 컴퓨팅 시스템 구현을 위한 적절한 입력, 처리, 출력 장치를 선택

3 프로그래밍하기
하드웨어를 제어하고 입력된 데이터를 처리하여 결과를 출력할 프로그램을 개발

4 시스템 구현 및 테스트하기
구현한 피지컬 컴퓨팅 시스템을 테스트하고 오류를 찾아 수정

2 프로젝트를 통한 구현 사례

1. 프로젝트 ❶ – 정전 상황에서 안전하게 대피하기

(1) 문제 상황: 정전으로 어두워진 공간에서 안전한 대피가 어려움

(2) 해결 아이디어 구상

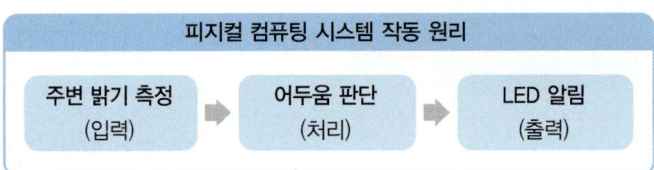

피지컬 컴퓨팅 시스템 작동 원리		
주변 밝기 측정 (입력)	어두움 판단 (처리)	LED 알림 (출력)

(3) 하드웨어 구성하기

❶ 센서(입력 장치): 주변 밝기 측정(빛 센서)
❷ 마이크로컨트롤러(처리 장치): 어두운 상태인지 판단
❸ 액추에이터(출력 장치): 발광 다이오드(LED)로 대피 방향 안내

(4) 프로그래밍하기

알고리즘 표현	프로그래밍
무한 반복 실행 만약 빛 센서의 값이 50 미만(어두울 때) 화살표 출력 'EXIT' 문자열 출력	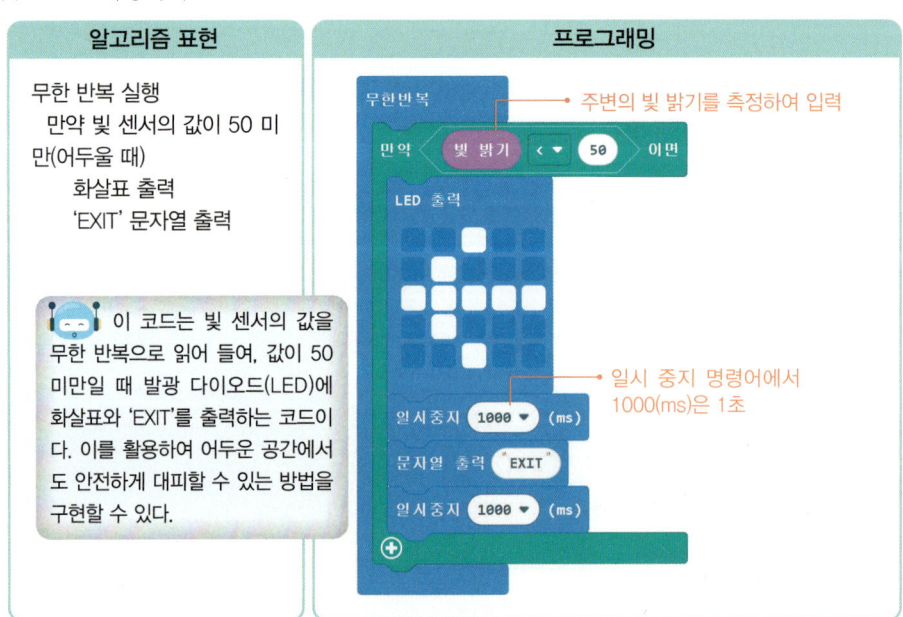

이 코드는 빛 센서의 값을 무한 반복으로 읽어 들여, 값이 50 미만일 때 발광 다이오드(LED)에 화살표와 'EXIT'를 출력하는 코드이다. 이를 활용하여 어두운 공간에서도 안전하게 대피할 수 있는 방법을 구현할 수 있다.

주변의 빛 밝기를 측정하여 입력

일시 중지 명령어에서 1000(ms)은 1초

2. 프로젝트 ❷ – 적정 온도 알림이로 식물 재배 환경 만들기

(1) 문제 상황: 온실 내부 온도를 수동으로 관리하기 어려움

(2) 해결 아이디어 구상

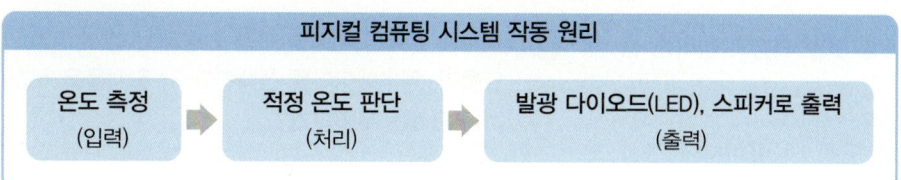

피지컬 컴퓨팅 시스템 작동 원리		
온도 측정 (입력)	적정 온도 판단 (처리)	발광 다이오드(LED), 스피커로 출력 (출력)

(3) 하드웨어 구성하기

❶ 센서(입력 장치): 온도 측정(온도 센서)

❷ 마이크로컨트롤러(처리 장치): 설정된 온도 범위 판단

❸ 액추에이터(출력 장치): LED와 스피커 알림 제공

온도 센서
온도 센서는 일상생활에서 많이 활용하는 센서 중 하나로, 주변의 온도를 감지하고 그 값을 측정

(4) 프로그래밍하기

알고리즘 표현	프로그래밍
무한 반복 실행 　만약 온도 센서값이 30도 이상이면 　　발광 다이오드(LED) 울음 표시 　　소리 알림 　만약 온도 센서값이 10도 이하이면 　　발광 다이오드(LED) 울음 표시 　　소리 알림 　위의 두 가지에 해당하지 않을 경우 　　발광 다이오드(LED) 하트 표시 A 버튼을 누르면 　온도 표시 🤖 이 코드는 무한 반복되며, 온도 센서를 통해 주변 온도 값을 측정하고 일정 기준에 따라 발광 다이오드(LED)와 소리 알림을 출력한다. 만약 조건에 해당하지 않는 경우, 발광 다이오드(LED)에 하트 모양을 출력한다. 또한, A 버튼을 누르면 현재 온도를 표시한다.	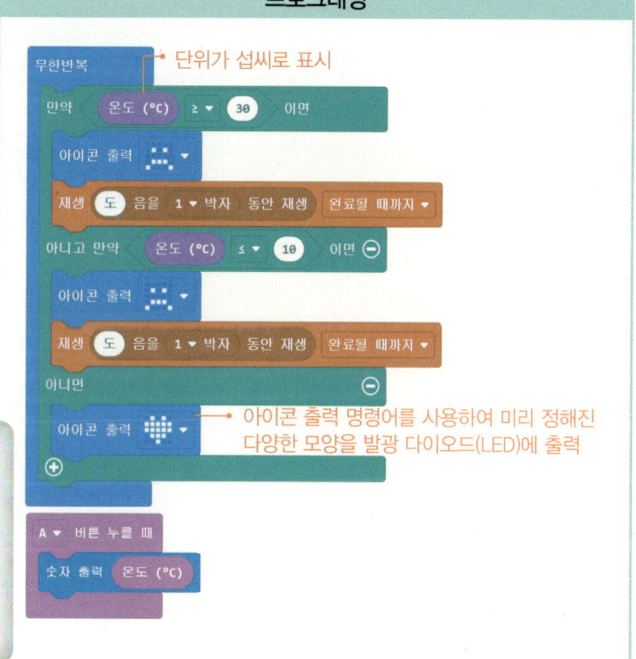 단위가 섭씨로 표시 아이콘 출력 명령어를 사용하여 미리 정해진 다양한 모양을 발광 다이오드(LED)에 출력

 **점검하기**

● 다음에서 설명하는 피지컬 컴퓨팅 시스템 구현 절차는 무엇인가?

　문제 상황에서 해결해야 할 구체적인 문제를 정의

（정답） 해결 아이디어 구상하기

01 다음 중 피지컬 컴퓨팅 시스템 구현 과정의 올바른 순서는?

① 프로그래밍 → 하드웨어 구성 → 아이디어 구상 → 구현 및 테스트
② 아이디어 구상 → 하드웨어 구성 → 프로그래밍 → 구현 및 테스트
③ 하드웨어 구성 → 구현 및 테스트 → 프로그래밍 → 아이디어 구상
④ 구현 및 테스트 → 아이디어 구상 → 프로그래밍 → 하드웨어 구성
⑤ 프로그래밍 → 아이디어 구상 → 구현 및 테스트 → 하드웨어 구성

02 피지컬 컴퓨팅 시스템 구현 과정에서 테스트와 수정 단계가 필요한 이유로 가장 적절한 것은?

① 출력 장치를 줄이기 위해
② 시스템을 복잡하게 만들기 위해
③ 하드웨어를 새로 제작하기 위해
④ 프로그램 실행 속도를 높이기 위해
⑤ 의도한 대로 동작하는지 확인하고 오류를 수정하기 위해

03 다음 설명에 해당하는 구현 단계로 가장 적절한 것은?

> 주변 온도가 높아지면 경고음이 울리도록 코드를 작성했다.

① 문제 정의
② 프로그래밍
③ 아이디어 구상
④ 하드웨어 구성
⑤ 구현 및 테스트

04 피지컬 컴퓨팅 시스템 구현 과정에서 센서, 마이크로컨트롤러, 액추에이터를 선택하고 각 장치들을 직접 연결하는 단계는 무엇인가?

_____

정답 및 해설

정답

01 ②   02 ⑤   03 ②   04 하드웨어 구성하기

해설

01 교과서에서는 문제 구상 후 하드웨어 구성, 프로그래밍, 테스트의 순서로 구현 과정을 제시한다.

02 실제 동작 과정에서 오류가 발생할 수 있으므로 점검과 수정이 필요하다.

03 조건에 따른 동작은 프로그래밍 단계의 결과이다.

04 문제 해결 목적에 맞게 입력·처리·출력 장치를 구성하는 단계이다.

시험 대비 문제

선택형

01 다음 중 피지컬 컴퓨팅 시스템의 입력 장치가 <u>아닌</u> 것은?

① 버튼　　　　　　② 스피커
③ 빛 센서　　　　　④ 온도 센서
⑤ 가속도 센서

02 정전 상황에서 자동으로 LED가 켜지도록 설계할 때 가장 먼저 고려해야 할 것은?

① 저장 공간
② 화면 해상도
③ 인터넷 속도
④ 주변 밝기 감지
⑤ 문자 출력 방식

03 다음 중 마이크로컨트롤러의 역할로 가장 적절한 것은?

① 전기를 공급한다.
② 환경 정보를 감지한다.
③ 소리를 직접 증폭한다.
④ 물리적 움직임을 만든다.
⑤ 입력 정보를 처리하고 출력 장치를 제어한다.

04 다음의 문제 상황을 해결하기 위한 입력 정보로 가장 적절한 것은?

> 점심시간에 급식실에 학생이 몰리면 대기 시간이 길어지고 안전사고 위험이 커진다. 이를 해결하기 위해 급식실 앞에 설치된 장치가 혼잡 정도를 알려 주는 시스템을 만들고자 한다.

① 습도　　　　　　② 움직임
③ 조도 값　　　　　④ 온도 변화
⑤ 소리 크기

05 사람의 접근을 감지하기 위한 입력 장치로 가장 적절한 것은?

> 비 오는 날이나 밤 시간대에 버스 정류장은 시야가 어두워져 사고 위험이 커진다. 이를 해결하기 위해 학생들은 사람이 접근하면 자동으로 불이 켜지고, 일정 시간 후 다시 꺼지는 시스템을 설계하려고 한다.

① LED　　　　　　② 스피커
③ 온도 센서　　　　④ 습도 센서
⑤ 거리(초음파) 센서

06 피지컬 컴퓨팅 시스템에서 반복 구조를 사용하는 가장 중요한 이유는 무엇인가?

① 전력 사용을 차단하기 위해
② 출력 장치의 수를 줄이기 위해
③ 코드를 보기 좋게 정리하기 위해
④ 프로그램을 한 번만 실행하기 위해
⑤ 센서값을 계속 확인하며 상황에 반응하기 위해

07 피지컬 컴퓨팅 시스템 구현 과정에서 테스트 단계의 목적으로 가장 적절한 것은?

① 센서 종류를 늘리기 위해
② 출력 장치를 변경하기 위해
③ 오류를 확인하고 수정하기 위해
④ 하드웨어를 새로 제작하기 위해
⑤ 프로그램 실행 속도를 높이기 위해

08 다음 상황에서 가장 적절한 입력 정보는?

> 분리수거함이 가득 찼을 때 관리자에게 알려 주는 장치

① 밝기　　　② 무게　　　③ 소리
④ 온도　　　⑤ 습도

09 다음 중 입력·출력 연결이 <u>잘못된</u> 것은?

① LED → 소음 측정
② 화면 → 문자 표시
③ 마이크 → 소리 감지
④ 빛 센서 → 밝기 측정
⑤ 스피커 → 경고음 출력

[10~12] 다음 글을 읽고 물음에 답하시오.

문제 상황

기후 변화로 인해 국지성 호우가 잦아지면서 하천 인근 지역에서는 짧은 시간 안에 수위가 급격히 상승하는 상황이 자주 발생하고 있다. 특히 수위가 일정 기준을 한 번 초과한 것보다, 여러 단계로 상승하는 패턴을 보일 때 홍수 위험이 더 크다.
이를 해결하기 위해 학생들은 수위 값에 따라 '주의·경계·위험'의 3단계 경고를 순차적으로 출력하는 피지컬 컴퓨팅 시스템을 구현하였다.

프로그래밍

10 프로그래밍에서 현재 단계 변수를 사용하는 가장 중요한 이유는?

① 센서값을 보정하기 위해
② 수위 값을 저장하기 위해
③ 프로그램을 종료하기 위해
④ 반복문의 실행 횟수를 세기 위해
⑤ 같은 경고가 반복 출력되는 것을 방지하기 위해

11 수위 값이 '100'이 입력되면 출력되는 경고는?

① 100
② 정상" 출력
③ "danger" 출력"
④ "boundary" 출력
⑤ 아무 출력도 없음

12 다음 중 홍수 경고 시스템이 지속가능발전목표(SDGs)와 가장 밀접하게 연결되는 이유로 가장 적절한 것은?

① 프로그램 실행 속도를 향상하기 위해
② 하천 주변의 경관을 아름답게 만들기 위해
③ 홍수 발생 횟수를 통계적으로 분석하기 위해
④ 센서와 마이크로컨트롤러 사용 경험을 늘리기 위해
⑤ 자연재해로 인한 인명과 재산 피해를 예방하여 지속 가능한 사회를 만들기 위해

[13~16] 다음 글을 읽고 물음에 답하시오.

문제 상황

기후 변화로 인해 건조 기간이 길어지면서 산불 위험이 증가하고 있다. 산불은 작은 발화 요인도 고온 상태가 지속될 때 대형 피해로 이어질 수 있다.
학생들은 산림 주변에 설치할 수 있는 간단한 경고 장치를 구상했다. 핵심은 온도가 일정 기준 이상인 상태가 '지속'될 때만 경고를 보내야 한다는 점이다. 순간적인 온도 변화(햇빛이 잠깐 비춘 경우 등)로 잦은 경고가 발생하면 관리가 어려워진다.

의사 코드

```
고온 지속 시간 = 0

계속 반복하기:
  만약 (온도 >= 기준 온도) 이라면
    고온 지속 시간 = 고온 지속 시간 + 1
  그렇지 않으면
    고온 지속 시간 = 0

  만약 (고온 지속 시간 >= 기준 시간) 이라면
    LED 경고 표시
    경고음 출력
```

• 의사 코드: 알고리즘을 표현하는 방법 중 하나로, 일반적으로는 자연어를 이용해 만든 문장을 프로그래밍 언어와 유사한 형식으로 배치한 코드

13 의사 코드에서 고온 상태가 끝났을 때 "고온 지속 시간 = 0"으로 만드는 이유로 가장 적절한 것은?

① 온도 센서를 끄기 위해
② 연속 상태 판단을 위해
③ LED 밝기를 높이기 위해
④ 프로그램을 종료하기 위해
⑤ 소리를 크게 출력하기 위해

14 다음 중 이 시스템의 프로그램을 가장 정확하게 설명한 것은?

① 반복문 없이 한 번만 온도를 측정한다.
② 온도가 기준보다 낮을 때 경고를 출력한다.
③ 온도와 상관없이 일정 시간이 지나면 경고한다.
④ 온도가 기준 이상인 상태가 연속될 때만 경고한다.
⑤ 온도가 한 번이라도 기준을 넘으면 즉시 경고한다.

서술형

15 의사 코드에서 고온 지속 시간 변수를 사용하는 가장 중요한 목적을 한 문장으로 쓰시오.

_____

_____

16 이 시스템에서 반복문이 없으면 실제 환경에서 어떤 문제가 생길 수 있는지 설명하시오.

_____

_____

_____

_____

단답형

17 입력 · 처리 · 출력 구조에서 입력된 데이터를 기준에 따라 판단하고 출력 장치를 제어하는 장치는 무엇인가?

_____

18 피지컬 컴퓨팅 시스템에서 현실 세계의 변화를 감지하여 입력값으로 전달하는 장치는 무엇인가?

_____

서술형

19 다음 스마트 기기 중 하나를 선택하여, 피지컬 컴퓨팅 요소(입력 – 처리 – 출력)가 어떻게 활용되는지 설명하시오.

> 스마트 워치, 스마트 가로등, 스마트 도어 록, 스마트 화분

_____

_____

_____

_____

20 같은 센서를 사용하더라도 출력 장치에 따라 시스템 활용이 달라지는 이유를 설명하시오.

_____

_____

_____

_____

대단원 마무리 문제

★★

01 다음 중 시스템 소프트웨어에 해당하는 것으로 가장 적절한 것은?

① 운영체제
② 메신저 앱
③ 웹 브라우저
④ 워드프로세서
⑤ 동영상 편집 앱

★★★★★

02 다음 상황에서 운영체제가 가장 먼저 점검해야 할 자원 관리 문제는?

> 은결이는 동시에 게임과 음악 재생을 실행했더니, 게임이 끊기고 음악도 끊기는 현상을 경험했다.

① 글꼴 설치
② 키보드 배열
③ 프로세스 관리
④ 모니터 해상도
⑤ 파일 이름 규칙

★

03 다음 중 보조 기억 장치의 특징으로 옳은 것은?

① 입력 기능을 수행한다.
② 사용자 명령을 해석한다.
③ 연산 처리를 직접 수행한다.
④ 전원이 꺼지면 데이터가 사라진다.
⑤ 장기적으로 데이터를 저장할 수 있다.

★★★★★

04 다음 중 운영체제의 주요 기능 중 파일 관리 기능이 없다면 생길 문제로 가장 적절한 것은?

① 소리가 크게 출력된다.
② 인터넷이 자동 연결된다.
③ 마우스가 무선으로 바뀐다.
④ 화면 밝기가 자동 조절된다.
⑤ 파일을 저장, 찾기, 이름 붙이기가 어려워진다.

★

05 다음 상황에서 가장 적절한 입력 정보는?

> 야외 자전거 보관대가 밤에 잘 보이지 않아 사고 위험이 있다.

① 습도
② GPS 위치
③ 주변 밝기
④ 소리 크기
⑤ 공기 온도

★★

06 다음 중 출력 장치의 역할을 가장 잘 설명한 것은?

① 데이터를 저장한다.
② 네트워크를 연결한다.
③ 환경 정보를 감지한다.
④ 입력 정보를 판단한다.
⑤ 처리 결과를 물리적으로 나타낸다.

07 다음 중 피지컬 컴퓨팅 시스템의 구성 요소를 모두 포함한 것은?

① 계산식 – 변수 – 결과
② 파일 – 폴더 – 저장 장치
③ 화면 – 키보드 – 프로그램
④ 입력 장치 – 운영체제 – 네트워크
⑤ 센서 – 마이크로컨트롤러 – 액추에이터

★★

08 피지컬 컴퓨팅 시스템 구현에서 아이디어 구상 단계의 핵심 활동으로 가장 적절한 것은?

① 코드 최적화
② 센서 배선 연결
③ 프로그램 오류 수정
④ 출력 장치 동작 확인
⑤ 해결하려는 문제와 목표 정리

[09~11] 다음 글을 읽고 물음에 답하시오

문제 상황

최근 여름철 폭염으로 인해 지역 체육관에서 실내 운동을 하는 학생들의 안전 문제가 제기되었다. 체육관은 넓고 환기가 원활하지 않아, 온도가 빠르게 상승할 경우 학생들이 탈진하거나 열사병에 걸릴 위험이 있다.
이에 학교는 실내 온도를 자동으로 감지하여, 일정 온도 이상이 되면 주의 표시를 하고, 더 높은 온도에 도달하면 즉시 강한 경고를 알리는 피지컬 컴퓨팅 시스템을 설치하고자 한다.

의사 코드

```
계속 반복하기:
    현재 온도 = 온도 측정()

    만약 (현재 온도 ≥ 35) 이라면
        LED 빨간색 켜기
        경고음 출력

    그렇지 않고 (현재 온도 ≥ 30) 이라면
        LED 노란색 켜기
        경고음 없음

    그렇지 않으면
        LED 끄기
        경고음 끄기
```

★★★
09 위 시스템에서 반복 구조를 사용하는 가장 중요한 이유는 무엇인가?

① 센서값을 저장하기 위해

② LED 밝기를 조절하기 위해

③ 경고음을 반복 재생하기 위해

④ 온도를 한 번만 측정하기 위해

⑤ 온도 변화를 계속 감시하기 위해

★★
10 현재 온도가 32℃일 때 시스템의 동작으로 옳은 것은?

① 경고음만 출력

② 시스템이 종료됨

③ 모든 장치가 꺼짐

④ LED 노란색만 켜짐

⑤ LED 빨간색과 경고음 출력

★★★★★
11 위 의사 코드에서 조건문의 순서를 바꾸어 30℃ 조건을 먼저 검사한다면 발생할 가능성이 가장 큰 문제는 무엇인가?

① LED가 항상 꺼진다.

② 온도 측정이 중단된다.

③ 경고음이 항상 출력된다.

④ 반복 구조가 실행되지 않는다.

⑤ 35℃ 이상이어도 빨간색 LED 대신 노란색 LED가 켜질 수 있다.

단답형

★★
12 다음은 하드웨어의 구성 요소 중 어느 장치를 설명하는 것인가?

> 컴퓨팅 시스템에서 사람의 두뇌와 같은 역할을 하는 부분으로 CPU와 GPU 등이 있다.

_____

★★
13 다음 보기의 용어를 사용하여, 피지컬 컴퓨팅 시스템의 기본 작동 과정을 순서대로 쓰시오.

> 입력, 처리, 출력

_____

_____

서술형

★★★★★
14 피지컬 컴퓨팅 시스템에서 센서가 중요한 이유를 설명하시오.

_____

_____

_____

_____

데이터

01 | 디지털 데이터의 가치와 표현

02 | 데이터의 수집과 관리

03 | 데이터 구조화

04 | 데이터와 문제 해결

디지털 데이터의 가치와 표현

학습 목표
· 디지털 데이터의 특징과 장점, 가치를 설명할 수 있다.
· 다양한 유형의 데이터를 디지털 형태로 표현할 수 있다.

1 디지털 데이터의 의미와 가치

1. 디지털 데이터의 의미
(1) 데이터: 측정, 관찰을 통해 수집한 값이나 사실
(2) 디지털 데이터: 컴퓨팅 시스템에서 처리할 수 있는 형태로 변환한 데이터로 컴퓨팅 시스템이 사용하는 0과 1의 이진 코드 형태로 저장
> **종류** 문자, 이미지, 소리, 동영상 등
(3) 디지털 데이터의 특징: 간편한 복사·수정·삭제, 신속한 전송과 공유, 효율적인 탐색과 저장, 다양한 형식 저장과 호환 편리

2. 디지털 데이터의 가치
디지털 데이터는 의료, 교통, 금융, 문화 등 다양한 분야에서 긍정적인 가치를 창출함

2 디지털 데이터의 표현

1. 디지털 표현
(1) 비트(bit): 한 개의 0과 1을 표현하기 위해 비트를 사용
(2) 바이트(byte): 8개의 비트가 모여 바이트가 되며, 바이트는 데이터 처리의 기본 단위로 사용

⬆ 비트와 바이트

(3) 정보의 가짓수: n개의 비트로 최대 2^n가지의 정보를 표현

2. 문자 데이터
문자 데이터는 정해진 규칙에 따라 각각의 문자를 디지털 형태로 변환
(1) 아스키 코드: 영문자, 숫자, 특수 문자에 고유의 숫자를 부여한 것, 7비트 조합으로 이루어진 문자 코드
(2) 유니코드: 전 세계의 언어와 다양한 특수 문자를 표현한 국제 표준 문자 코드, 16개의 비트를 사용하나 더 많은 문자를 표현하기 위해 24비트, 32비트 유니코드로 발전

문자	아스키 코드(7비트)	유니코드(16비트)
A	1000001	0000000001000001
가	표현 불가	1010110000000000

⬆ 아스키 코드와 유니코드 예

십진수의 이진수 표현

숫자(십진수)	이진수 표현
0	00000000
1	00000001
2	00000010
3	00000011
4	00000100
5	00000101
6	00000110
7	00000111
8	00001000
9	00001001
10	00001010

컴퓨터의 용량 단위
· 1Byte(바이트)=8bit(비트)
· 1KB(킬로바이트)=1,024Byte
· 1MB(메가바이트)=1,024KB
· 1GB(기가바이트)=1,024MB
· 1TB(테라바이트)=1,024GB
· 1PB(페타바이트)=1,024TB
· 1EB(엑사바이트)=1,024PB
· 1ZB(제타바이트)=1,024EB
· 1YB(요타바이트)=1,024ZB

3. 이미지 데이터

(1) 비트맵(bitmap) 방식: 픽셀이라고 하는 작은 점들로 이미지를 표현, 촬영하는 사진 대부분 비트맵 방식으로 저장

(2) 벡터(vector) 방식: 점과 점을 연결하는 수학적 함수관계에 따라 이미지 표현, 여러 명령어로 이미지를 생성

비트맵	벡터
• 픽셀 개수에 따라 저장 용량이 달라짐 • 이미지를 확대하면 계단 현상*이 나타남 • 픽셀의 수가 많을수록 더욱 선명하게 표현됨 *계단 현상: 픽셀의 각진 부분이 보여 이미지의 가장자리가 계단처럼 보이는 현상	• 확대/축소해도 이미지 선명도가 변하지 않음 • 선과 면이 깔끔하여 로고, 캐릭터 디자인에 적합함 • 이미지의 음영이나 세부적인 질감을 표현하기 어려움

픽셀과 해상도

• 픽셀: 이미지 데이터를 구성하는 기본 단위로, 화소라고도 함
• 해상도: 이미지의 선명한 정도를 의미하며, 보통 가로·세로에 배치된 픽셀의 개수로 표시
예 가로 1,920개, 세로 1,080개 픽셀 → 1920×1080

4. 소리 데이터

연속적인 파형 형태의 소리 데이터는 표본화, 양자화, 부호화의 과정을 거쳐 디지털 형태로 변환

(1) 표본화: 일정한 간격으로 소리의 표본 추출

(2) 양자화: 추출한 샘플을 가까운 정숫값으로 표현

(3) 부호화: 정숫값을 이진수로 표현

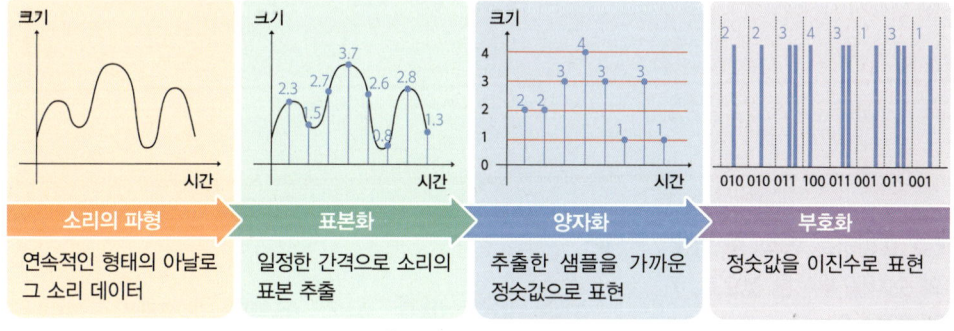

↑ 소리의 디지털 변환

표본화율

1초 동안에 추출한 표본 수로, 단위는 헤르츠(Hz). 표본화율이 높을수록 원음에 가까운 데이터가 추출

양자화 비트 수

양자화를 8비트로 하면 256(2^n)개의 구간이고, 16비트로 하면 65,536(2^n)개의 구간으로 값을 표현하므로 비트 수가 많을수록 원음에 가깝게 변환됨

5. 동영상 데이터

(1) 동영상: 이미지와 소리를 결합하여 생성하는 디지털 데이터

(2) 프레임: 동영상을 구성하는 한 장 한 장의 이미지

(3) FPS: Frames Per Second로 1초에 보여 주는 프레임 수

🔍 점검 하기

1 다음에서 설명하는 것은 무엇인가?

> 디지털 데이터는 컴퓨팅 시스템에서 사용하기 위해 0과 1로 이루어진 어떤 형태의 코드로 저장된다. 한 개의 0과 1을 표현하기 위해 사용되는 최소 단위이다.

2 설명하는 내용이 맞으면 ○, 틀리면 ×에 표시하세요.
• 아스키 코드는 16개의 비트를 사용하는 국제 표준 문자 코드이다. (○ / ×)

정답 1 비트(bit) 2 ×

01 디지털 데이터가 활용되어 우리 사회의 다양한 분야의 문제 해결에 기여하는 사례로 볼 수 <u>없는</u> 것은?

① 실시간 교통 데이터를 활용한 최적 경로 안내

② 유실되거나 훼손된 문화재를 디지털 형태로 복원

③ 금융 데이터를 활용한 개인 자산 관리 서비스 제공

④ 대규모 의료 기록 분석을 통한 질병 예측 및 치료법 연구

⑤ 종이 문서에만 의존하여 모든 데이터를 수기로 기록 및 보관

02 3비트(bit)로 표현할 수 있는 정보의 최대 가짓수는?

① 3가지
② 6가지
③ 8가지
④ 9가지
⑤ 16가지

03 문자 데이터를 디지털 형태로 표현하는 방식 중 영문자, 숫자, 특수 문자에 고유의 숫자를 부여한 것으로, 7비트 조합으로 이루어진 문자 코드는?

① 비트맵
② 프레임
③ 이진코드
④ 유니코드
⑤ 아스키 코드

04 소리 데이터를 디지털로 변환하는 과정 중 추출한 샘플 값을 근사치인 정숫값으로 나타내는 단계는?

① 벡터
② 표본화
③ 부호화
④ 양자화
⑤ 프레임

05 이미지 데이터를 표현하는 방식 중, 점과 점을 연결하는 수학적 함수 관계에 따라 이미지를 표현하며, 확대·축소해도 이미지 선명도가 변하지 않는 방식은?

_____

06 동영상 데이터는 연속적인 움직임을 표현하기 위해 여러 장의 정지된 이미지를 빠르게 연속적으로 보여 주는 원리이다. 이 정지된 이미지 한 장을 부르는 명칭은?

_____

정답 및 해설

정답

01 ⑤ **02** ③ **03** ⑤ **04** ④ **05** 벡터 **06** 프레임

해설

01 디지털 데이터는 이진 코드 형태로 저장되고, 아날로그 데이터는 측정이나 관찰을 통해 수집한 값이나 사실이다. 모든 데이터를 손으로 기록하고 보관하는 것은 디지털 데이터를 사용한 사례라고 볼 수 없다.

02 n 비트로 표현할 수 있는 정보의 가짓수는 2^n이다. 따라서 2^3 = 8가지이다.

03 아스키 코드는 7비트 조합으로 영문자, 숫자, 특수 문자에 고유 숫자를 부여한다.

04 양자화는 추출한 샘플을 근사치인 정숫값으로 나타내는 과정이다.

05 벡터 방식은 확대·축소해도 선명도가 변하지 않으며, 수학적 함수 관계를 이용한다.

06 동영상을 구성하는 한 장의 이미지는 프레임이다.

시험 대비 문제

정답 및 해설 182쪽

선택형

01 디지털 데이터의 특징과 주의 사항에 대한 설명으로 바르지 <u>않은</u> 것은?

① 시공간 제약 없이 데이터를 보낼 수 있다.

② 복제본과 원본이 똑같아 대량 복제가 쉽다.

③ 타인의 데이터 복제 시 반드시 저작권을 확인한다.

④ 데이터 변환 과정에서 내용 손실이 없으므로 원본을 삭제해도 무방하다.

⑤ 중요한 데이터를 저장할 때 백업 및 비밀번호를 설정하여 보호할 수 있다.

02 5비트(bit)로 표현 가능한 정보의 가짓수가 <u>아닌</u> 것은?

① 피아노의 88개 건반

② 1월부터 12월까지 개월 수

③ 8층짜리 엘리베이터의 각 층

④ 대한민국 17개 시도 행정구역

⑤ 20가지의 서로 다른 색상 정보

03 유니코드가 아스키 코드의 한계를 극복하고 등장한 배경으로 적절한 것은?

① 아스키 코드는 0과 1의 이진 코드 형태가 아니었기 때문이다.

② 아스키 코드는 문자마다 고유의 숫자를 부여하지 않았기 때문이다.

③ 아스키 코드는 컴퓨팅 시스템의 초창기부터 사용되지 않았기 때문이다.

④ 아스키 코드는 문자 데이터가 아닌 이미지 데이터를 표현하기 위해 만들어졌기 때문이다.

⑤ 아스키 코드는 7비트 조합으로 전 세계 언어의 다양한 문자를 표현하기 부족했기 때문이다.

04 1GB와 같은 용량은?

① 8KB

② 1000KB

③ 1024KB

④ 1024MB

⑤ 1024TB

05 다음은 이미지 데이터를 디지털로 표현하는 두 가지 방식에 대한 설명이다. (가)와 (나)에 해당하는 방식을 바르게 짝지은 것은?

> (가) 픽셀로 이미지를 표현하며, 확대하면 계단 현상이 나타난다.
> (나) 점과 점을 연결하는 수학적 함수관계로 이미지를 표현하며, 확대/축소해도 선명도가 변하지 않는다.

	(가)	(나)
①	벡터	비트맵
②	비트맵	벡터
③	프레임	비트맵
④	유니코드	아스키 코드
⑤	아스키 코드	유니코드

06 아스키 코드로는 표현할 수 없고, 유니코드로만 표현이 가능한 문자는?

① ?

② 가

③ A

④ 3

⑤ @

07 영상 편집 프로그램에서 최종적으로 우리가 보는 동영상을 만들기 위해 타임라인에서 정렬해야 하는 두 가지 핵심 요소는?

① 비트맵과 벡터

② 표본화와 양자화

③ 이진 코드와 바이트

④ 프레임과 오디오 트랙

⑤ 아스키 코드와 유니코드

08 벡터 방식 이미지에 대한 설명으로 옳은 것을 <u>모두</u> 고른 것은?

> 가. 픽셀 개수에 따라 저장 용량이 달라진다.
> 나. 선과 면이 깔끔하여 로고, 캐릭터 디자인에 적합하다.
> 다. 주로 사진처럼 색상의 음영이나 세부적인 질감을 표현하는 데 적합하다.
> 라. 여러 명령어로 이미지를 생성하며, 수학적 함수 관계에 따라 이미지를 표현한다.

① 가, 나   ② 나, 라
③ 나, 다   ④ 다, 라
⑤ 가, 나, 라

09 비트맵 방식 이미지에 대한 설명으로 옳은 것을 <u>모두</u> 고른 것은?

> 가. 픽셀로 이미지를 표현한다.
> 나. 픽셀 개수에 따라 이미지의 용량이 달라진다.
> 다. 가로, 세로 픽셀 개수를 사용해 해상도를 나타낸다.
> 라. 확대·축소해도 선명도가 바뀌지 않아 로고에 주로 사용한다.

① 가, 나   ② 나, 라
③ 가, 다   ④ 가, 나, 다
⑤ 나, 다, 라

10 다음 중 비트와 바이트에 대한 설명으로 옳은 것은?

① 비트는 다양한 정수로 표현된다.
② 데이터 처리의 기본 단위는 1비트이다.
③ 1개의 바이트는 1개의 비트로 이루어진다.
④ 8개의 비트가 모여 1바이트가 되며, 바이트는 데이터 처리의 기본 단위로 사용된다.
⑤ 2비트를 사용하면 동, 서, 남, 북 이외에 두 가지의 정보를 추가로 더 표현할 수 있다.

11 n비트의 비트 수로 표현할 수 있는 정보의 가짓수는?

① n
② $2n$
③ 2^n
④ n^2
⑤ $n+1$

12 소리 데이터를 디지털로 변환하는 과정의 순서가 바르게 나열된 것은?

> (가) 양자화   (나) 표본화   (다) 부호화

① (가) − (나) − (다)
② (나) − (가) − (다)
③ (나) − (다) − (가)
④ (다) − (나) − (가)
⑤ (가) − (다) − (나)

13 문자 데이터를 디지털로 표현하는 방법에 대한 설명으로 옳지 <u>않은</u> 것은?

① 문자 데이터는 정해진 규칙에 따라 각각의 문자를 디지털 형태로 변환한다.
② 유니코드의 비트를 24비트, 32비트까지 확장하여 더 많은 문자를 표현할 수 있다.
③ 유니코드는 문자마다 고유한 색상 정보를 지정하여 다양한 언어를 나타낼 수 있게 한다.
④ 아스키 코드는 7비트 조합으로 구성되어 영문, 숫자, 특수 문자의 고유 번호를 부여한다.
⑤ 유니코드는 전 세계 언어의 문자를 표현하기 위해 최소 16비트를 사용하며, 대부분의 시스템에서 유니코드를 활용하고 있다.

14 디지털 데이터에 관한 설명으로 옳은 것은?

① 0과 1의 이진수로 표현되어 저장, 처리된다.

② 시간에 따라 연속적으로 변하는 아날로그 형태이다.

③ 외부 환경 변화에 민감하여 원본 데이터의 손실이 크다.

④ 실제 세계의 정보를 그대로 표현하며 별도의 변환 과정이 필요 없다.

⑤ 데이터의 최소 단위는 바이트(Byte)이며 1024개의 비트(Bit)로 구성된다.

단답형

15 비트맵 방식에서 이미지의 선명한 정도를 의미하며, 보통 가로와 세로에 배치된 픽셀의 개수로 표시하는 용어는?

---

16 8층짜리 엘리베이터의 각 층을 표현하기 위해 최소 몇 비트가 필요한가?

---

17 소리 데이터를 디지털로 변환하는 과정 중, 1초 동안에 추출한 표본 수를 나타내는 단위로, 이 값이 클수록 원음에 가까운 데이터가 추출되는 단위의 명칭은?

---

18 이미지 데이터를 구성하는 기본 단위이자 가장 작은 점을 의미하며, 비트맵 방식의 핵심 구성 요소인 이 용어의 명칭은?

서술형

19 키보드에서 키를 눌렀을 때 문자 데이터를 디지털로 변환하여 모니터에 출력하는 과정을 서술하시오.

---

20 디지털 데이터는 다양한 분야에서 긍정적인 가치를 창출한다. 디지털 데이터가 의료 분야에서 창출되는 긍정적인 가치를 서술하시오.

---

21 소리 데이터를 디지털로 변환하는 전체 과정을 순서대로 제시하고, 각 단계의 목적을 간단히 서술하시오.

---

22 유니코드가 등장하면서 얻게 된 가장 큰 장점을 설명하고, 유니코드가 아스키 코드를 대체하여 사용되는 이유를 서술하시오.

02 데이터의 수집과 관리

학습 목표
· 문제 해결에 적합한 데이터를 수집할 수 있다.
· 수집한 데이터를 목적에 맞게 구분하여 관리할 수 있다.

공공 데이터
공공 기관이 생성하거나 취득하여 관리하는 데이터로, 국민이 자유롭게 활용할 수 있도록 개방한 데이터

크리에이티브 커먼즈 라이선스(CCL)
무료로 쓸 수 있지만, 저작자가 설정한 이용 허락 조건에 따라 사용 가능

확장자
① 이미지 파일 확장자: 비트맵으로 표현. jpg, png, gif 등
② 텍스트 파일 확장자: txt, csv, xlsx, hwp, odt 등

1 데이터의 수집

· 데이터 수집: 문제를 해결하기 위해 기초 자료를 모으는 것
· 데이터 수집 방법: 인터넷 검색, 설문 조사, 공공 데이터 활용, 센서 활용 등

1. 인터넷 검색을 통한 데이터 수집
(1) 문자, 소리, 이미지, 동영상 등 수많은 데이터 빠르게 수집 가능
(2) 검색 엔진의 다양한 도구 옵션을 통한 세부 검색 가능
(3) 이미 수집된 대량의 데이터 활용 가능

2. 설문 조사를 활용한 데이터 수집
(1) 다양한 질문에 대해 응답자의 의견을 수집할 수 있는 도구
(2) 온라인 또는 오프라인으로 만들어 진행 가능
(3) 설문 문항을 작성할 때 고려할 점
❶ 하나의 질문에는 한 가지 내용만 담는다.
❷ 특정 응답으로 유도하는 질문을 만들지 않는다.
❸ 질문의 흐름이나 순서를 잘 고려한다.
❹ 불필요한 데이터를 수집하는 것은 아닌지 확인한다.

2 데이터의 분류
(1) 데이터 분류: 기준을 세워 공통적인 특징을 가진 데이터끼리 구분하는 것
(2) 장점 ❶ 데이터의 특징을 쉽게 파악 가능
❷ 원하는 데이터를 빠르게 탐색 가능

3 데이터의 관리

1. 데이터의 저장
(1) 파일과 폴더: 수집한 데이터는 파일로 만들어 저장하고, 공통적인 특징을 보이는 여러 개의 파일을 묶어 효율적으로 관리하기 위해 폴더를 사용

클라우드 서비스 (cloud service)
인터넷을 통해 컴퓨팅 지원, 데이터 저장, 소프트웨어 및 기타 IT 관련 서비스를 원격으로 제공하는 것으로, 여러 장치 간 파일을 동기화하거나 공유할 수 있음

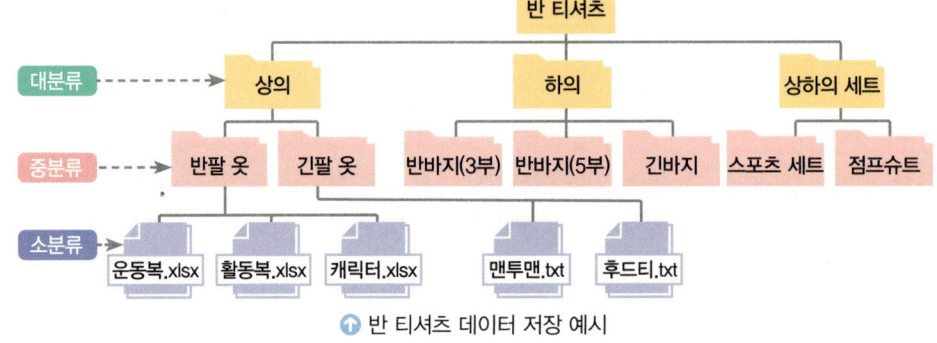

↑ 반 티셔츠 데이터 저장 예시

(2) 주기적인 저장: 중요한 정보가 손실되지 않도록 주기적인 저장 필요

(3) 클라우드 서비스 이용: 클라우드 서비스를 이용하면 데이터가 변경될 때 자동으로 저장

2. 데이터의 활용

스프레드시트 프로그램을 통해 문서 형태로 저장된 데이터에 조건을 걸어 필터링하거나, 기준에 따라 데이터를 정렬하여 활용할 수 있음

(1) 필터

❶ [데이터] – [필터] 메뉴에서 설정

❷ 특정 값만 필터링하거나 조건을 설정해 필터링할 수 있음

(2) 정렬

❶ 번호순이나 사전 순서와 같이 일정한 순서대로 나열함

❷ 오름차순이나 내림차순으로 정렬

오름차순과 내림차순
오름차순은 작은 값부터 큰 값으로 정렬하는 순서를 말하며, 반대로 내림차순은 큰 값부터 작은 값으로 정렬하는 순서를 말함. 예를 들어, 1, 2, 3, 4, 5와 같이 점점 커지는 형태는 오름차순이며, 5, 4, 3, 2, 1과 같이 점점 작아지는 것은 내림차순임

컨셉	색상	사이트	티 유형	가격(원)
유니콘	핑크색	C업체	줄무늬	9500
캐릭터 의상	초록색	A업체	라운드 반팔	9000
동물 의상	파란색	B업체	라운드 반팔	9000
스트라이프	검정색	B업체	브이넥 반팔	8500
농사 복장	초록색	C업체	라운드 반팔	8000
야구복	빨간색	B업체	브이넥 반팔	12000
축구복	빨간색	A업체	라운드 반팔	12000

원하는 속성(조건)별로 데이터를 필터링할 수 있다.

컨셉	색상	사이트	티 유형	가격
구복	빨간색	정렬, A→Z		12,000원
터 의상	초록색	정렬, Z→A		9,000원
구복	빨간색	색상을 기준으로 정렬		12,000원
물 의상	파란색			9,000원
라이프	검정색	색상별 필터링		8,500원
나 의상	흰색	조건별 필터링		10,000원
래픽	흰색	값별 필터링		11,500원
니콘	핑크색	모두 선택 · 지우기		9,500원

특정 기준에 따라 오름차순 또는 내림차순으로 정렬할 수 있다.

3. 데이터의 공유

(1) 데이터 공유 방법

❶ 이메일이나 모바일 메신저로 파일 전송

❷ 클라우드 서비스를 사용해 다른 사용자에게 공유. 특히, 클라우드 서비스를 사용해 공유하면 협업이 쉬워짐

❸ 클라우드 서비스를 사용할 때 권한을 설정함

• 뷰어: 파일 보기, 인쇄, 복사, 다운로드 등 데이터 접근만 가능

• 댓글 작성자: 데이터를 보고 댓글을 달아 의견 제안 가능

• 편집자: 파일 수정, 삭제, 공유, 권한 변경 등 데이터 편집 가능

🔍 점검 하기

1 다음에서 설명하는 것은 무엇인가?

> 인터넷을 통해 컴퓨팅 자원, 데이터 저장 공간 등을 제공하여, 여러 장치에서 파일을 공유하거나 동기화할 수 있게 해 주는 서비스

2 설명하는 내용이 맞으면 ○, 틀리면 ×에 표시하세요.

• 데이터 분류란 기준을 세우고, 그 기준에 따라 공통적인 특징을 가진 데이터끼리 구분하는 것이다. (○ / ×)

• 설문 조사를 할 때, 특정 응답을 유도하는 질문을 만들면 더 정확한 데이터를 얻을 수 있다. (○ / ×)

3 스프레드시트에서 데이터를 정렬할 때, '1, 2, 3, 4, 5'와 같이 작은 값부터 큰 값 순서대로 나열하는 방식을 무엇이라 하는가?

(정답) **1** 클라우드 서비스(또는 클라우드) **2** ○ / × **3** 오름차순

01 다음 중 데이터 수집 방법으로 적절하지 <u>않은</u> 것은?

① 설문 조사
② 센서 활용
③ 인터넷 검색
④ 데이터 임의 생성
⑤ 공공 데이터 활용

02 다음 중 설문 문항을 작성할 때 고려해야 할 점으로 옳은 것을 골라 짝지은 것은?

> 가. 하나의 질문에는 한 가지 내용을 담는다.
> 나. 질문의 순서나 흐름은 고려하지 않아도 된다.
> 다. 불필요한 데이터를 수집하지 않도록 주의한다.
> 라. 응답자가 고민하지 않도록 특정 답을 암시한다.
> 마. 문항을 최대한 복잡하게 만들어 전문성을 높인다.

① 가, 나
② 나, 다
③ 가, 다
④ 라, 마
⑤ 가, 마

03 공공 데이터에 대한 설명으로 적절한 것은?

① 해킹을 통해 불법적으로 획득한 데이터이다.
② 친구들끼리 메신저로 주고받은 대화 데이터이다.
③ 개인이 비밀리에 수집하여 혼자 사용하는 데이터이다.
④ 기업이 이윤 추구를 위해 유료로 판매하는 데이터이다.
⑤ 공공 기관이 만들고 제공하여 누구나 사용할 수 있는 데이터이다.

04 스프레드시트 프로그램의 기능 중, 원하는 조건에 맞는 데이터만 골라 볼 수 있게 표시하는 기능은?

① 정렬
② 필터
③ 함수
④ 차트
⑤ 인쇄

05 클라우드 서비스를 사용하여 문서를 공유할 때, 다른 사용자가 내용을 수정하거나 삭제하지 못하게 하고 오직 데이터를 보는 것만 가능하도록 설정하려면 어떤 권한을 부여해야 하는가?

① 뷰어 권한
② 편집자 권한
③ 소유자 권한
④ 관리자 권한
⑤ 댓글 작성자 권한

06 표 형태의 시트를 이용하여 데이터를 계산, 분석, 관리할 수 있는 응용 프로그램은?

_____

07 빈칸 (가)와 (나)에 들어갈 알맞은 말을 쓰시오.

> 수집한 데이터는 (가)(으)로 만들어 저장하고, 공통적인 특징을 보이는 여러 개의 (가)을(를) 묶어 효율적으로 관리하기 위해 (나)을(를) 사용한다.

정답 및 해설

정답

01 ④ 02 ③ 03 ⑤ 04 ② 05 ① 06 스프레드시트
07 가 – 파일, 나 – 폴더

해설

01 데이터 수집 방법에는 인터넷 검색, 설문 조사, 공공 데이터 활용, 센서를 활용한 데이터 수집 등이 있다.

02 나. 질문의 흐름이나 순서를 잘 고려해야 한다. / 라. 유도 질문은 피해야 한다. / 마. 문항은 명확하고 이해하기 쉬워야 한다.

03 공공 데이터는 공공 기관이 생성하거나 관리하는 데이터로 국민이 쉽고 편리하게 이용할 수 있도록 개방한 데이터이다.

04 필터 기능을 사용하면 수많은 데이터 중 내가 원하는 조건에 맞는 항목을 걸러내어 볼 수 있다.

05 뷰어 권한은 파일 보기, 인쇄, 다운로드, 사본 만들기가 가능하며 수정이 불가능하다.

06 엑셀, 구글 시트, 한셀 등은 모두 스프레드시트 프로그램에 속한다.

07 디지털 데이터는 파일 단위로 저장되며 이 파일들을 체계적으로 정리하기 위해 상위 보관함인 폴더를 사용한다.

시험 대비 문제

선택형

01 오름차순 정렬의 예시로 옳은 것은?

① 10, 9, 8, 7, 6

② E, D, C, B, A

③ ㅎ, ㅍ, ㅌ, ㅋ, ㅊ

④ 가, 나, 다, 라, 마

⑤ 2025년, 2024년, 2023년

02 다음 사례에 적합한 데이터 수집 방법으로 연결이 바르지 <u>않은</u> 것은?

① 학급 티셔츠 구입 가격 – 인터넷 검색

② 교실의 온도 변화 측정 – 온도 센서 활용

③ 친구의 저녁 외식 메뉴 – 공공 데이터 활용

④ 우리 반 친구들의 운동화 사이즈 조사 – 설문 조사

⑤ 지난날 시·도별 미세먼지 농도 변화 – 공공 데이터 활용

03 검색 엔진을 사용하여 이미지 데이터를 수집할 때, 저작권 문제를 예방하기 위해 확인할 옵션으로 적절한 것은?

① 라이선스

② 게시 날짜

③ 이미지 크기

④ 이미지 색상

⑤ 파일 확장자

04 데이터를 분류하는 주된 목적으로 적절한 것은?

① 데이터의 용량을 늘리기 위해서이다.

② 데이터에서 원하는 정보를 빠르게 찾기 위해서이다.

③ 원본 데이터를 다른 사람에게 공유하기 위해서이다.

④ 데이터를 모두 삭제하기 편하게 관리하기 위해서이다.

⑤ 데이터를 복잡하게 섞어 보안을 유지하기 위해서이다.

05 스프레드시트에서 데이터를 관리할 때의 특징으로 볼 수 <u>없는</u> 것은?

① 합계, 평균 등을 쉽게 계산할 수 있다.

② 기준에 따라 순서대로 정렬하기 편하다.

③ 표 형태로 데이터를 깔끔하게 정리할 수 있다.

④ 데이터의 양이 많아질수록 종이보다 관리가 어렵다.

⑤ 필터 기능을 이용해 원하는 데이터만 추출할 수 있다.

06 클라우드 서비스를 활용한 협업의 예시로 적절한 것은?

① USB에 파일을 담아 친구에게 전달했다.

② 벽에 붙여 놓은 종이에 아이디를 함께 적었다.

③ 공유 폴더를 만들어 발표 자료를 동시에 만들었다.

④ 학급 컴퓨터 바탕화면에 있는 파일을 돌아가며 수정했다.

⑤ 작업한 파일을 이메일로 보내고 수정된 결과를 기다린다.

07 스프레드시트의 필터 기능을 사용하기 적절한 상황은?

① 데이터의 글자 크기를 변경하고 싶을 때

② 데이터를 입력하자마자 자동으로 저장하고 싶을 때

③ 정보 점수가 90점 이상인 학생만 뽑아서 보고 싶을 때

④ 모든 데이터를 삭제하고 데이터를 새로 작성하고 싶을 때

⑤ 우리 반 학생들의 이름을 가나다순으로 정리하고 싶을 때

08 클라우드 서비스를 사용할 때 '댓글 작성자' 권한을 받은 사람이 할 수 있는 행동으로 옳은 것은?

① 파일을 삭제한다.

② 파일을 볼 수 없다.

③ 파일의 데이터를 직접 수정한다.

④ 파일 데이터 일부에 의견을 남긴다.

⑤ 다른 사람에게 편집 권한을 부여한다.

09 공공기관이 생성하거나 취득하여 관리하는 데이터로, 국민이 자유롭게 활용할 수 있도록 개방한 데이터는?

① 비밀문서　　　　② 개인 정보

③ 공공 데이터　　　④ 저작권 보호 데이터

⑤ 기업 대외비 데이터

10 표 형태에 데이터를 입력하고, 계산, 정렬, 필터링 등 효율적인 데이터 관리를 할 수 있는 소프트웨어는?

① 엣지　　　　　② 메모장

③ 그림판　　　　④ 파워포인트

⑤ 스프레드시트

11 〈보기〉는 컴퓨터에 저장된 파일들의 목록이다. 이 파일들을 확장자 기준으로 이미지 파일과 문서 파일로 분류하여 폴더에 정리하려고 한다. 필요한 폴더의 개수와 이미지 파일 폴더에 들어갈 파일 개수가 바르게 연결된 것은?

보기

여름방학.jpg　　수행평가.hwp　　가계부.xlsx
프로필.png　　영어대본.txt

① 1, 1　　　　　② 1, 2

③ 2, 1　　　　　④ 2, 2

⑤ 2, 3

12 〈보기〉는 5명의 학생 데이터이다. 이 데이터의 '기록'을 기준으로 오름차순 정렬했을 때 위에서 두 번째에 위치하게 되는 학생의 학번은?

보기

학번	이름	기록(초)	성별
10101	김*수	16.5	남
10102	김*희	15.8	여
10103	남*윤	17.0	남
10104	박*민	16.2	여
10105	박*지	14.8	여

① 10101　　　　② 10102

③ 10103　　　　④ 10104

⑤ 10105

13 설문 조사를 위한 문항을 만들 때 피해야 할 행동으로 적절한 것은?

① 특정 답을 유도하도록 한다.

② 이해하기 쉬운 단어를 사용한다.

③ 대답하기 명확한 문항으로 작성한다.

④ 한 문항에 한 가지 내용만을 묻는다.

⑤ 질문의 논리적 순서를 고려해 만든다.

14 도서관 대출 데이터에서 대출 중인 도서만 보이게 설정하여 가장 최근 대출된 순서대로 도서를 나열하려고 한다. 이를 위해 스프레드시트에서 수행해야 할 작업 순서로 옳은 것은?

보기

도서명	대출일	반납일	반납 여부
어린 왕자	2025.10.01	2025.10.06	○
인류의 미래	2025.10.05		×
인공지능의 역사	2025.09.28	2025.10.01	○
셜록 홈즈	2025.10.03		×
알고리즘 그림	2025.09.25	2025.10.01	○

① 대출일을 기준으로 오름차순 정렬한다.

② 반납일을 기준으로 내림차순 정렬한다.

③ 반납 여부를 기준으로 오름차순 정렬한다.

④ 반납 여부가 ×인 데이터를 필터링하고, 대출일을 내림차순 정렬한다.

⑤ 반납 여부가 ○인 데이터를 필터링하고, 대출일을 오름차순 정렬한다.

15 〈보기〉는 소희가 컴퓨터에 저장된 문서를 정리한 폴더 목록이다. 소희가 사용한 분류 기준으로 적절한 것은?

> **보기**
>
> [폴더 목록]
> - 📁 제주도 여행
> - 📁 체육 대회
> - 📁 현장 체험 학습
> - 📁 생일 파티

① 파일 크기
② 사진 화질
③ 사진 파일의 확장자
④ 사진에 찍힌 사람의 수
⑤ 사진을 찍은 장소나 행사

단답형

16 데이터를 분류하기 위해서는 가장 먼저 이것을 세워야 한다. 예를 들어, '색깔별로 나누기', '크기별로 나누기'와 같이 분류의 방향을 결정하는 것은?

_____

17 컴퓨터 파일의 종류를 구별하기 위해 파일명 뒤에 붙는 점(.)과 영문자를 무엇이라 하는가?

_____

서술형

18 설문 문항을 보고 어떤 문제점이 있는지 서술하시오.

> **문항:** 당신은 건강한 몸을 만들기 위해 매일 운동을 하고, 섭취하는 음식량을 줄여야 한다고 생각합니까?
> **대답:** (예 / 아니오)

_____

_____

_____

19 오름차순 정렬과 내림차순 정렬의 차이점을 숫자를 예로 들어 설명하시오.

_____

_____

_____

_____

20 설문 조사를 통해 수집한 데이터를 스프레드시트로 정리했을 때 얻을 수 있는 이점을 한 가지 서술하시오.

_____

_____

_____

_____

03 데이터 구조화

· 실생활의 데이터를 표, 다이어그램 등 다양한 형태로 구조화할 수 있다.

1 데이터 구조화의 개념

(1) 데이터 구조화: 다양한 데이터를 형식, 종류, 사용 목적 등에 따라 체계적이고 이해하기 쉬운 형태로 변환하는 과정

(2) 일상생활 속 구조화 사례: 길 안내를 위한 약도, 분류법에 따라 도서관 책 정리 등

2 데이터 구조화의 효과

(1) 원하는 데이터를 빠르게 확인

(2) 효과적으로 내용 전달 가능

(3) 데이터의 숨은 의미 해석

(4) 데이터 속의 패턴을 찾아 효과적인 데이터 분석

3 다양한 구조화 방법

• 구조화 과정: 주어진 정보를 파악하여 핵심 요소를 추출한 뒤, 비슷한 성질끼리 분류하고 정리하는 과정

• 구조화 방법: 목록, 표, 그림 등 데이터 특성에 따라 적절한 형태를 선택하여 구조화

1. 목록으로 구조화하기

• 목록: 데이터를 차례대로 나열하거나 줄을 맞춰 일목요연하게 글로 정리하는 방법

• 특징: 데이터를 체계적으로 정리하여 쉽게 이해 가능, 필요한 정보 찾기 편함

(1) 다단계 목록: 각 항목에 하위 항목들을 포함한 여러 단계로 구성되며, 들여쓰기로 구분

(2) 순서가 있는 목록: 항목들을 순서대로 나열하고 각 항목은 번호로 표시

(3) 순서가 없는 목록: 항목에 순서가 없어 점 등으로 표시

목차

목차

❶ 개관
    1.1. 고대
    1.2. 중세
    1.3. 근대

❷ 선사 시대
    2.1. 구석기 시대
    2.2. 대표 유적
    2.3. 중석기 시대
    2.4. 신석기 시대
    2.5. 대표 유적

❸ 상고 시대
    3.1. 청동기 시대
    3.2. 고조선
    3.3. 철기 시대
      3.3.1 위만조선
      3.3.2 원삼국 시대

⬆ 다단계 목록

요리 순서

레시피 순서

① 떡은 찬물에 담가 헹궈 준비한다.

② 팬에 고추장, 고춧가루, 간장, 설탕, 물엿, 카레 가루와 물 2컵을 풀어 주며 끓인다.

③ 떡볶이 양념 국물이 끓어오르면 떡을 넣고 말랑해질 때까지 끓여준다.

④ 마지막에 후춧가루를 넣어 고루 섞어준다.

⑤ 어묵은 팬에 기름을 넉넉히 두르고 튀기듯 굽는다.

⑥ 모차렐라 치즈와 슬라이스 치즈를 전자레인지에 넣어 3분 정도 돌려 고루 풀어 떡볶이 위에 부어 주면 완성!

⬆ 순서가 있는 목록

할 일 목록

☰ 내 할 일   🔍

받은 할 일   보낸 할 일

✅ 홍보 영상 내 오류 정보 확인하기   ★
  ·기한: 내일 | 요청자: 김○○

◯ 센터 행사 홍보물 확정   ★
  ·기한: 3. 2. (화) | 요청자: 김○○

◯ 센터 행사 케이터링 업체 확정   ★
  ·기한: 2. 11. (목) | 요청자: 김○○

◯ 센터 행사 진행 상황 확인   ★
  ·기한: 2. 25. (목) | 요청자: 김○○

✅ 센터 행사 기획 리뷰   ★

⬆ 순서가 없는 목록

---

2. 표로 구조화하기

(1) 표: 서로 관련 있는 데이터를 가로(행), 세로(열)로 구성한 구조(시간표, 출석부 등)

(2) 특징: 많은 양의 데이터를 한눈에 파악하기 좋음, 스프레드시트 등의 소프트웨어를 사용해 데이터를 수정, 추가, 삭제하기 쉬움

시간표

	월	화	수	목	금
1	수학	체육	수학	국어	도덕
2	기·가	도덕	과학	음악	과학
3	독서	수학	국어	창체	체육
4	과학	국어	역사	정보	영어
5	영어	정보	체육	역사	수학
6	도덕	영어	미술	스포츠	역사
7		과학		기·가	

연평균 기온 분석

구분	2000	2010	2020	상승폭 (2000~2020)
서울	11.8℃	12.2℃	12.5℃	0.7℃
춘천	10.6℃	10.9℃	11.1℃	0.5℃
대전	12.1℃	12.3℃	13.0℃	0.9℃
대구	13.2℃	13.7℃	14.1℃	0.9℃
광주	13.2℃	13.5℃	13.8℃	0.6℃
부산	14.1℃	14.4℃	14.7℃	0.6℃
제주	15.3℃	15.5℃	15.8℃	0.5℃
평균	12.9℃	13.2℃	13.6℃	0.7℃

⬆ 표로 구조화 한 예

3. 그림으로 구조화하기

(1) 그림: 기호, 선, 점 등을 사용하여 시각적으로 표현(다이어그램)

(2) 특징: 복잡한 관계나 과정 등을 적절한 그림으로 표현해 데이터 관계, 연결성을 파악하기 좋음

(3) 트리: 데이터의 계층적 구조를 나타낼 때 효과적임

(4) 그래프: 데이터 간의 다양한 관계, 연결성을 보여 주는 데 효과적임

노드

트리, 그래프에서 데이터의 기본 단위를 의미하며 정점이라 표현하기도 함

트리는 데이터의 계층적 구조를 나타낼 때 사용한다. 최상단의 노드*에서 여러 개의 자식 노드로 나뉘게 되며 다시 각각의 하위 노드를 가질 수 있다. 예를 들어 컴퓨터 폴더 구조의 각 폴더는 하위 폴더와 파일을 포함한다.

그래프는 노드와 노드 간의 관계인 간선으로 표현하는 데이터 구조로 데이터 간의 다양한 관계, 연결성을 보여주는 데 효과적이다. 예를 들어 친구 관계, 네트워크 구성도 등에 사용한다.

🔍 점검 하기

1 다음 설명하는 구조화 방식은 무엇인가?

> 출석부처럼 번호와 이름을 행과 열로 나누어 정리하여 정보를 쉽고 명확하게 보여 주는 구조화 방식

2 설명하는 내용이 맞으면 ○, 틀리면 ×에 표시하세요.

- 데이터의 계층적 구조를 나타낼 때 트리 구조를 사용한다. (○ / ×)
- 데이터 구조화란 데이터를 무조건 표 형태로만 만드는 것을 의미한다. (○ / ×)

(정답) **1** 표 **2** ○ / ×

01 데이터 구조화에 대한 설명으로 적절하지 <u>않은</u> 것은?

① 정보를 표, 다이어그램, 트리 등 다양한 형태로 표현할 수 있다.

② 데이터 간의 관계를 파악하여 적절한 형태로 재배치하는 것이다.

③ 줄글로 된 복잡한 정보를 한눈에 알아보기 쉽게 정리하는 것이다.

④ 저장 용량을 늘려서 최대한 많이 데이터를 저장하는 것이 주된 목적이다.

⑤ 일상생활에서 약도를 그리거나, 책장에 책을 분류하는 것은 구조화의 사례이다.

02 데이터 구조화가 필요한 상황으로 적절하지 <u>않은</u> 것은?

① 1년 간 성적 변화 추이를 분석하여 학생을 상담해야 할 때

② 도서관에 새로 구입한 책 500권을 분야별로 정리해야 할 때

③ 친구에게 보낼 비밀 편지를 아무도 읽지 못하게 처리해야 할 때

④ 요일별 학교 급식 메뉴의 영양 성분을 학부모에게 안내해야 할 때

⑤ 복잡한 지하철 노선 간의 연결 관계를 승객들에게 안내해야 할 때

03 트리 구조를 사용하여 구조화하기에 적합한 데이터는?

① 하루 동안의 기온 변화

② 음식점 대기 손님 명단

③ 학교 홈페이지의 메뉴 구성

④ 반 학생들의 100m 달리기 기록

⑤ 전교 회장 선거의 후보자별 득표율

04 〈보기〉의 사례들에서 공통적으로 활용된 데이터 구조화 방법은 무엇인지 쓰시오.

> **보기**
>
> • 수행 평가 일정을 요일과 과목을 기준으로 나누어 정리했다.
> • 지역별 연평균 기온을 지역과 연도를 기준으로 나누어 정리했다.

---

05 다음 설명에 해당하는 데이터 구조를 쓰시오.

> 노드와 노드 간의 관계인 간선으로 이루어져 있다.
> 데이터 간의 다양한 관계, 연결성을 보여주는 데 효과적이다. 친구 관계, 지하철 노선도, 네트워크 구성도 등에 사용되는 구조이다.

정답 및 해설

정답

01 ④   **02** ③   **03** ③   **04** 표   **05** 그래프

해설

01 데이터 구조화의 목적은 정리되지 않은 데이터를 정리하여 의미를 정확하게 파악하고 데이터 간의 관계나 특성을 명확하게 파악하기 위함이다. 단순히 데이터의 저장 용량을 늘려 많이 저장하는 것과는 관련 없다.

02 ③번은 정보 보호를 위한 암호화에 가깝다. 나머지는 정보를 분석하거나 누군가에게 내용을 쉽게 전달하기 위해 구조화가 필요하다.

03 학교 홈페이지는 메인 메뉴 아래에 서브 메뉴가 연결되는 계층적 구조이므로 트리 구조에 적합한 데이터이다.

04 〈보기〉의 사례는 행과 열을 이용하여 데이터를 정리한 표 구조이다. 표는 많은 양의 데이터를 두 가지 기준에 따라 명확하게 비교, 분석하기 적합한 형태이다.

05 그래프는 점(정점)과 선(간선)을 이용하여 데이터 간의 복잡한 연결 관계를 표현하는 구조이다. 그래프는 트리 구조와 달리 상하 관계가 없는 것이 특징이다.

시험 대비 문제

01 데이터를 구조화했을 때 얻을 수 있는 장점이 아닌 것은?

① 정보 관리의 효율성이 증가한다.

② 데이터의 보안이 자동으로 강화된다.

③ 필요한 정보를 찾는 시간이 단축된다.

④ 정보의 의미를 명확하게 전달 가능하다.

⑤ 데이터 간 관계를 파악하기 용이해진다.

02 트리 구조의 특징으로 옳은 것은?

① 행과 열로 구성된다.

② 데이터가 순환 연결된다.

③ 상하 계층 관계를 가진다.

④ 데이터 간의 연결이 전혀 없다.

⑤ 선착순으로 데이터가 처리된다.

03 데이터를 표로 구조화할 때, 가로 방향의 줄을 무엇이라 하는가?

① 셀	② 행
③ 열	④ 키
⑤ 값	

04 다음 사례에서 사용된 데이터 구조화 방식을 무엇이라 하는가?

> 지하철 노선 안내, 소셜 네트워크 분석, 내비게이션 경로 탐색처럼 점과 선을 이용하여 대상들 사이의 복잡한 연결 관계를 그림으로 표현했다.

① 표	② 목록
③ 줄글	④ 트리
⑤ 그래프	

05 표 형태로 구조화하기에 적합한 데이터는?

① 학급회 조직도

② 컴퓨터 폴더 구조

③ 생물의 계층적 분류

④ 학교의 한 달 급식 식단

⑤ 서울에서 강원도까지 가능 경로

06 데이터 구조화의 개념으로 적절한 것은?

① 데이터를 삭제하는 것

② 데이터를 암호화하는 것

③ 데이터의 용량을 늘리는 것

④ 데이터를 무작위로 섞어두는 것

⑤ 데이터를 체계적인 형태로 재배치하는 것

07 일상생활 사례 중 데이터 구조화 사례로 볼 수 없는 것은?

① 편의점에서 받은 영수증들을 잘 접어서 상자 하나에 넣어둔다.

② 스마트폰에 이름과 전화번호를 입력하여 가나다 순으로 관리한다.

③ 도서관 책을 한국 십진 분류법에 따라 청구 기호를 붙여 책장에 정리한다.

④ 환자들의 진료 기록을 환자 번호와 방문 날짜에 맞춰 병원 데이터로 관리한다.

⑤ 온라인 쇼핑몰에서 판매하는 물건들을 의류, 가전, 식품 등 카테고리별로 분류한다.

08 트리 구조에 대한 설명으로 옳은 것을 모두 고른 것은?

> **보기**
>
> 가. 데이터 사이에 상위, 하위 위계 관계가 있다.
> 나. 데이터가 꼬리를 물고 이어져 순환할 수 있다.
> 다. 컴퓨터의 폴더 구조가 대표적인 예시이다.
> 라. 데이터를 차례대로 나열해 줄을 맞춘 구조이다.

① 가, 나	② 가, 다
③ 가, 라	④ 나, 라
⑤ 다, 라	

09 버스 노선도에서 환승 정거장을 통한 이동 경로를 보여 주거나, 내비게이션에서 목적지까지 빠른 경로를 찾을 때 주로 사용되는 데이터 구조는?

① 큐   ② 스택

③ 목록   ④ 트리

⑤ 그래프

10 학교에서 2박 3일 동안의 수련회 안내문을 배부하려 한다. 시간, 장소, 활동 내용을 한눈에 파악할 수 있도록 정리하려고 할 때 적절한 구조는?

① 표   ② 그림

③ 트리   ④ 그래프

⑤ 순서가 없는 목록

11 온라인 쇼핑몰에서 판매하는 수천 개의 상품을 고객이 쉽게 찾을 수 있도록 메뉴를 구성하려고 한다. 대분류 → 중분류 → 소분류 형태로 좁혀가며 상품을 보여 주는 구조는?

① 표   ② 그림

③ 트리   ④ 목록

⑤ 그래프

12 소셜 미디어(SNS)에서 나와 친구들의 관계를 표현하려고 한다. 복잡한 인맥 관계를 표현하기에 적절한 구조는?

① 표   ② 트리

③ 그래프   ④ 다단계 목록

⑤ 순서가 없는 목록

단답형

13 다양한 데이터를 형식, 종류, 사용 목적 등에 따라 체계적이고 이해하기 쉬운 형태로 변환하고 재배치하는 과정을 무엇이라 하는지 쓰시오.

_____

14 컴퓨터에서 파일을 관리할 때 사용하는 구조로, 상위 폴더 안에 하위 폴더가 계속해서 들어가는 계층적인 구조는?

_____

서술형

15 두 가지 방식의 식재료 데이터 정리 방법을 비교하여 B 방법이 갖는 장점을 <u>두 가지</u> 이상 서술하시오.

> **보기**
>
> **방법 A**: 식재료를 냉장고 안쪽부터 채워 넣고 그 순서대로 [식재료 이름, 양, 유통 기한] 데이터를 정리한다.
>
> **방법 B**: 냉장고 칸을 '육류', '야채/과일류', '음료류'로 나눠 넣고, 칸 별로 유통 기한 순서에 맞춰 [식재료 이름, 양, 유통 기한] 데이터를 정리한다.

_____

_____

16 지수가 5월 일주일 동안 쓴 용돈의 내역을 기억나는 대로 메모한 것이다. 이 내용을 보고 용돈의 내역을 표 형태로 구조화하여 작성하시오. (단, 표에는 날짜, 내용, 수입, 지출, 잔액 항목이 포함되어야 한다. 초기 잔액은 0원으로 가정한다.)

> **– 메모 –**
>
> 5월 1일 엄마한테 용돈 10,000원을 받았다. 2일에는 편의점에서 컵라면을 먹느라 3,000원을 썼다. 4일에는 친구 생일 선물로 5,000원을 썼고, 5일은 어린이날이라 할머니께 용돈 30,000원을 받아서 사고 싶었던 앨범 12,000원짜리를 주문했다.

날짜	내용	수입	지출	잔액

17 친구와의 통화 내용을 녹음한 텍스트를 보고 친구들이 알아보기 쉽도록 '표' 형태로 구조화하여 작성하시오.

> 선생님이 다음 주 준비물을 알려주신 거 기억하지? 월요일 미술 시간에는 스케치북을 가져오고, 화요일 체육 시간에는 체육복을 입고 오라고 하셨어. 그리고 수요일 음악 시간에는 리코더가 필요하고, 목요일은 스포츠 시간에 필요한 배드민턴 채를 가져오라고 하셨어. 준비물 정리해서 학급 채팅방에 게시해 줘.

_____

_____

_____

_____

18 다음 데이터가 어떤 방법으로 구조화되었는지 특징과 함께 서술하시오.

> **요리 순서**
> ❶ 떡은 찬물에 담가 헹궈 준비한다.
> ❷ 팬에 고추장, 고춧가루, 간장, 설탕, 물엿, 카레 가루와 물 2컵을 풀어 주며 끓인다.
> ❸ 떡볶이 양념 국물이 끓어오르면 떡을 넣고 말랑해질 때까지 끓여준다.
> ❹ 마지막에 후춧가루를 넣어 고루 섞어준다.
> ❺ 어묵은 팬에 기름을 넉넉히 두르고 튀기듯 굽는다.
> ❻ 모차렐라 치즈와 슬라이스 치즈를 전자레인지에 넣어 3분 정도 돌려 고루 풀어 떡볶이 위에 부어 주면 완성!

_____

_____

_____

_____

19 데이터를 단순히 글로 나열하는 것보다 구조화하여 표현했을 때 얻을 수 있는 장점을 두 가지 이상 서술하시오.

_____

_____

_____

_____

20 다음 데이터를 보고, 상위 개념과 하위 개념을 구분하여 다단계 목록의 형태로 표현하시오. (들여쓰기를 사용하여 하위 개념을 구분)

> **[데이터]**
> 사과, 포도, 복숭아, 과일, 채소, 시금치, 깻잎, 상추, 음식

_____

_____

_____

_____

04 데이터와 문제 해결

학습 목표 · 데이터 간의 관계를 파악하고, 데이터에 기반하여 의미를 해석할 수 있다.
· 여러 학문 분야의 사례를 중심으로 데이터를 수집·분석하여 융합적으로 문제를 해결할 수 있다.

1 데이터 간의 관계 파악과 데이터 기반 의미 해석

1. 데이터 간의 관계

(1) 데이터 간의 관계: 서로 다른 데이터 사이의 어떤 상호 작용이나 연결을 의미

(2) 데이터 간의 관계 파악, 의미 해석을 통해 데이터에 숨은 특징이나 의미를 발견하고 문제의 원인이나 해결 방법 도출 가능

(3) 그래프 활용: 데이터 간의 관계를 해석할 때는 그래프를 활용해 시각화한 후 파악하는 것이 효과적임

(4) 파악할 요소

❶ 그래프 요소: 축 제목, 데이터 범위, 그래프 기본 정보

❷ 상관관계: 양의 상관관계, 음의 상관관계, 관계없음

❸ 데이터 분포: 강한 관계, 약한 관계

❹ 이상 데이터(이상치): 일반적인 관계와 관련성이 적은 데이터

시각화 유형
· 선그래프: 일정 기간의 추세를 확인
· 막대그래프: 한 개 이상 그룹의 데이터를 비교
· 분산형 그래프: 가로축과 세로축을 따라 숫자의 좌표를 표시하여 두 변수 사이의 추세와 패턴을 찾을 수 있음

그래프 요소 파악하기

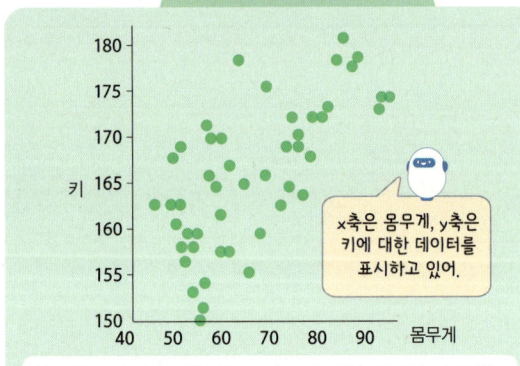

x축은 몸무게, y축은 키에 대한 데이터를 표시하고 있어.

축 제목, 데이터 범위 등 그래프의 기본 정보를 나타내는 요소들을 확인한다.

상관관계 파악하기

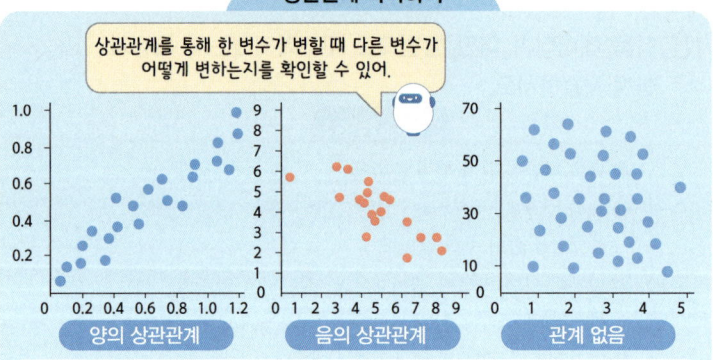

상관관계를 통해 한 변수가 변할 때 다른 변수가 어떻게 변하는지를 확인할 수 있어.

양의 상관관계 / 음의 상관관계 / 관계 없음

그래프의 전반적인 경향을 보고 상관관계를 파악한다.

데이터의 분포 파악하기

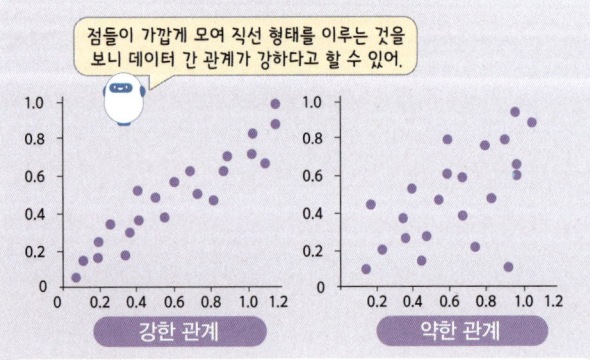

점들이 가깝게 모여 직선 형태를 이루는 것을 보니 데이터 간 관계가 강하다고 할 수 있어.

강한 관계 / 약한 관계

그래프의 점들이 어떻게 분포되어 있는지 확인하여 데이터 간의 관계 정도를 파악한다.

이상 데이터 파악하기

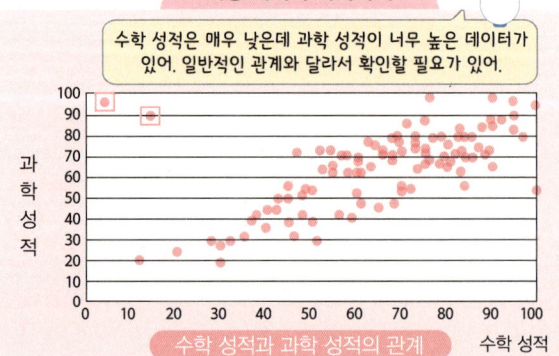

수학 성적은 매우 낮은데 과학 성적이 너무 높은 데이터가 있어. 일반적인 관계와 달라서 확인할 필요가 있어.

과학 성적

수학 성적과 과학 성적의 관계   수학 성적

데이터 간의 일반적인 관계와 관련성이 적은 데이터, 즉 그래프의 전체적인 경향에서 완전히 벗어난 데이터가 있는지 확인한다.

⬆ 그래프를 통해 데이터 간 관계를 파악할 때 유의할 점

2. 데이터 기반 의미 해석

(1) 과정: 인터넷 검색을 통해 표 형태로 구조화된 데이터를 수집하고 사용자의 목적에 맞는 그래프를 사용해 시각적으로 표현하면 데이터의 의미를 해석하기 쉬움

(2) 학업 성적과 수면 시간 데이터 의미 해석 과정

❶ 데이터 수집

국가통계포털 웹 사이트에서 '청소년 수면 시간'을 검색하여 파일 다운로드

❷ 데이터 구조화 및 정리

삭제, 필터링 등을 사용해 데이터 분석에 필요한 데이터만 남기고 필요하지 않은 데이터는 삭제

❸ 데이터 간 관계 파악

차트를 만들고 제목, 축, 계열 등 차트 속성을 수정

❹ 의미 해석

차트를 분석해 8시간 수면하는 학생의 학업 성적이 높다는 관계를 파악

② 데이터 분석과 문제 해결

(1) 데이터 분석을 통한 문제 해결: 문제의 핵심을 파악하고 데이터의 패턴을 찾아내 문제 해결 방법의 근거로 활용하면 합리적이고 효율적으로 문제 해결 가능

(2) 데이터를 활용한 문제 해결 과정

청소년 수면 시간 데이터
한국 청소년 정책 연구원에서 조사한 '아동 청소년 인권 실태 조사' 데이터의 '수면 시간(평균)' 데이터를 사용하며, 시간에 따라 해당 데이터는 변경될 수 있음

추세선
데이터의 전반적인 방향이나 흐름을 시각적으로 나타내기 위해 그래프에 표시하는 선. 데이터 패턴에 따라 선의 모양이 달라질 수 있음

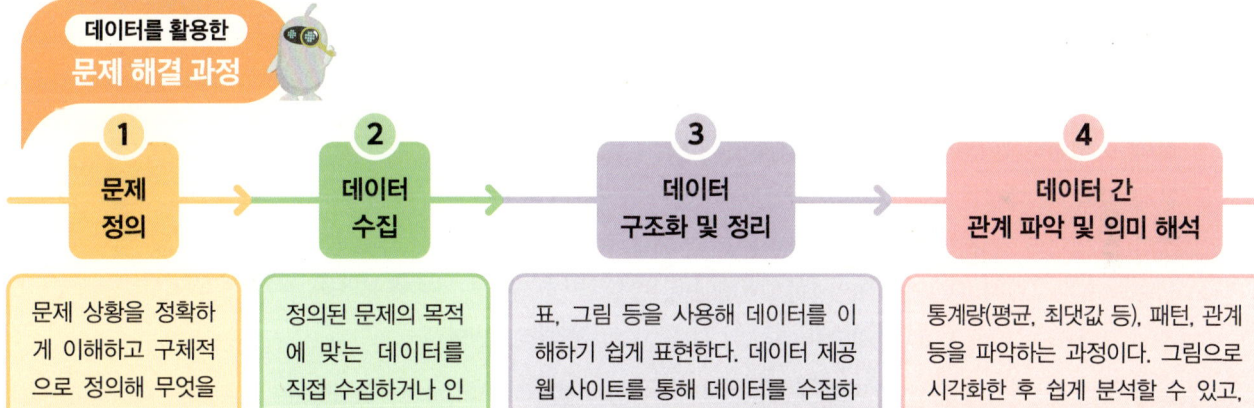

데이터를 활용한 문제 해결 과정

1 문제 정의	2 데이터 수집	3 데이터 구조화 및 정리	4 데이터 간 관계 파악 및 의미 해석
문제 상황을 정확하게 이해하고 구체적으로 정의해 무엇을 분석해야 하는지를 명확히 한다.	정의된 문제의 목적에 맞는 데이터를 직접 수집하거나 인터넷을 활용해 수집한다.	표, 그림 등을 사용해 데이터를 이해하기 쉽게 표현한다. 데이터 제공 웹 사이트를 통해 데이터를 수집하면 주로 표 형태의 구조화된 데이터를 수집할 수 있고, 필요에 따라 분류 또는 재배치하여 정리할 수 있다.	통계량(평균, 최댓값 등), 패턴, 관계 등을 파악하는 과정이다. 그림으로 시각화한 후 쉽게 분석할 수 있고, 해결 방안에 대한 근거로 활용할 수 있다.

🔍 점검하기

1 데이터를 활용한 문제 해결 과정 중 어떤 단계인지 쓰시오.

> 정의된 문제의 목적에 맞는 데이터를 직접 수집하거나 인터넷을 활용해 수집한다.

2 설명하는 내용이 맞으면 ○, 틀리면 ×에 표시하세요.

- 데이터 간의 관계를 파악하고 어떤 의미가 있는지 해석해 보면 데이터에 숨은 의미를 발견할 수 있다. (○ / ×)
- 데이터 기반으로 의미를 해석하기 위해 목적에 맞는 차트를 사용하면 효율적이다. (○ / ×)

정답 1 데이터 수집 2 ○ / ○

01 데이터 간의 관계를 파악할 때 두 변수의 데이터를 x축과 y축에 점으로 찍어 분포와 추세를 확인하기 좋은 그래프 유형은?

① 선 그래프
② 원그래프
③ 막대그래프
④ 영역 그래프
⑤ 분산형 그래프

02 데이터 분석을 통해 문제를 해결하는 과정 4단계를 올바른 순서대로 나열한 것은?

① 데이터 구조화 및 정리 → 문제 정의 → 데이터 수집 → 데이터 간 관계 파악과 의미 해석
② 데이터 구조화 및 정리 → 데이터 수집 → 문제 정의 → 데이터 간 관계 파악과 의미 해석
③ 문제 정의 → 데이터 수집 → 데이터 구조화 및 정리 → 데이터 간 관계 파악과 의미 해석
④ 문제 정의 → 데이터 구조화 및 정리 → 데이터 간 관계 파악과 의미 해석 → 데이터 수집
⑤ 문제 정의 → 데이터 수집 → 데이터 간 관계 파악과 의미 해석 → 데이터 구조화 및 정리

03 데이터를 활용한 문제 해결 과정 중 데이터 구조화 및 정리 단계에서 시행하는 활동으로 적절한 것은?

① 데이터를 저장하기
② 데이터를 수집하기
③ 데이터를 재배치하기
④ 데이터를 복잡하게 변환하기
⑤ 데이터 제목만 남기고 삭제하기

04 데이터 간의 일반적인 관계와 관련성이 적은 데이터로 그래프의 전체적인 경향성에서 완전히 벗어난 데이터를 부르는 용어는?

① 강한 관계   ② 약한 관계
③ 반비례 관계   ④ 이상 데이터
⑤ 데이터 범위

05 데이터 분석을 시작하기 전, 해결하고자 하는 문제가 무엇인지 명확히 하고 어떤 데이터가 필요한지 계획을 세우는 첫 번째 단계는?

_____

06 공공 기관이 만들어내는 모든 자료나 정보로, 국민 모두의 소통과 협력을 끌어내는 공적인 정보를 무엇이라 하는가?

_____

정답 및 해설

정답

01 ⑤   02 ③   03 ③   04 ④   05 문제 정의

06 공공 데이터

해설

01 분산형 그래프는 흩어진 점들을 통해 데이터 간의 상관관계나 분포, 이상치 등을 한눈에 파악하기에 적합하다.

02 데이터 문제 해결 과정은 [문제 정의 → 데이터 수집 → 데이터 구조화 및 정리 → 데이터 간 관계 파악과 의미 해석] 순으로 진행된다.

03 수집한 데이터에는 분석 주제와 관련 없는 정보가 섞여 있을 수 있다. 이를 삭제하거나 필요에 따라 데이터를 분류하고 재배치하여 분석하기 쉽게 정리한다.

04 이상 데이터는 일반적인 관계와 관련성이 적어 확인할 필요가 있는 데이터이다.

05 올바른 데이터를 수집하고 분석하기 위해서는 가장 먼저 무엇을 해결하려고 하는지 명확하게 정의하는 것이 중요하다.

06 지역 인구 데이터, 공공 도서관 수 분석을 할 때 필요한 데이터는 유형별 공공 데이터 수집 사이트에서 수집하고 누구나 자유롭게 활용할 수 있다.

시험 대비 문제

선택형

01 데이터 기반 문제 해결 과정에서 가장 먼저 수행해야 하는 단계로 옳은 것은?

① 차트 생성
② 문제 정의
③ 데이터 수집
④ 데이터 구조화
⑤ 데이터 의미 해석

02 분산형 그래프로 데이터를 표현하기에 적합한 상황은?

① 학급 반장 선거 득표율을 확인하고 싶을 때
② 학교 급식의 메뉴별 빈도를 확인하고 싶을 때
③ 지난 1년간 내 키의 변화 과정을 보고 싶을 때
④ 지역별 병원 수를 지도 위에 표시하고 싶을 때
⑤ 지역별 인구수와 도서관 수가 서로 어떤 관계인 지 알고 싶을 때

03 분산형 그래프의 상관관계와 데이터 분포에 대한 설명이 올바르게 연결된 것은?

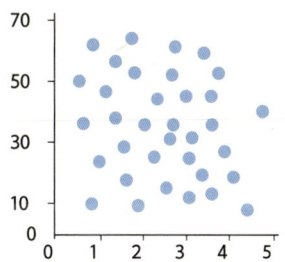

① 관계없음, 강한 관계
② 관계없음, 약한 관계
③ 양의 상관관계, 강한 관계
④ 음의 상관관계, 강한 관계
⑤ 양의 상관관계, 약한 관계

04 분산형 그래프에서 점들이 오른쪽 아래 방향으로 향하고 있다. 이에 대한 해석으로 옳은 것은?

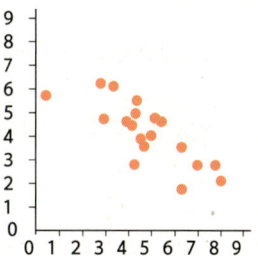

① x 값이 증가하면 y 값도 함께 증가한다.
② y 값에 따라 x 값이 증가하는 관계이다.
③ 데이터 개수가 적어 관계를 파악할 수 없다.
④ x 축과 y 축의 두 데이터는 아무런 관련이 없다.
⑤ x 값에 따라 y 값은 감소하는 음의 상관관계이다.

05 분산형 그래프에서 각 점이 어떤 데이터인지 구별하기 위해 텍스트로 표시하는 기능으로 옳은 것은?

① 범례
② 라벨
③ 추세선
④ 눈금선
⑤ 축 서식

06 데이터를 활용해 문제를 해결할 때 얻을 수 있는 효과로 옳은 것은?

① 복잡한 데이터를 사용해 전문가끼리만 결과를 공유할 수 있다.
② 문제를 해결하는 과정에서 주관적인 감정을 많이 반영할 수 있다.
③ 객관적인 근거를 제시하여 합리적으로 문제의 원인을 파악할 수 있다.
④ 과거의 데이터를 사용하지 않아 새로운 방법으로 문제를 해결할 수 있다.
⑤ 조사 과정 없이 즉각적으로 결론을 내릴 수 있어 시간 단축에 효과적이다.

07 그래프의 의미를 해석한 내용 중 바르지 <u>않은</u> 것은?

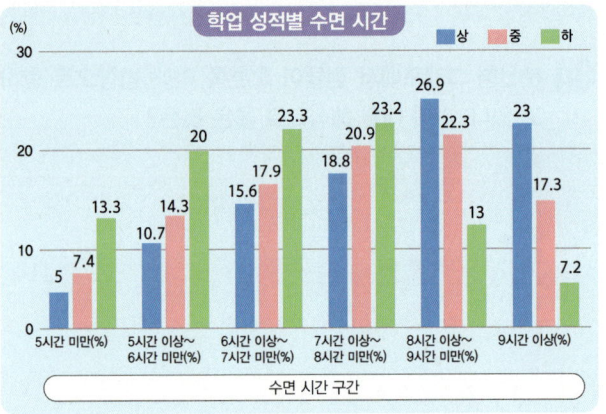

① 차트의 제목, 축 이름, 계열 설명이 잘 되어 있다.
② 수면 시간에 따라 학업 성적이 높아지는 비례 관계이다.
③ 8시간 이상 수면하는 학생들의 학업 성적이 높은 경향을 보인다.
④ 학업 성적이 '상'인 학생들의 값(%)을 모두 합하면 100%가 나온다.
⑤ 학업 성적이 '하'인 학생들은 절반 이상이 8시간 미만 수면을 한다.

08 데이터 간의 관계를 파악하는 목적으로 적절한 것은?

① 데이터의 파일 형식을 수정하기 위해서
② 데이터를 오름차순으로 정렬하기 위해서
③ 데이터를 외부로부터 보호하고 관리하기 위해서
④ 데이터의 용량을 줄여 효율적으로 보관하기 위해서
⑤ 데이터에 숨겨진 특징이나 의미를 발견하기 위해서

09 데이터 간 관계 파악 및 의미 해석 단계의 활동으로 적절하지 <u>않은</u> 것은?

① 그래프를 그려 두 변수의 상관관계를 확인한다.
② 이상 데이터가 발생한 원인이 무엇인지 탐구한다.
③ 분석 결과를 바탕으로 문제의 해결책을 제시한다.
④ 데이터의 전반적인 흐름을 보기 위해 추세선을 그린다.

⑤ 수집한 데이터에서 오류 값을 확인하고 불필요한 속성을 삭제한다.

10 분산형 그래프에서 모든 점이 추세선 위에 완벽하게 놓여있는 데이터를 바르게 해석한 것은?

① 상관관계가 전혀 없다.
② 음의 상관관계를 보인다.
③ 이상 데이터가 너무 많다.
④ 데이터 간 관계가 매우 강하다.
⑤ 데이터 간 관계가 매우 약하다.

11 데이터 간의 관계를 파악하는 과정에서 발견되는 이상 데이터에 대한 설명으로 옳은 것은?

① 데이터의 평균값과 정확히 일치하는 데이터이다.
② 데이터의 개수가 많아서 분석할 수 없는 상태이다.
③ 이상 데이터가 발견되면 수집한 데이터 모두 사용할 수 없다.
④ 전체적인 데이터의 흐름이나 분포에서 크게 벗어나 있는 데이터이다.
⑤ 데이터 수집 과정에서 발생한 오타나 오류이므로 무조건 삭제해야 한다.

12 데이터를 활용한 문제 해결 과정 중 (가)에 들어갈 단계에서 수행하는 활동으로 적절한 것은?

> 문제 정의 → 데이터 수집 → (가) → 데이터 간 관계 파악 및 의미 해석

① 분석된 결과를 바탕으로 해결 방안을 제시한다.
② 해결하고 싶은 문제 상황을 구체적으로 정의한다.
③ 필요에 따라 데이터를 구조화하거나 분류 또는 재배치한다.
④ 웹 사이트 검색을 통해 분석 목적에 맞는 데이터를 찾는다.
⑤ 데이터의 평균값, 최댓값 등을 확인하고 데이터의 패턴을 분석한다.

[13~15] 그래프를 보고 다음 물음에 답하시오.

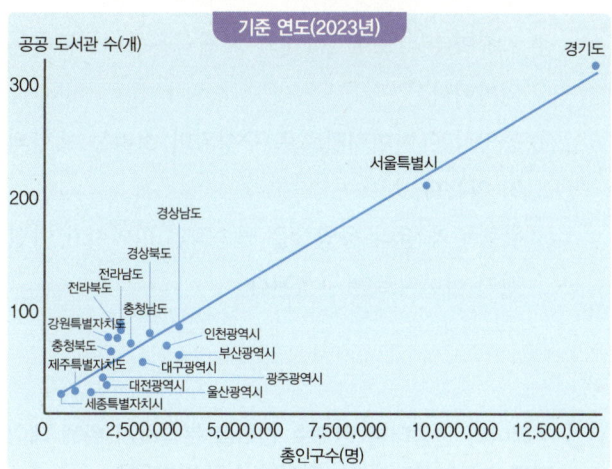

13 그래프에 대한 해석으로 옳은 것은?

① 방문자 수가 많을수록 도서관당 책 수가 많아진다.

② 총인구수와 공공 도서관 수가 정비례 관계를 보인다.

③ 총인구수가 비슷한 지역임에도 공공 도서관 수의 차이가 있다.

④ 그래프에서 도서관 상황을 비교하거나 문제를 발견할 수 없다.

⑤ 추세선 아래쪽에 있는 지역의 공공 도서관 수가 이상적인 상태이다.

14 그래프를 통해 데이터 간의 관계와 의미를 해석한 내용으로 옳지 <u>않은</u> 것은?

① 데이터 라벨이 적용되어 점들이 각각 어떤 지역을 나타내는지 쉽게 식별할 수 있다.

② 추세선을 통해 총인구수와 공공 도서관 수의 관계가 어떤 경향을 보이는지 파악하기 쉽다.

③ 총인구수가 압도적으로 많은 서울특별시와 경기도 데이터는 일반적인 분포에서 벗어난 이상치로 볼 수 있다.

④ 점(데이터)이 뭉쳐 있지 않고 넓게 흩어져 있을수록 총인구수와 공공 도서관 수의 상관관계가 매우 강하다고 해석한다.

⑤ 분석 결과 총인구수가 비슷하지만, 공공 도서관 수가 부족한 지역에 도서관을 늘려야 한다는 해결책을 제시할 수 있다.

15 그래프의 데이터 분포가 어떠한지 서술하시오.

_____

_____

단답형

16 두 변수 중 한쪽이 증가할 때 다른 변수도 같이 증가하는 관계를 어떤 상관관계라고 하는가?

_____

서술형

17 시내버스 배차 간격을 조절하기 위해 공공 데이터를 활용하려고 한다. 어떤 데이터를 수집하면 좋을지 서술하시오.

_____

_____

18 공공 데이터의 개념과 학교에서 공공 데이터를 활용해 해결할 수 있는 문제를 <u>한 가지</u> 서술하시오.

_____

_____

19 학업 성적별 수면 시간의 차이를 확인하기 위한 데이터 정리 단계이다. 데이터 정리 전과 후의 차이를 서술하시오.

_____

_____

마무리 문제

선택형

★★★

01 다음 빈칸에 들어갈 단위로 알맞은 것은?

> 디지털 데이터를 표현하는 최소 단위가 모여 실제 문자를 처리하고 저장하는 기본 단위를 (   )(이)라고 한다.

① 비트
② 픽셀
③ 바이트
④ 프레임
⑤ 메가바이트

★

02 다음 중 아스키 코드에 대한 설명으로 옳지 <u>않은</u> 것은?

① 7비트 조합으로 이루어져 있다.
② 128개의 문자를 표현할 수 있다.
③ 영문자와 숫자를 표현할 수 있다.
④ 기호와 한글을 표현하는 것이 가능하다.
⑤ 현재도 계속 활용되고 있는 문자 코드이다.

★★

03 비트맵 방식의 이미지 데이터에 대한 설명으로 옳은 것은?

① 확대하면 계단 현상이 나타나지 않는다.
② 픽셀의 수가 적을수록 더욱 선명하게 표현된다.
③ 점과 점을 연결하는 수학적 함수로 이미지를 표현한다.
④ 픽셀이라고 하는 작은 점들로 이미지를 표현하는 방식이다.
⑤ 로고나 캐릭터 디자인에 가장 적합한 이미지 표현 방식이다.

★★

04 동영상 데이터에 대한 설명으로 옳은 것은?

① 프레임은 동영상의 소리 정보를 의미한다.
② FPS가 낮을수록 동영상이 부드럽게 재생된다.
③ 24FPS는 1초에 24개의 프레임을 보여 준다는 의미이다.
④ 동영상은 이미지만으로 구성되며 소리는 포함되지 않는다.
⑤ 플립북과 달리 동영상은 연속적인 이미지가 아닌 정지 이미지로만 구성된다.

★

05 우리나라 연령대별 인구수 변화를 분석하기 위해 데이터를 수집하려고 한다. 적절한 수집 방법은?

① 센서를 활용한다.
② 동영상을 검색한다.
③ 설문 조사를 시행한다.
④ 공공 데이터를 활용한다.
⑤ 데이터를 임의로 만들어낸다.

★★

06 클라우드 서비스를 사용해 데이터를 저장하고 관리하는 것에 대한 설명으로 옳지 <u>않은</u> 것은?

① 파일을 자동으로 저장할 수 있다.
② 여러 장치 간 파일을 동기화할 수 있다.
③ 인터넷 연결 없이도 언제나 사용 가능하다.
④ 다른 사용자와 파일과 폴더를 공유할 수 있다.
⑤ 제공하는 프로그램을 사용해 데이터 편집이 가능하다.

★★★

07 수집한 데이터를 관리하는 것에 대한 설명으로 옳지 <u>않은</u> 것은?

① 데이터를 활용하기 위해서 장치에 저장해야 한다.
② 데이터는 스프레드시트 프로그램에서만 활용할 수 있다.
③ 친구에게 공유 링크를 보내 파일을 함께 편집할 수 있다.

④ 공통적인 특징을 보이는 여러 파일은 폴더에 보관할 수 있다.

⑤ 스프레드시트 프로그램에서 필터 기능을 사용하여 필요한 데이터를 찾을 수 있다.

★★

08 다음 중 트리 구조로 표현하기에 가장 적합한 것은?

① 학급 친구 관계

② 네트워크 구성도

③ 컴퓨터 폴더 구조

④ SNS 팔로우 관계

⑤ 도시 간 교통 연결망

★

09 공공 데이터에 대한 설명으로 옳은 것은?

① 기업만 활용할 수 있다.

② 유료로만 제공되는 데이터이다.

③ 개인이 만든 모든 데이터를 의미한다.

④ 공공 기관이 만들어내는 자료, 정보를 의미한다.

⑤ 저작권 문제로 인해 일반 국민은 활용할 수 없다.

★★★

10 분산형 그래프를 통해 데이터 간 관계를 파악할 때 확인해야 할 요소가 <u>아닌</u> 것은?

① 축 제목　　　　② 이상 데이터

③ 데이터 범위　　④ 데이터 분포

⑤ 데이터 입력 날짜

★★★

11 데이터 기반 문제 해결에 대한 설명으로 옳은 것은?

① 막대그래프로만 데이터 간 관계 파악이 가능하다.

② 데이터 구조화 없이도 효과적인 분석이 가능하다.

③ 데이터 수집은 문제 정의보다 먼저 수행해야 한다.

④ 이상 데이터는 항상 삭제해야 정확한 분석이 가능하다.

⑤ 데이터 분석을 통해 문제를 합리적이고 효율적으로 해결할 수 있다.

단답형

★★★

12 십진수 10을 이진수로 표현하시오. (총 1바이트로 표현할 것)

_____

★★

13 소리를 디지털 형태로 변환할 때 일정한 간격으로 소리의 대푯값을 추출하여 표본을 만드는 과정을 무엇이라 하는가?

_____

★★

14 기준을 세워 공통적인 특징을 가진 데이터끼리 구분하는 것을 무엇이라 하는가?

_____

★

15 동영상을 구성하는 한 장 한 장의 이미지를 표현하는 용어는 무엇인가?

_____

서술형

★★★

16 디지털 데이터의 장점을 <u>두</u> 가지 이상 서술하시오.

_____

_____

_____

★★★

17 데이터 구조화를 해야 하는 이유와 효과를 서술하시오.

_____

_____

_____

★★★★

20 데이터를 바탕으로 학습 전략을 제시하시오.

_____

_____

_____

[18~20] 다음은 학생 30명의 공부 시간과 성적 간의 관계를 나타낸 그래프이다. 각 문항을 읽고 답을 서술하시오.

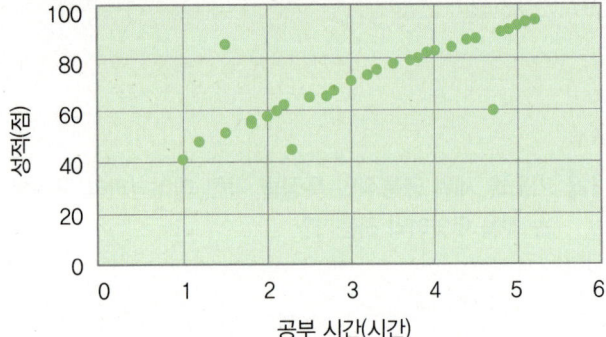

★★

18 그래프에 나타난 공부 시간과 성적 간의 상관관계를 파악하여 서술하시오.

_____

_____

_____

★★★

19 이상 데이터에 해당하는 데이터에 표시하고, 왜 이상 데이터로 볼 수 있는지와 이상 데이터가 생긴 원인을 서술하시오.

_____

_____

_____

memo

알고리즘과 프로그래밍

01 | 문제 정의와 상태

02 | 핵심 요소와 알고리즘 표현

03 | 알고리즘 분석과 비교

04 | 문제 해결 전략과 알고리즘 설계

05 | 데이터의 순차적 저장

06 | 논리 연산과 중첩 제어 구조

07 | 함수와 디버깅

08 | 문제 해결 프로젝트

문제 정의와 상태

·컴퓨팅 시스템의 구성 요소와 동작 원리를 설명할 수 있다.
·컴퓨팅 시스템에서 운영체제의 기능을 설명할 수 있다.

문제
① 해답을 요구하는 물음
② 논쟁, 논의, 연구 따위의 대상이 되는 것
③ 해결하기 어렵거나 난처한 대상 또는 그런 일

1 문제

1. 문제와 문제 발견

(1) 문제: 원하는 목표를 달성하는 과정에서 발생하는 장애나 어려움을 의미

(2) 문제 발견
  · 주어진 상황에서 해결해야 할 문제가 존재하는 것을 인식하는 것
  · 문제 발견을 위해 주어진 상황을 주의 깊게 관찰해야 함

⬆ 다양한 문제 상황

2. 문제 정의

(1) 문제 정의: 발견한 문제 상황 속에서 해결해야 할 문제의 범위를 명확하게 설정하는 단계

문제 발견		문제 정의
학생이 많은 과제를 받아 힘들어하고 있음	➡	모든 과제를 기한 내 해결하기 위해 수행할 과제의 순서 찾기
$2x+3=7$	➡	x의 값을 찾는 문제

(2) 문제 발견과 문제 정의의 차이
  · 문제 발견: 불편함을 느꼈던 일, 상황을 정확히 인지하는 것
  · 문제 정의: 상황안에서 무엇을 해결하려는지 목표를 분명히 드러내는 것

3. 컴퓨팅 시스템을 이용한 문제 해결 과정

(1) 문제 이해: 문제의 복잡성을 제거하기 위한 문제 분석과 핵심 요소 추출 과정
  예 초기 상태, 현재 상태, 목표 상태 결정, 핵심 요소 찾기, 수행 작업 파악하기

(2) 해결 방법 설계: 문제를 해결하기 위해 수행해야 할 일련의 절차 설계하는 과정
　　예 알고리즘 설계, 알고리즘 표현, 알고리즘 비교, 분석

(3) 해결 방법 구현 및 실행: 프로그래밍 언어를 사용하여 알고리즘을 프로그램으로 작성하고 실행하는 과정 **예** 프로그래밍, 프로그램 실행

(4) 해결 방법 평가: 실행 결과에 대한 평가 및 방법을 개선하는 과정

알고리즘
문제를 해결하기 위한 절차나 방법

프로그래밍
수식이나 작업을 컴퓨터에 알맞도록 정리하고 컴퓨터 특유의 명령 코드로 고쳐 쓰는 작업

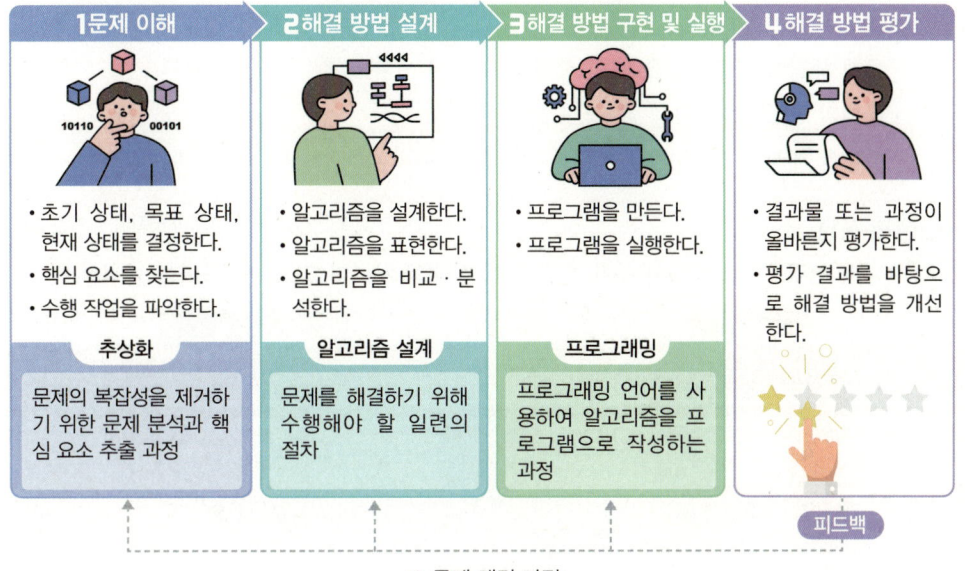

↑ 문제 해결 과정

추상화
문제의 복잡성을 제거하여 핵심적인 개념 또는 기능을 간추려 내는 것

자동화
추상화된 문제를 컴퓨터의 언어로 바꾸어 빠르고 정확하게 문제를 해결하는 과정

4. 문제 구조화

(1) 문제 구조화: 복잡한 문제를 작은 단위로 나누어 수행 가능한 형태로 만드는 과정

(2) 수행 가능한 형태: 독립적으로 실행하고 관리할 수 있는 작은 작업이나 단계로 수행 작업이라 함.

(3) 문제 구조화 예시

8퍼즐에서의 수행 작업
① 빈칸 왼쪽의 숫자를 오른쪽으로 움직이기
② 빈칸 오른쪽의 숫자를 왼쪽으로 움직이기
③ 빈칸 위의 숫자를 아래로 움직이기
④ 빈칸 아래의 숫자를 위로 움직이기

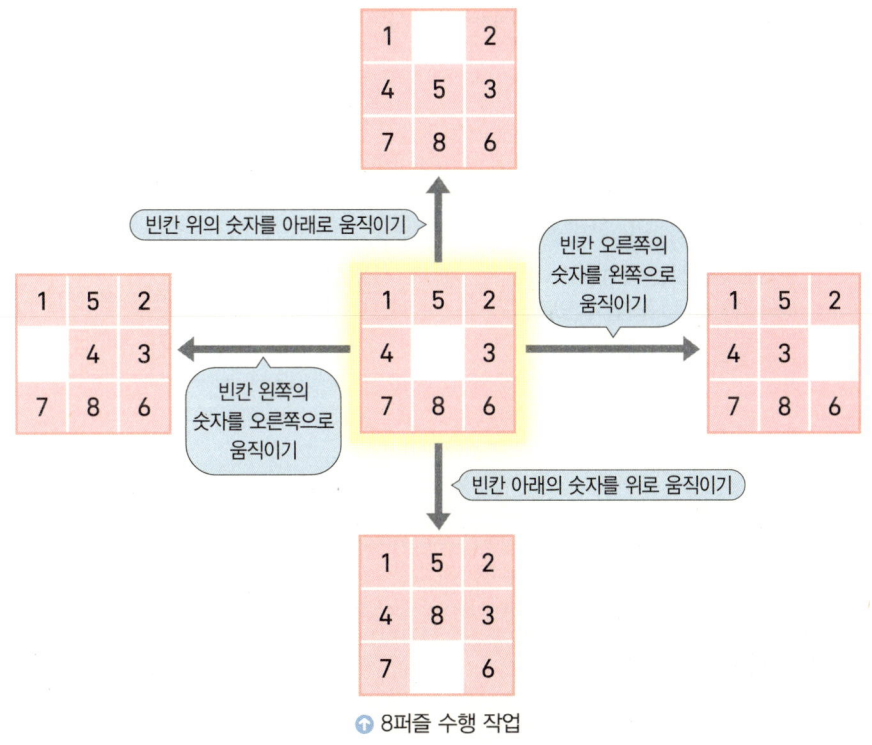

↑ 8퍼즐 수행 작업

2 문제 상태 정의

1. 초기 상태와 목표 상태

(1) 초기 상태
- 문제 해결 과정에서 문제를 발견한 시점의 상태
- 문제 해결에 필요한 내용을 찾고 준비하는 기초

(2) 목표 상태
- 문제 해결이 완료되었을 때의 상태
- 문제가 바르게 해결될 수 있도록 방향을 제시

2. 현재 상태

(1) 문제 해결: 초기 상태와 목표 상태 간에 상태의 차이가 있고, 이 차이를 줄이는 것

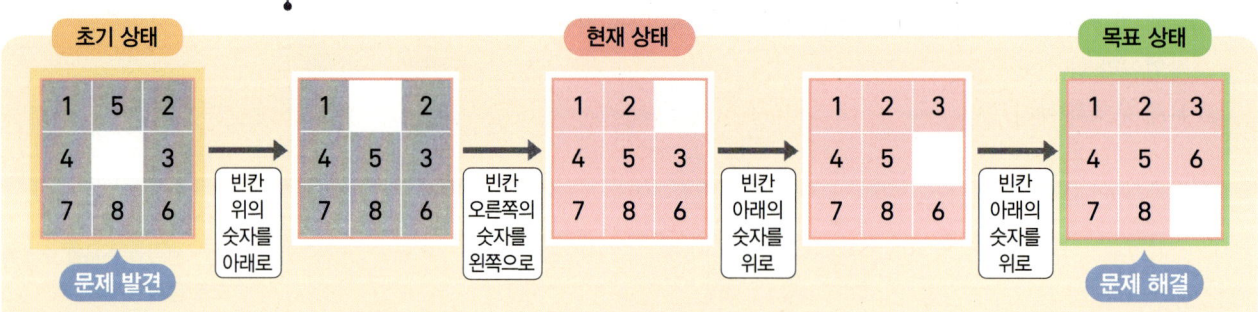

(2) 현재 상태: 초기 상태가 목표 상태로 변화해 가는 문제 해결 과정에서 나타나는 현재 시점의 상태

구분	초기 상태	현재 상태	목표 상태
의미	문제를 발견한 시점의 상태	문제를 해결하는 과정에서 나타나는 상태로 시점에 따라 다양하게 나타날 수 있음.	문제 해결이 완료되었을 때의 상태
예시	4개의 숫자만 맞춰진 상태	이동 작업 2번 후의 상태	8개의 숫자가 모두 맞춰진 상태

 점검하기

1 다음에서 설명하는 것은 무엇인가?

> 발견한 문제 상황 속에서 해결해야 할 문제의 범위를 명확하게 설정하는 것

2 문제를 해결하는 과정에서 나오는 상태 세 가지는 무엇인가?

정답 **1** 문제 정의 **2** 초기 상태, 현재 상태, 목표 상태

01 다음 중 문제 정의에 대한 설명으로 가장 적절한 것은?

① 해결 결과가 올바른지 평가하는 과정
② 문제 해결을 위한 아이디어를 떠올리는 과정
③ 발견한 문제의 범위를 명확하게 설정하는 과정
④ 문제를 해결하기 위해 필요한 자료를 수집하는 과정
⑤ 주어진 상황에서 해결해야 할 문제를 인식하는 과정

02 다음 중 컴퓨팅 시스템을 이용한 문제 해결 과정의 올바른 순서는?

① 프로그래밍 → 평가 → 문제 이해 → 구현
② 문제 이해 → 프로그래밍 → 결과 비교 → 피드백
③ 해결 방법 설계 → 문제 이해 → 프로그램 실행 → 평가
④ 문제 이해 → 해결 방법 설계 → 프로그래밍 → 평가와 피드백
⑤ 문제 이해 → 평가와 피드백 → 해결 방법 설계 → 프로그래밍

03 다음 사례에서 목표 상태에 해당하는 것은?

방 청소 시간이 오래 걸리는 문제를 해결하기 위해 청소 순서를 정하였다.

① 방이 지저분한 상태
② 청소 도구를 준비하는 상태
③ 청소 계획을 상담하는 단계
④ 방이 효율적으로 정리된 상태
⑤ 청소 순서를 정하기 전의 상태

04 다음 설명에 해당하는 상태는?

문제 해결 과정에서 초기 상태가 목표 상태로 변화하는 중간 단계의 상태

① 목표 상태
② 초기 상태
③ 수행 작업
④ 현재 상태
⑤ 최종 실행 결과

05 문제를 작은 단위로 나누어 수행 가능한 형태로 만드는 과정을 무엇이라고 하는가?

_____

06 다음에서 설명하는 용어는?

• 문제를 해결하기 위해 필요한 핵심 요소를 찾고, 문제의 복잡함을 줄여 단순화하는 과정이다.
• 컴퓨터가 이해할 수 있도록 문제를 분석하여 중요한 부분만 남기는 과정을 말한다.

_____

정답 및 해설

정답

01 ③ 02 ④ 03 ④ 04 ④ 05 문제 구조화 06 추상화

해설

01 문제 정의는 발견된 문제의 해결 범위를 명확하게 설정하는 단계이다.

02 문제 해결은 문제 이해(추상화) → 해결 방법 설계(알고리즘 설계) → 해결 방법 구현 및 실행(프로그래밍) → 해결 방법 평가 순서로 진행된다.

03 목표 상태는 문제가 해결된 상태이다.

04 현재 상태는 초기 상태에서 목표 상태로 이동하는 과정에서 나타나는 단계이다.

05 문제 구조화는 복잡한 문제를 작은 수행 작업 단위로 나누는 과정이다.

06 추상화는 문제에서 불필요한 정보를 제거하고, 핵심만 남겨 구조화하는 과정이다. 컴퓨팅 문제 해결의 첫 단계로, 알고리즘을 설계하기 위한 기반이 된다.

01 다음 상황에서 문제를 바르게 정의한 사람은?

> B 마을에 사는 철수는 친구 3명과 토요일에 한옥 마을로 당일 여행을 가려고 한다. 이를 위해 한옥 마을을 소개하는 소책자를 보고 예산을 짜기로 하였다. 필요한 경비 중 입장권, 버스비, 점심 식비는 회비를 따로 모아 총무가 계산하기로 하였다. 여행 중 박물관과 고궁을 관람하기로 하였고, ○○식당에서 찌개를 먹기로 하였다. 회비는 개인당 얼마씩 내야 할까?

① 수영: 여행 일정을 계획한다.
② 유진: 박물관 입장권 가격을 조사한다.
③ 철수: 한옥 마을에 가는 방법을 찾는다.
④ 민수: 개인당 내야 할 경비를 계산한다.
⑤ 영희: 관광지, 교통비, 점심 식비를 비교한다.

02 문제의 해결 과정에서 추상화를 위해 초기 상태, 목표 상태를 결정하고 구조화를 통해 수행 가능한 형태로 표현하는 단계는?

① 피드백
② 문제 이해
③ 해결 방법 실행
④ 해결 방법 평가
⑤ 해결 방법 설계

03 다음 문제 상황에서 목표 상태로 옳은 것은?

> 철수는 수업 시간에 스도쿠와 마방진을 배웠다. 스도쿠는 가로, 세로 9칸씩 총 81칸으로 이뤄진 정사각형에 1부터 9까지 숫자를 겹치지 않게 적어 넣는 게임이다. 이와 비슷한 마방진은 3x3의 격자판에 행과 열, 대각선 방향의 숫자 합이 모두 같도록 숫자를 채우는 놀이다. 철수는 이 중 마방진을 만들어 보기로 하였다. 수를 채우기 위해 사용되는 숫자 9개는 연속된 자연수이며, 중복되어서도 안 되고, 시작 숫자는 1이다.

① 격자판을 준비함
② 스도쿠를 완성함
③ 마방진을 완성함
④ 스도쿠와 마방진을 완성함
⑤ 격자판의 숫자가 겹치지 않아야 함

04 다음 상황에서 문제 정의로 가장 적절한 것은?

> 학교 급식 줄이 너무 길어서 학생들의 식사가 늦어지네.

① 어떤 문제가 발생했는지 인식한다.
② 급식 줄이 길다는 사실을 관찰한다.
③ 줄을 효율적으로 줄이는 방법을 정한다.
④ 급식 운영 시간과 인원 변동을 조사한다.
⑤ 급식 시간을 조정하여 대기 시간을 줄인다.

05 여행 비용 50만 원을 모으기 위해 매주 일정 금액을 저축한다. 가장 효율적인 방법을 찾기 위해 가장 먼저 해야 할 일은?

① 목표 금액을 정한다.
② 통장 개수를 늘린다.
③ 저축 날짜를 정한다.
④ 저축 방법을 비교한다.
⑤ 현재 모은 금액을 확인한다.

06 다음 중 문제의 정의로 가장 적절한 것은?

① 목표를 달성한 상태
② 해결 방법을 나열하는 상태
③ 문제 해결 과정의 평가 단계
④ 해결된 결과를 계산하는 과정
⑤ 목표 달성을 방해하는 장애나 어려움

07 다음 중 목표 상태의 역할로 가장 적절한 것은?

① 문제 무시
② 과정 생략
③ 문제의 시작점
④ 수행 작업 분할
⑤ 문제 해결 방향 제시

08 다음과 같은 문제 상황에서 초기 상태는?

> 240개의 사탕을 40명 학생에게 똑같이 나누어 주려고 한다.

① 사탕을 나누어 준 상태
② 사탕을 이미 모두 먹은 상태
③ 문제를 해결하지 않아도 되는 상태
④ 한 사람이 몇 개 받을지 알고 있는 상태
⑤ 사탕의 총개수는 알고 있으나 나눌 방법을 모르는 상태

09 다음 중 초기 상태 분석이 중요한 이유로 가장 적절한 것은?

① 수행 작업이 줄어든다.
② 목표 상태를 생략할 수 있다.
③ 피드백 과정이 불필요해진다.
④ 알고리즘이 자동으로 완성된다.
⑤ 문제 해결 방향과 기준을 제공한다.

단답형

10 발견한 문제 상황 속에서 해결해야 할 문제의 범위를 명확하게 설정하는 것을 무엇이라 하는가?

11 다음의 빈칸에 공통으로 들어갈 용어를 쓰시오.

> 문제 구조화란 복잡한 문제를 작은 단위로 나누어 (   ) 가능한 형태로 만드는 것을 말한다. 이렇게 나누어진 단위를 (   ) 작업이라고도 한다.

12 초기 상태와 목표 상태의 차이를 좁혀가는 과정에서 나타나는 각 단계의 상태는?

13 숫자 놀이를 하는 철수는 규칙에 따라 만들어지는 숫자를 찾아내려고 한다. 이 규칙은 바로 앞에서 만든 수 두 개를 더해 만들어진다. 처음에는 두 개의 수 0과 1이 주어진다. 규칙을 통해 만들어진 예는 다음과 같다.

> 규칙을 한 번 수행하면 0과 1을 더해 1이 만들어진다.
> 규칙을 두 번째 수행하면 1과 이전에 만들어진 1이 더해져 2가 된다
>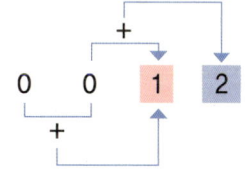

철수가 현재까지 규칙을 5번 수행하였다면, 현재 상태에 만들어진 수는 얼마일까?

14 문제 상황을 분석한 결과가 다음과 같을 때 빈칸에 들어갈 말을 쓰시오.

> **[문제 발견]** 반 대항 100m 달리기 경기가 예정되어 있어 1명의 학생이 출전해야 한다.
> **[문제 정의]** 100m 달리기가 가장 빠른 학생 한 명 뽑기
> **[(   ) 상태]** 100m 달리기 기록을 측정할 모든 학생이 준비된 상태

15 문제를 해결한 후 도달하고자 하는 최종 상태를 무엇이라 하는가?

_____

16 다음은 문제 상황을 분석한 결과이다.

> [문제 정의] 91명의 학생이 2개 이상의 같은 모둠원 수로 남는 인원 없이 모둠을 구성할 때, 모둠의 최대 구성원 수를 계산
> [문제 구조화] 총원의 약수 계산하기
>   1과 자신의 수 제외하기
>   최댓값 찾기
> [초기 상태] 모둠 수와 구성원의 수가 정해지지 않은 상태
> [목표 상태] 모둠의 최대 구성원 수를 계산한 상태

총원의 약수를 계산하고, 1과 자신의 수를 제외하는 수행 작업까지 수행하였다면 현재 상태로 남아 있는 수는 무엇일까?

_____

17 문제 해결을 위해 불필요한 정보는 제거하고 핵심 개념만 남기는 과정은?

_____

서술형

18 다음과 같은 문제 상황을 구조화하였을 때, 일부 수행 작업이 다음과 같다. 나머지 수행 작업을 모두 쓰시오.

> 7리터와 4리터의 두 물통을 사용해 2리터의 물을 얻으려고 한다. 물통에 물을 옮길 경우 옮길 수 있는 양 만큼만 옮기고 멈추며, 남은 물을 비우거나, 새로운 물을 받아 가득 채울 수 있다.

〈수행 작업〉
① 7리터의 물을 채운다.
② 4리터의 물을 채운다.

③ _____

④ _____

⑤ _____

⑥ _____

19 문제 정의가 불명확하다면 문제 해결 과정에서 어떤 문제가 발생할 수 있는지 작성하시오.

_____

_____

_____

_____

20 다음 문제 상황에서 수행 작업을 두 가지 이상 쓰시오.

> 학교 축제를 기획하기 위해 여러 프로그램을 구성해야 한다.

_____

_____

_____

_____

memo

02 핵심 요소와 알고리즘 표현

학습 목표
• 문제를 해결하기 위한 핵심 요소를 추출할 수 있다.
• 핵심 요소를 중심으로 알고리즘을 표현할 수 있다.

1 추상화와 핵심 요소 추출

1. 추상화

(1) 추상화: 복잡한 문제에서 중요한 정보나 요소만을 추출하고 불필요한 세부 사항을 생략하여 문제를 단순하게 만드는 과정

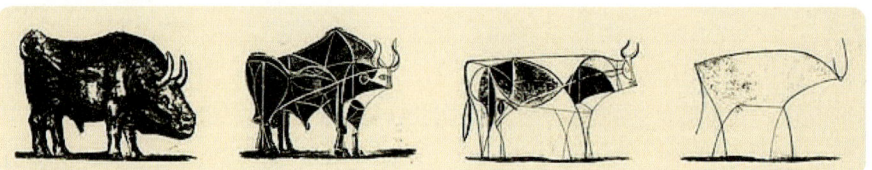

(2) 문제 해결 과정에서 추상화: 실생활의 비구조적인 상황에서 문제 해결에 필요한 정보만 선택해 표현하는 것

예 쾨니히스베르크의 다리 문제, 도로 포장 문제 등

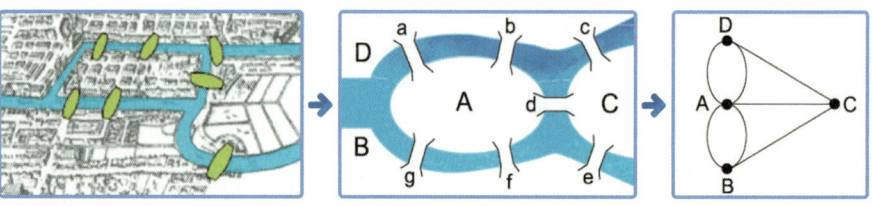

↑ 추상화의 예(쾨니히스베르크의 다리 건너기 문제): 같은 다리를 두 번 건너는 일 없이 7개의 다리를 모두 건너는 방법을 찾는 문제로, 문제를 해결하기 위해 도시의 불필요한 건물들을 제거하여 다리와 땅만 남겼으며, 땅을 점으로, 다리는 선으로 표현하였다.

2. 핵심 요소 추출

(1) 핵심 요소: 초기 상태에서 목표 상태로 가는 데 영향을 주는 다양한 요소 중 문제 해결에 꼭 필요한 중요한 요소만 골라낸 것

목표 상태를 기준으로 불필요한 요소는 제거하고 필요한 요소만 남김

예 배달 가능 지역 지도, 대피 경로 표시 등

배달 가능 지역을 위한 핵심 요소 추출

상품 배달 가능 지역을 표시하기 위해 배달 가능 지역의 경계와 지역 이름만 표시

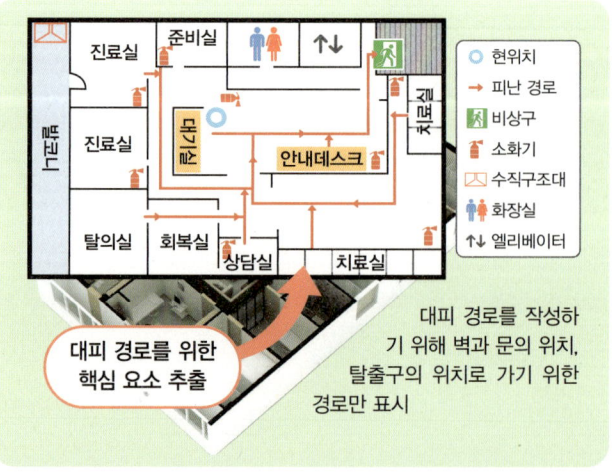

대피 경로를 위한 핵심 요소 추출

대피 경로를 작성하기 위해 벽과 문의 위치, 탈출구의 위치로 가기 위한 경로만 표시

(2) 핵심 요소 추출: 추상화 과정에서 남은 요소 중 실제 문제 해결에 필요한 요소들을 식별하는 과정으로, 효과적인 해결 방안 마련을 위해 필요한 구성 요소들을 구체적으로 파악하는 것이 목적

2 알고리즘과 알고리즘 표현

1. 알고리즘의 개념

(1) 알고리즘: 문제를 해결하기 위한 절차, 방법, 명령어들의 집합

예 라면 끓이기, 승차권 발매기 등

생활 속 알고리즘의 예

예1 라면 봉지 뒤 끓이기

① 물 500ml(2컵과 1/2컵)에 건더기 수프를 넣고 물을 끓인 후
② 분말수프를 넣고 면을 넣은 후, 4분간 더 끓입니다.
③ 원한다면 김치, 파, 계란을 넣어 드시면 더욱 맛이 좋습니다.

예2 카이사르 암호 만들기

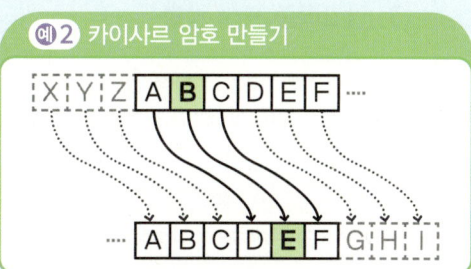

예3 지하철 승차권 발매기 사용 안내

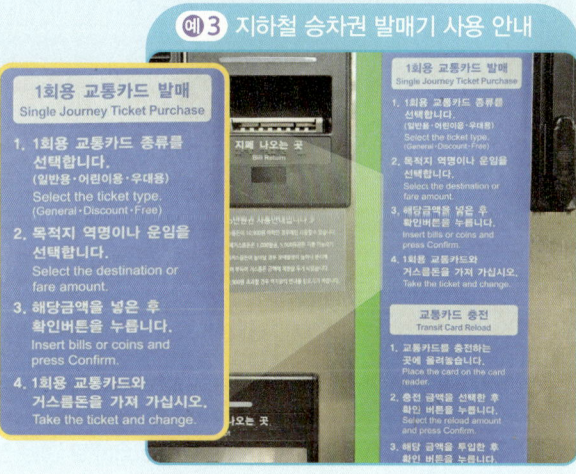

예4 최대 공약수 구하기

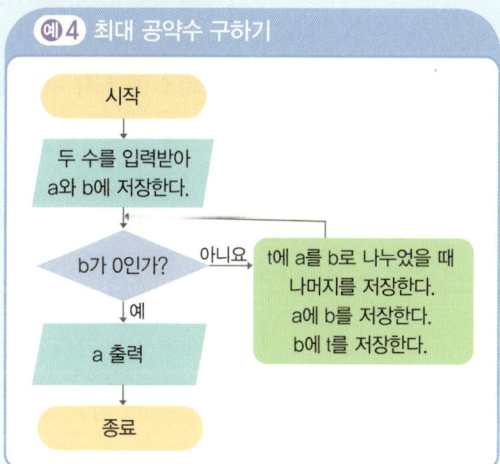

(2) 좋은 알고리즘의 특징

❶ 간결하고 명확
❷ 불필요한 작업이 적음
❸ 효율적으로 문제 해결

(3) 하나의 알고리즘은 다양한 곳에서 활용됨

예 길 찾기 알고리즘

2. 알고리즘의 특성

입력	외부에서 제공되는 데이터가 0개 이상 있어야 한다. 이는 알고리즘이 시작되기 전에 주어지거나, 알고리즘 수행 도중 동적으로 주어진 값을 말한다.
출력	1개 이상의 결과가 나와야 한다. 이는 입력과 특정한 관계를 갖는 값이다.
명확성	각 단계는 모호하지 않고 명확하게 작성되어야 한다.
유한성	유한한 단계를 거친 후 문제를 해결하고 종료되어야 한다.
효과성	알고리즘의 모든 연산은 유한한 시간 내에 수행할 수 있도록 충분히 단순해야 한다.

3. 알고리즘 표현 방법

알고리즘을 표현하기 위해서는 프로그래밍 언어를 사용할 수도 있다.

자연어 특별한 형식 없이 일상 언어로 알고리즘을 표현하는 방법

1. i 값을 0으로 초기화한다.
2. sum 값을 0으로 초기화한다.
3. sum과 i를 더해 sum에 저장한다.
4. i를 1 증가시킨다.
5. i 값이 100보다 작거나 같으면 3번으로 돌아간다.
6. 그렇지 않으면 sum을 출력한다.

순서도 정해진 기호를 이용하여 알고리즘을 표현하는 방법

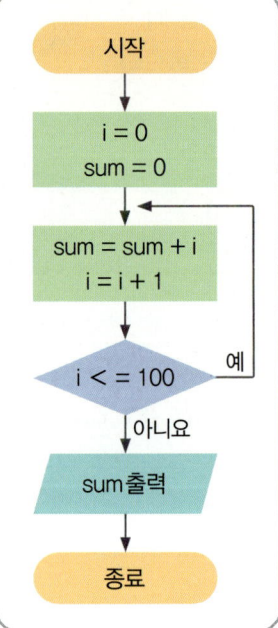

의사 코드 프로그래밍 코드와 비슷하게 알고리즘을 표현하는 방법

```
i ← 0
sum ← 0
do {
    sum ← sum + i
    i ← i + 1
} while ( i <= 100)
print(sum)
```

* **의사 코드**(Pseudo Code)
'의사(Pseudo)'란 '비슷한' 또는 '가짜의'라는 의미

4. 알고리즘의 기본 설계 구조

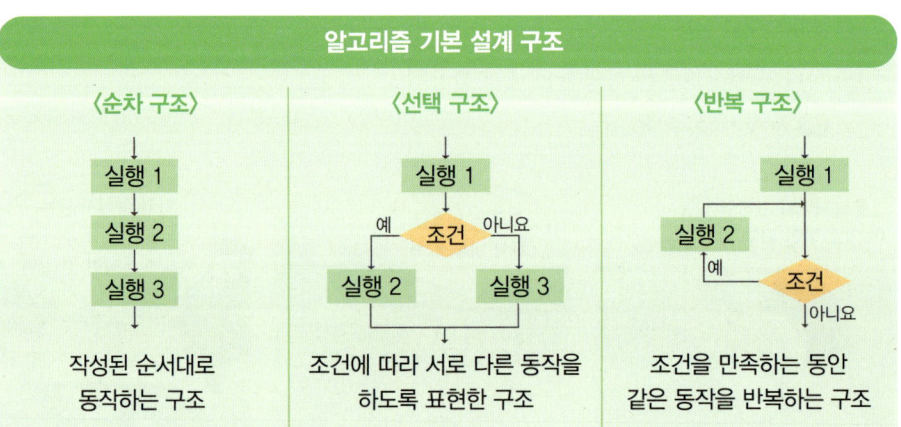

5. 핵심 요소와 알고리즘 설계

(1) 추상화: 핵심 요소와 수행 작업 확인

(2) 상태 변화 확인: 초기 상태에서 목표 상태로 바뀌는 과정 확인

(3) 알고리즘 설계: 상태 변화 과정을 알고리즘 설계 구조를 사용해 표현

점검 하기

1 복잡한 문제에서 불필요한 정보를 버리고, 중요한 정보만 뽑아 단순하게 표현하는 과정은?

2 문제를 해결하는 과정에서 나오는 상태 세 가지는 무엇인가?

3 다음과 같은 도형을 사용하여 알고리즘을 표현하는 표현 방법은?

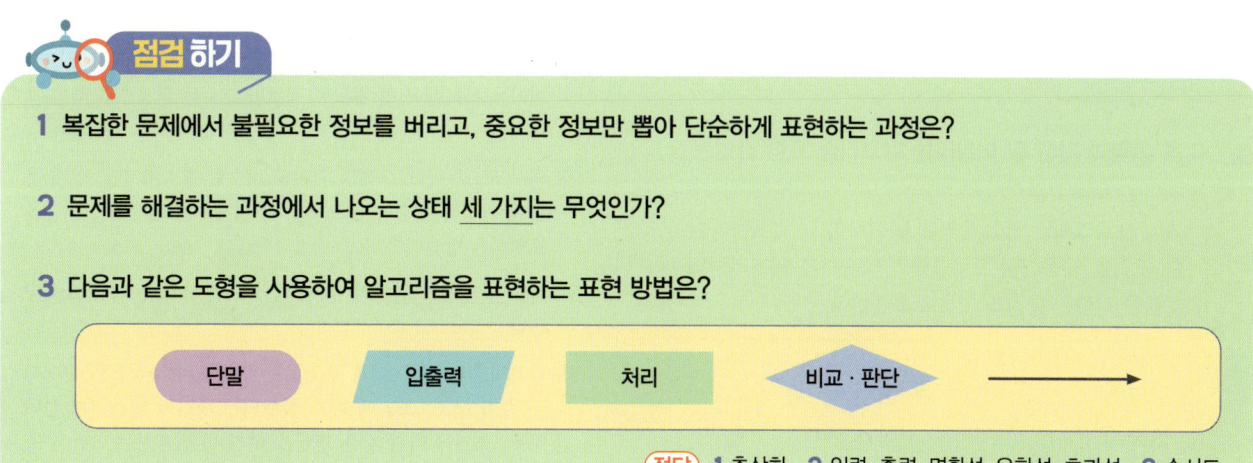

정답 **1** 추상화 **2** 입력, 출력, 명확성, 유한성, 효과성 **3** 순서도

01 추상화의 설명으로 가장 적절한 것은?

① 문제 해결에 꼭 필요한 요소만 고르는 과정

② 이미 주어진 자료에서 최솟값과 최댓값을 찾는 과정

③ 알고리즘의 각 단계를 명확하게 순서도로 그리는 과정

④ 여러 알고리즘 중에서 가장 빠른 알고리즘을 고르는 과정

⑤ 복잡한 현실 세계를 중요한 특징만 남기고 단순하게 표현하는 과정

02 다음 상황에서 이루어지는 활동이 가장 잘 나타나는 개념은?

> 한 학생이 체력 측정표(악력, 윗몸 일으키기, 멀리뛰기, 100m 달리기 기록)를 보고, "반 대항 달리기 선수를 뽑은 데에는 100m 달리기 기록만 중요하다."라고 판단했다.

① 추상화

② 유한성 확인

③ 알고리즘 표현

④ 핵심 요소 추출

⑤ 반복 구조 설계

03 다음 설명과 가장 잘 어울리는 알고리즘 표현 방법은?

> 특정 프로그래밍 언어 문법에 묶이지 않고, if, while 같은 구조를 사용하여 프로그램과 비슷하게 알고리즘의 흐름을 간단한 문장과 기호로 표현한다.

① 자연어   ② 순서도

③ 기계어   ④ 의사 코드

⑤ 블록 코딩

04 어떤 문제에서 목표 상태에 도달하기 위해 꼭 필요한 요소들만 골라낸 것을 무엇이라 하는가?

_____

05 알고리즘 기본 구조 세 가지를 쓰시오.

_____

정답 및 해설

정답

01 ⑤   **02** ④   **03** ④   **04** 핵심 요소   **05** 순차 구조, 선택 구조, 반복 구조

해설

01 추상화는 복잡한 현실을 중요한 특징만 남기고 단순하게 표현하는 과정이다. ①은 핵심 요소 추출에 더 가까운 설명이다.

02 이미 표로 정리된 체력 측정 결과 안에서 달리기 선수 선발이라는 목표에 직접 필요한 정보만 고르는 활동으로 핵심 요소 추출이다.

03 의사 코드는 프로그래밍 언어와 비슷한 형식이지만, 실제 문법에 완전히 맞추지 않고 사람이 이해하기 쉽게 알고리즘을 표현하는 방법이다.

04 목표 상태에 도달하기 위해 꼭 필요한 요소를 핵심 요소라 한다.

05 알고리즘의 기본 설계 구조로는 명령을 순차적으로 수행하는 순차 구조, 조건에 따라 실행되는 명령이 달라지는 선택 구조, 조건에 따라 같은 명령을 여러 번 반복하는 반복 구조 세 가지가 있다.

시험 대비 문제

선택형

01 다음 중 추상화의 예로 가장 적절한 것은?

① 시험 점수 평균을 계산한다.
② 가장 큰 수와 작은 수만 고른다.
③ 학생 이름을 가나다순으로 정렬한다.
④ 친구들의 취미를 조사하여 막대그래프로 나타낸다.
⑤ 지도를 그릴 때 건물 모양과 길을 사각형과 선으로만 표시한다.

02 우리 반에서 키가 가장 큰 학생을 찾으려고 할 때, 가장 중요한 정보는 무엇인가?

① 키   ② 이름
③ 생일   ④ 몸무게
⑤ 반 번호

03 다음 중 문제 해결에 필요한 핵심 요소에 대한 설명으로 가장 알맞은 것은?

① 컴퓨터의 하드웨어 성능 정보
② 문제와 상관없는 모든 정보까지 포함한 요소
③ 알고리즘을 빠르게 만들기 위해 지우는 명령
④ 목표 상태를 얻기 위해 꼭 필요한 중요한 정보
⑤ 현실을 간단한 도형과 기호로 바꾸는 표현 방식

04 다음 중 알고리즘에 대한 설명으로 가장 알맞은 것은?

① 데이터를 저장하는 방식
② 네트워크를 연결하는 규칙
③ 컴퓨터를 제어하는 전기 신호
④ 컴퓨터의 성능을 나타내는 지표
⑤ 문제를 해결하기 위한 절차와 방법의 집합

05 다음 중 알고리즘의 특성이 <u>아닌</u> 것은?

① 입력   ② 출력
③ 명확성   ④ 효과성
⑤ 무한성

06 다음 설명이 의미하는 알고리즘의 특성은 무엇인가?

> 알고리즘의 각 단계는 누구나 이해할 수 있도록 애매하지 않고 분명하게 표현되어야 한다.

① 입력   ② 출력
③ 명확성   ④ 유한성
⑤ 효과성

07 다음 중 알고리즘 표현 방법에 해당하지 <u>않는</u> 것은?

① 자연어   ② 순서도
③ 의사 코드   ④ 프로그래밍 언어
⑤ 데이터베이스 테이블

08 다음 중 순서도에서 조건을 판단하는 데 사용하는 기호는?

①   ②
③   ④
⑤

09 다음 설명이 나타내는 기본 구조는 무엇인가?

> 명령을 위에서 아래로 한 번씩 순서대로 실행하며, 중간에 조건에 따라 갈라지거나 반복되는 부분이 없는 구조이다.

① 순차 구조   ② 선택 구조
③ 반복 구조   ④ 재귀 구조
⑤ 병렬 구조

10 다음 중 선택 구조가 사용된 예로 가장 적절한 것은?

① 1부터 10까지의 합을 구한다.

② 1에서 100까지 짝수의 개수를 센다.

③ 리스트의 모든 항목을 한 번씩 출력한다.

④ 1부터 10까지 숫자를 차례대로 출력한다.

⑤ 시험 점수가 60점 이상이면 '합격'을, 아니면 '불합격'을 출력한다.

11 다음 중 반복 구조가 사용된 예로 가장 적절한 것은?

① 오늘 날짜를 한 번 출력한다.

② 이름과 생년월일을 한 번 입력받는다.

③ 점수를 한 번 입력받고 등급을 출력한다.

④ 나이가 65세 이상이면 "노인"을 출력한다.

⑤ 비밀번호가 맞을 때까지 계속 다시 입력하게 한다.

12 알고리즘을 자연어로 표현할 때의 장점으로 옳은 것은?

① 실행 속도가 가장 빠르다.

② 컴퓨터가 바로 이해하여 실행할 수 있다.

③ 문법이 엄격해서 틀린 문장을 쓰기 어렵다.

④ 도형과 화살표로 표현하므로 흐름을 한눈에 볼 수 있다.

⑤ 사람이 이해하기 쉬우며, 일상적인 언어로 순서를 설명하기 좋다.

13 다음 문제 상황에서 핵심 요소가 <u>아닌</u> 것은?

> 과수원에서 사과를 재배하는 길동이는 사과를 수확하기 시작하였다. 수확한 사과를 등급별로 나누어 시장에 내놓아야 한다. 소비자들은 당도가 높고, 크기가 크고 상처 없는 과일을 좋아한다.

① 당도   ② 색상

③ 상처   ④ 크기

⑤ 등급

단답형

14 핵심 요소를 추출할 때 기준이 되는 상태는 무엇인가?

_____

15 다음 주어진 알고리즘이 알고리즘의 특성 5가지를 만족하는지 살펴본 것이다.

> ① 인화하고자 하는 사진의 장수를 입력받아 인화 장수로 정한다.
> ② 추가 인화 수량을 인화 장수 − 5로 정한다.
> ③ 추가 금액을 추가 인화 수량 * 500의 값으로 정한다.
> ④ 전체 인화 가격을 4000 + 추가 금액으로 정한다.
> ⑤ 평균 인화 가격을 전체 인화 가격/인화 장수로 정한다.
> ⑥ 평균 인화 가격을 출력한다.

기준	설명
입력	인화하고자 하는 사진의 장수를 입력받아 인화 장수로 정한다.
출력	평균 인화 가격을 출력한다.
명확성	1~6까지 각 명령어가 다르게 해석될 여지 없이 명확하게 수행된다.
㉠	6단계 이후 알고리즘은 종료된다.
㉡	각 명령의 단계는 유한한 시간 내에 수행할 수 있을 정도로 단순하게 구성되었다.

빈칸 ㉠, ㉡에 들어갈 기준은 무엇인가?

_____

16 다음과 같이 알고리즘을 표현할 때 사용하는 알고리즘 표현 방법은?

```
i ← 1
sum ← 0
while( i <= 10 ){
  sum ← sum + i
  i ← i + 1
}
print(sum)
```

17 다음은 알고리즘의 일부이다. a 부분과 b 부분에서 사용한 알고리즘 설계 구조는?

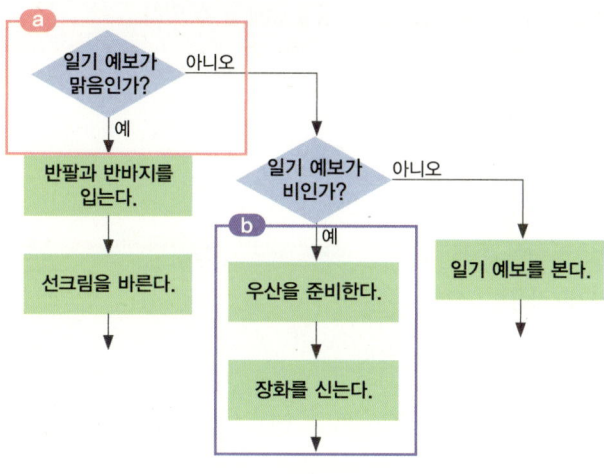

서술형

19 '쾨니히스베르크의 다리' 문제를 예로 들어 추상화가 필요한 이유를 설명하시오.

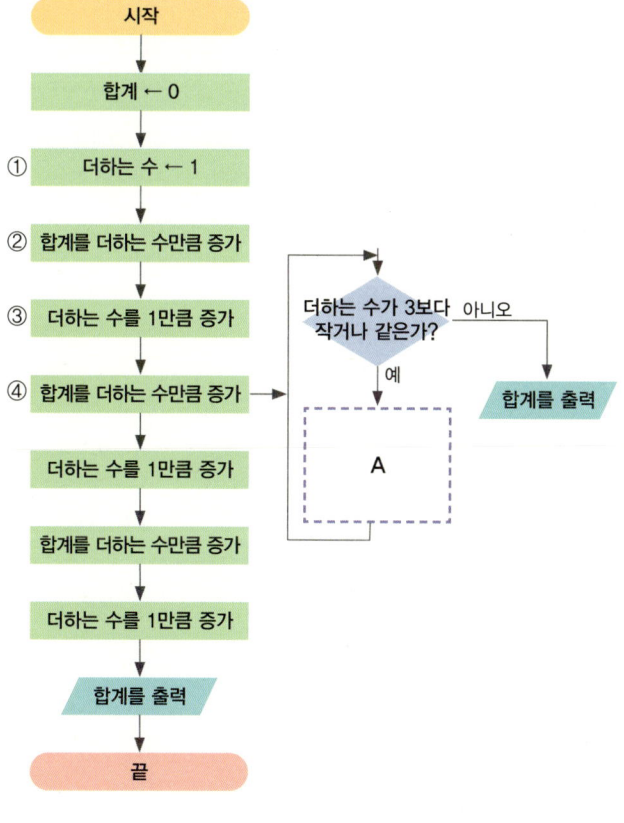

_____

_____

_____

_____

_____

18 순차 구조로 표현된 알고리즘에서 반복되는 부분을 찾아 반복 구조로 바꾸려고 한다. 반복 구조 속 A에 들어갈 명령을 찾아 순서대로 번호를 쓰시오.

시작

합계 ← 0

① 더하는 수 ← 1

② 합계를 더하는 수만큼 증가

③ 더하는 수를 1만큼 증가

④ 합계를 더하는 수만큼 증가

더하는 수가 3보다 작거나 같은가? — 아니오

예

A

합계를 출력

더하는 수를 1만큼 증가

합계를 더하는 수만큼 증가

더하는 수를 1만큼 증가

합계를 출력

끝

20 다음 설명을 보고, 이것이 알고리즘이 될 수 없는 이유를 한 가지 쓰시오.

> 어떤 절차는 입력을 받은 뒤, "입력값에 1을 더한 값을 더한다. 이 값을 다시 입력값으로 사용한다."라는 과정을 아무 조건 없이 끝없이 반복한다.

_____

_____

_____

_____

_____

03 알고리즘 분석과 비교

학습 목표
- 문제를 해결하는 다양한 알고리즘을 분석할 수 있다.
- 다양한 알고리즘 중 효과적이고 효율적인 알고리즘을 선택할 수 있다.

효율성
알고리즘이 문제를 얼마나 빠르게 해결하는지 나타내는 것

1 알고리즘 분석

1. 알고리즘의 다양성

(1) 같은 목적이라도 다양한 알고리즘이 존재

(2) 문제를 보는 관점에 따라 알고리즘이 달라짐. 집에서 학교까지 가는 방법에 대해 비용, 시간 등 어떤 것을 더 중요하게 보느냐에 따라 도보, 버스, 택시 등 다양한 방법을 이용한 알고리즘이 나타남

2. 알고리즘 분석

(1) 알고리즘 분석
- 어떤 알고리즘이 얼마나 효율적으로 문제를 해결하는지 살펴보는 과정
- 주로 수행 단계(상태 변화의 횟수)가 얼마나 필요한지 비교

(2) 서로 다른 알고리즘을 비교할 기준을 제공

(3) 비효율적인 부분을 발견하고 알고리즘을 개선하는 데 도움 **예** 업·다운 게임(숫자 맞추기)

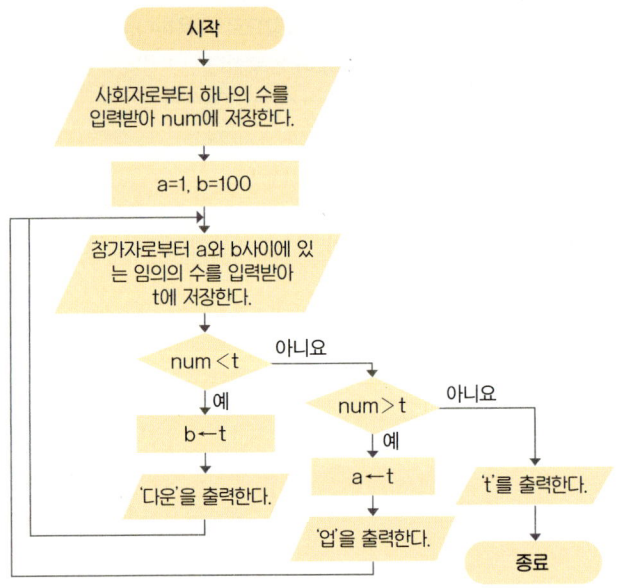

방법① (임의의 숫자를 계속 찍기)
1. 1과 100 사이에서 임의의 숫자 t를 고르고, 목표 숫자 num과 비교
2. 정답이면 종료, 아니면 다시 다른 숫자를 임의로 선택
3. 특징 ① 최선: 첫 번째에 바로 정답을 맞출 때
   ② 최악: 거의 끝까지 못 찾고 마지막에 찾는 경우
   ③ 비교 횟수가 운에 따라 크게 달라진다. (비효율적)

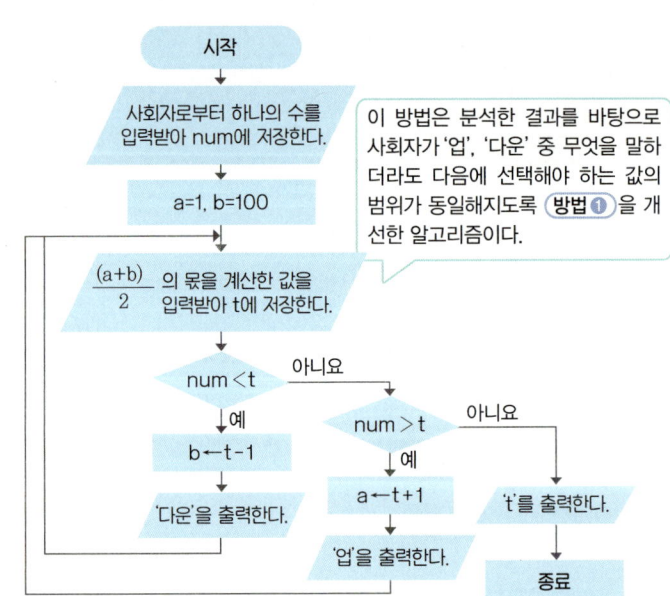

방법② (개선한 알고리즘, 중간값 선택)
1. 현재 범위 [a, b]의 중간값 t=(a+b)/2를 선택
2. num<t이면 범위를 왼쪽으로 줄임(b=t-1)
3. num>t이면 범위를 오른쪽으로 줄임(a=t+1)
4. num==t이면 정답, 종료
5. 특징 ① 매번 범위를 절반으로 줄이므로 상태 변화 횟수가 크게 줄어듦
   ② 1~100 사이에서는 최대 7번 이내에 정답을 찾을 수 있다.
   ③ 분석과 개선을 통해 만들어진 더 효율적인 알고리즘

2 알고리즘 비교

(1) 알고리즘 비교: 두 개 이상의 알고리즘을 분석하고, 분석한 결과를 서로 비교하여 각 알고리즘의 단순성, 효율성, 적응성 등을 평가하는 과정

단순성	효율성	적응성
알고리즘의 설계와 구현이 얼마나 간단하고 이해가 쉬운지를 평가한다.	알고리즘이 수행되는 데 얼마나 많은 수행 작업을 수행해야 하는지 나타낸다.	입력 데이터의 크기나 유형 등에 얼마나 잘 적응할 수 있는지를 나타낸다.

⬆ 알고리즘 비교 기준

(2) 정렬된 데이터에서 특정값 찾기

방법❶ 가장 처음 위치에 있는 값부터 순서대로 비교해 가며 원하는 값 찾기

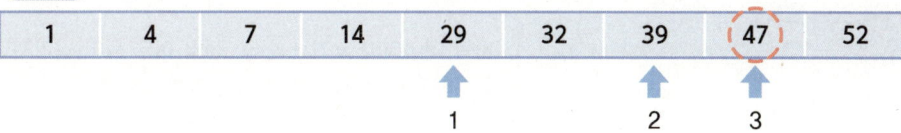

1	4	7	14	29	32	39	47	52
⬆	⬆	⬆	⬆	⬆	⬆	⬆	⬆	
1	2	3	4	5	6	7	8	

방법❷ 나열된 데이터의 중간 위칫값을 기준으로 탐색 범위를 반으로 줄여가며 원하는 값 찾기

1	4	7	14	29	32	39	47	52
				⬆		⬆	⬆	
				1		2	3	

방법❶	방법❷
① 설계와 구현이 단순, 이해가 쉬움	① 데이터가 많아도 효율적
② 데이터가 정렬되어 있지 않아도 사용 가능	② 데이터가 정렬되어 있어야 사용 가능
③ 데이터 양이 많을수록 비효율적	③ 설계, 구조가 방법1보다 복잡

점검 하기

1 다음 설명이 옳으면 ○, 틀리면 ×에 표시하세요.
  • 같은 문제라도 무엇(시간, 비용, 거리 등)을 중요하게 보느냐에 따라 서로 다른 알고리즘이 나올 수 있다. (○ / ×)

2 다음에서 설명하는 용어를 쓰시오.

> 어떤 알고리즘이 얼마나 효율적으로 문제를 해결하는지 살펴보는 과정으로 주로 수행 단계(상태 변화의 횟수)가 얼마나 필요한지 비교한다.

3 알고리즘 비교 기준 중 알고리즘이 수행되는 데 얼마나 많은 수행 작업을 수행하는지 나타내는 것은?

정답 **1** ○ **2** 알고리즘 분석 **3** 효율성

개념 확인 문제

01 다음이 설명하는 것으로 알맞은 것은?

> 어떤 알고리즘이 문제를 해결하기 위해 수행되는 단계의 횟수를 따져보고 얼마나 효율적으로 문제를 해결하는지 살펴보는 과정이다.

① 알고리즘 설계
② 알고리즘 분석
③ 알고리즘 비교
④ 알고리즘 실행
⑤ 알고리즘 표현

02 다음 중 이진 탐색을 사용하기에 가장 알맞은 상황은?

① 뽑기 상자에서 눈 감고 사탕을 하나 뽑는 경우
② 아무 순서 없이 적힌 번호 중 특정 번호가 있는지 찾는 경우
③ 책상이 뒤죽박죽 섞여 있는 창고에서 내가 산 책을 찾는 경우
④ 정렬되지 않은 시험지 더미에서 특정 학생의 시험지를 찾는 경우
⑤ 가나다 순으로 정리된 전화번호부에서 친구 이름을 찾아 전화번호를 찾는 경우

03 주어진 숫자 범위 내에서 특정 숫자를 찾기 위해 항상 중간값을 선택해 범위를 줄여가는 방법에 대한 설명으로 가장 알맞은 것은?

① 운에 따라 비교 횟수가 크게 달라진다.
② 비교 범위가 일정하게 줄어들어 비교 횟수가 줄어든다.
③ 정답이 나올 때까지 같은 숫자만 반복해서 말하는 방식이다.
④ 항상 1부터 차례대로 숫자를 말하므로 비교 횟수가 일정하다.
⑤ 범위의 한쪽 끝값만 계속 선택하므로 비교 횟수가 최대가 된다.

04 다음 설명에 알맞은 용어를 쓰시오.

> 경주 여행을 계획할 때, 어떤 사람은 이동 거리가 짧은 동선을 선택하고, 어떤 사람은 관광지 선호도를 기준으로 동선을 정하며, 또 다른 사람은 이동 시간이 적게 걸리는 동선을 선택한다. 이처럼 같은 목적을 두고도 선호하는 것에 따라 다양한 방법이 나타날 수 있다.

_____

05 다음 설명에 알맞은 알고리즘 비교 기준은?

> 입력 데이터의 크기나 형태, 정렬 여부 등이 달라져도 알고리즘이 얼마나 잘 작동하는지를 나타낸다.

_____

정답 및 해설

정답

01 ② **02** ⑤ **03** ② **04** 알고리즘의 다양성 **05** 적응성

해설

01 수행 단계 수를 따져보는 것은 효율성 분석에 해당하며, 이런 과정을 통해 문제를 얼마나 효율적으로 해결하는지 살펴보는 과정을 알고리즘 분석이라 한다.

02 이진 탐색은 반드시 오름차순 또는 내림차순으로 정렬된 데이터에서만 사용할 수 있다. 따라서 가나다순으로 정렬된 전화번호부에서 친구 이름을 찾을 때 이진 탐색을 사용할 수 있다.

03 항상 중간값을 선택해 범위를 절반으로 줄여가는 전략은 이진 탐색과 같은 원리로 탐색해야 할 숫자 범위가 매번 절반으로 줄어들어 최대 비교 횟수가 크게 줄어든다.

04 경주 여행 코스 짜기 문제를 두고 거리, 시간, 선호도에 따라 다양한 동선이 나타난다는 것은 알고리즘의 다양성을 의미한다.

05 알고리즘이 어떤 조건에서든 잘 작동하는가를 보는 기준은 적응성이다.

선택형

01 다음 중 알고리즘의 다양성을 가장 잘 설명하는 상황은 어느 것인가?

① 문제를 해결할 때는 항상 가장 비싼 방법이 가장 좋다.

② 한 가지 방법이 정해지면 다른 방법을 떠올리면 안 된다.

③ 시험 점수를 계산할 때 항상 같은 계산기를 사용해야 한다.

④ 사전에서 단어를 찾을 때 무조건 첫 장부터 마지막 장까지 모두 훑어야 한다.

⑤ 같은 목적지에 가더라도 어떤 사람은 지하철을, 어떤 사람은 버스를 이용한다.

02 알고리즘의 다양성에 대한 설명으로 옳지 <u>않은</u> 것은?

① 같은 문제를 해결하는 방법은 항상 하나만 존재해야 한다.

② 우선순위(시간, 비용, 편리함 등)에 따라 선택되는 알고리즘이 달라질 수 있다.

③ 알고리즘의 다양성은 더 좋은 알고리즘을 선택하고 개선하는 데 도움을 준다.

④ 같은 문제라도 어떤 요소를 더 중요하게 보느냐에 따라 다른 해결 절차가 나올 수 있다.

⑤ 알고리즘의 다양성이 더 크다는 것은 새로운 해결 방법을 더 많이 떠올릴 수 있다는 뜻이다.

03 다음 중 알고리즘 분석을 할 때 가장 중요한 것은?

① 알고리즘을 누가 만들었는가?

② 알고리즘을 종이에 적기 편한가?

③ 알고리즘의 이름이 외우기 쉬운가?

④ 알고리즘을 표현하는 색과 글꼴이 예쁜가?

⑤ 문제 해결에 필요한 수행 단계의 수가 어느 정도인가?

04 다음 중 알고리즘을 분석하는 이유로 가장 적절한 것은?

① 알고리즘의 이름을 잘 짓기 위해

② 알고리즘을 종이에 잘 기록하기 위해

③ 항상 같은 알고리즘만 사용하기 위해

④ 더 나은 알고리즘을 선택하거나 개선하기 위해

⑤ 알고리즘을 복잡하게 만들어 다른 사람이 복제하지 못하게 하기 위해

05 알고리즘 분석에서 효율성이 의미하는 것은?

① 코드의 길이

② 알고리즘의 실행 언어

③ 알고리즘의 표현 방법

④ 알고리즘을 이해하는 데 걸리는 시간

⑤ 문제를 해결하는 데 수행하는 작업의 횟수

06 숫자 맞히기 게임에서 알고리즘을 더 효율적으로 만들기 위한 규칙 변경으로 가장 알맞은 것은?

① 정답 여부도 알려주지 않고 게임을 종료한다.

② 참여자가 말한 숫자가 정답인지 아닌지만 알려 준다.

③ 참여자가 말한 숫자에 대해 아무 힌트도 주지 않는다.

④ 참여자가 말한 숫자가 정답보다 큰지, 작은지 알려 준다.

⑤ 참여자가 말한 숫자의 순서를 모두 기록해 마지막에 확인한다.

07 알고리즘에서 효율성을 개선하기 위한 방법으로 가장 적절한 것은?

① 출력 형식을 변경한다.
② 표현 방법을 변경한다.
③ 최대한 간결하게 표현한다.
④ 알고리즘의 설명을 제거한다.
⑤ 불필요한 수행 작업을 제거한다.

08 알고리즘 비교의 필요성으로 가장 적절한 것은?

① 실행 시간을 예측하기 위해
② 알고리즘에서 오류를 찾기 위해
③ 최적의 알고리즘을 선택하기 위해
④ 동일한 알고리즘을 구분하기 위해
⑤ 알고리즘의 코드 길이를 줄이기 위해

09 다음 중 알고리즘을 서로 비교할 때 직접적인 기준이 아닌 것은?

① 유명한 알고리즘인가?
② 이해와 구현이 쉬운가?
③ 수행 단계 수는 얼마나 적은가?
④ 문제 상황에 적합한 알고리즘인가?
⑤ 입력 조건이 바뀌어도 잘 동작하는가?

10 다음 중 단순성을 가장 중요하게 생각한 알고리즘 선택의 예는?

① 모두가 사용하는 방법을 선택해 사용한다.
② 가장 많은 수행 단계를 가진 방법을 선택한다.
③ 입력 조건이 바뀌더라도 잘 동작하는 방법을 선택한다.
④ 이해하기 어렵고 길지만 아주 빠른 방법만을 고집한다.
⑤ 조금 느리더라도 구조가 간단하고, 초보자도 쉽게 이해할 수 있는 방법을 선택한다.

11 다음 중 적응성이 높은 알고리즘은?

① 특정 숫자에 대해 사용할 수 있는 알고리즘
② 입력이 조금만 바뀌어도 사용이 불가능한 알고리즘
③ 항상 정해진 크기의 입력에서 사용할 수 있는 알고리즘
④ 정해진 순서로 정리된 데이터에서만 사용할 수 있는 알고리즘
⑤ 데이터가 정리되어 있든 아니든, 크기가 달라져도 사용 가능한 알고리즘

12 다음 중 간단하지만 느린 알고리즘을 선택해도 괜찮은 상황은?

① 매 초마다 새로 계산해야 하는 게임 물리 엔진
② 1초에 수천 번씩 실행되어야 하는 인터넷 서비스
③ 한 번만 실행하고 다시는 사용하지 않을 작은 프로그램
④ 수백 만개의 데이터를 실시간으로 처리해야 하는 프로그램
⑤ 전 세계 사용자들이 동시에 사용해야 하는 암호화 시스템

단답형

13 빈칸에 들어갈 말을 쓰시오.

> 알고리즘 분석은 문제를 해결하는 데 필요한 (   )의 수를 중심으로 알고리즘이 얼마나 효율적인지 따져 보는 과정이다.

_____

14 어떤 알고리즘이 있을 때, "효율적으로 문제를 해결할 수 있는지" 분석하기 위한 기준 한 가지를 쓰시오.

_____

15 다음에서 설명하는 용어는?

> 두 개 이상의 알고리즘을 단순성, 효율성, 적응성 등의 기준으로 살펴보고, 주어진 상황에 더 알맞은 알고리즘을 선택하기 위해 서로 견주는 과정

_____

16 알고리즘 비교에서 사용할 수 있는 기준을 <u>두 가지</u> 이상 쓰시오.

_____

_____

17 알고리즘 분석 결과 불필요한 수행 작업으로 인해 전체 수행 작업의 횟수가 많다는 결과가 나왔다. 다음 단계에서 해야 하는 적절한 행동 한 가지를 쓰시오.

_____

서술형

18 학교에서 청소 구역을 나누는 방법에 대해 세 가지 아이디어가 나왔다.

> **방법 A:** 반을 줄 단위로 나누어, 앞줄은 복도, 뒷줄은 교실을 청소한다.
> **방법 B:** 번호표를 뽑아서 나온 번호에 따라 청소 구역을 무작위로 배정한다.
> **방법 C:** 스스로 청소하고 싶은 곳을 적어 내서, 사람이 적은 곳부터 순서대로 배정한다.

위 세 가지가 알고리즘의 다양성을 보여 주는 이유를 작성하시오.

_____

_____

_____

_____

19 학교 식당에서 줄 서는 방식을 두 가지로 운영한다.

> **방법 A:** 아무 줄이나 눈에 보이는 대로 선다. 이때 줄이 긴지 짧은지는 고려하지 않는다.
> **방법 B:** 먼저 각 줄에 서 있는 사람 수를 보고, 가장 사람이 적은 줄에 선다.

두 방법 중 어떤 방법이 평균적으로 더 적은 대기 시간을 가지는지 알고리즘을 분석해 설명하시오.

_____

_____

_____

_____

20 다음 두 가지 데이터 처리 방법이 있다.

> **방법 A:** 미리 일정한 형식으로 잘 정리된 데이터에서만 사용할 수 있고, 형식이 조금이라도 달라지면 사용할 수 없다.
> **방법 B:** 정리된 데이터 또는 조금 어긋나 있는 데이터에서도 사용할 수 있지만, 경우에 따라 A보다 조금 느릴 수 있다.

알고리즘 비교 시 적응성 관점에서 어느 방법이 더 좋은지, 어떤 상황에서 장점이 잘 나타나는지 쓰시오.

_____

_____

_____

_____

04 문제 해결 전략과 알고리즘 설계

학습 목표 ·문제 해결에 적합한 전략을 선택할 수 있다.
·문제 해결 전략에 따라 알고리즘을 설계할 수 있다.

1 문제 해결 전략

(1) 문제 해결 전략

❶ 문제 해결을 위해 알고리즘을 체계적, 효율적으로 작성하는 방법

❷ 핵심 요소를 파악해 적절한 전략을 세워 효율적, 체계적으로 결과에 도달

　예 시행착오법, 나누어 풀기, 거꾸로 풀기, 탐욕법 등

(2) 시행착오법

시행착오법은 정답의 후보를 중복과 누락없이 적용하는 것이 중요하다.

❶ 최적의 방법을 찾을 때까지 모든 방법을 해 보는 방식

❷ 경우의 수가 적거나, 해결 과정에 규칙/지름길이 없을 때, 사용

　예 자물쇠 비밀번호 찾기 등

↑ 자물쇠 비밀번호 찾기

↑ 퍼즐 조각 맞춰보기

(3) 나누어 풀기

나누어 풀기는 큰 문제를 작은 문제로 어떻게 나눌지 정하는 것이 중요하다.

❶ 복잡한 문제를 해결하기 쉬운 작은 문제로 나누어 해결하는 방법

❷ 복잡한 문제를 동일/유사한 유형의 더 작은 문제로 분해할 수 있을 때 사용

　예 설문지 정렬, 학교 축제 준비 등

↑ 설문지 정렬

↑ 학교 축제 준비

(4) 거꾸로 풀기

❶ 목표 상태에서 출발해 초기 상태 방향으로 거슬러 해결책을 찾는 방법

❷ 초기 상태에서 목표 상태로 가는 경로가 복잡하고 다양하지만 최종 결과를 알고 있을 때 사용

예 출발 시간 계산 등

↑ 목적지 도착을 위한 출발 시간 계산

↑ 목표 점수 도달을 위한 과목 점수 계산

(5) 탐욕법

❶ 각 단계에서 가장 유리해 보이는 선택을 하며 해결하는 방법

❷ 다음 단계는 고려하지 않지만 각 단계의 최선의 선택이 전체의 최적으로 이어질 때 사용

예 거스름돈 교환 등

탐욕법은 매 단계에서 무엇을 최선으로 볼지 선택 기준을 정의하는 것이 중요하다.

↑ 거스름돈 교환

↑ 회의실 예약

2 알고리즘 설계

문제 분석(초기 상태, 목표 상태, 핵심 요소 추출) → 전략 선택 → 수행 작업 선정 → 핵심 요소의 상태 변화 확인 → 순차/선택/반복 구조로 알고리즘 표현

점검하기

1 복잡한 문제를 해결하기 쉬운 작은 문제로 나누어 해결하는 문제 해결 전략은?

2 탐욕법은 매 단계에서 가장 좋아 보이는 선택을 하며, 다음 단계의 영향을 고려하지 않아도 항상 최적의 해결책을 보장한다. (○ / ×)

정답 **1** 나누어 풀기 **2** ×

01 가능한 방법을 모두 시도해 최적의 방법을 찾는 전략으로 가장 알맞은 것은?

① 추상화
② 탐욕법
③ 시행착오법
④ 거꾸로 풀기
⑤ 나누어 풀기

02 복잡한 문제를 작은 문제로 나누어 각각 해결한 뒤 전체 해답을 만드는 전략은?

① 탐욕법
② 시행착오법
③ 나누어 풀기
④ 거꾸로 풀기
⑤ 무작위 선택

03 탐욕법에 대한 설명으로 가장 적절한 것은?

① 조건이 없으면 무작위로 선택한다.
② 문제를 작은 문제로 분해해 해결한다.
③ 모든 경우를 다 비교해 최적해를 찾는다.
④ 목표에서 출발해 이전 상태를 역으로 추론한다.
⑤ 매 단계에서 당장 가장 좋아 보이는 선택을 반복한다.

04 다음 중 나누어 풀기의 전형적 예시로 가장 적절한 것은?

① 여러 선택지를 무작위로 고른다.
② 거스름돈을 큰 단위 동전부터 준다.
③ 자물쇠 비밀번호를 000부터 하나씩 시도한다.
④ 도착 시간에서 이동 시간을 빼 출발 시간을 계산한다.
⑤ 큰 정리함을 칸별로 나누고, 각 칸에서 다시 종류별로 정리한다.

05 마감 시간이 확실히 정해져 있고, 시작 시점에서 경우의 수가 너무 많아 복잡할 때 유리한 전략은?

_____

06 나누어 풀기를 설계에 적용할 때 가장 먼저 결정해야 하는 것은?

_____

정답 및 해설

정답

01 ③   02 ③   03 ⑤   04 ⑤   05 거꾸로 풀기   06 분해 기준(큰 문제를 작은 문제로 나누는 기준)

해설

01 시행착오법은 정답을 찾을 때까지 여러 방법을 직접 시도하며 해결한다.

02 나누어 풀기는 문제를 부분 문제로 나누어 단계적으로 해결한다.

03 탐욕법은 각 단계의 지역적 최선을 선택하는 방식이다.

04 분류 기준을 세워 문제를 여러 부분으로 나누어 해결하는 방식이 나누어 풀기이다. 따라서 큰 정리함을 칸별로 나누고 각 칸에서 다시 종류별로 정리하는 것은 정리라는 큰 문제를 나누어 푸는 예라 할 수 있다.

05 목표 상태에서 출발해 초기 상태로 거슬러 올라가며 경로를 좁히는 전략이 거꾸로 풀기이며, 마감 시간과 같이 목표가 정해져 있으며, 이를 통해 시작 시점인 초기 상태로 거슬러 올라가며 문제를 해결하는 데 도움이 된다.

06 분해 기준이 알고리즘을 설계하는 핵심이 된다.

정답 및 해설 191쪽

시험 대비 문제

선택형

01 목표 상태에서 출발하여 초기 상태 방향으로 역추적하며 해결책을 찾는 전략은?

① 탐욕법　　　　② 반복 구조
③ 시행착오법　　④ 거꾸로 풀기
⑤ 나누어 풀기

02 다음 상황에 사용하기 적절한 알고리즘 설계 기법은?

> 어떤 공연이 19:00에 시작할 예정이다. 공연을 위해서는 공연장에 도착 후 준비하는 데 20분의 시간이 필요하고 공연장까지 이동하는 데 35분이 걸린다고 한다면 언제 공연장으로 출발해야 할까?

① 탐욕법　　　　② 시행착오법
③ 거꾸로 풀기　　④ 나누어 풀기
⑤ 순서대로 풀기

03 예산 12,000원으로 간식을 최대한 많이 담기를 하려고 한다. 이때 물건을 담는 기준으로 가장 자연스러운 것은?

① 무작위로
② 맛있는 것부터
③ 가장 싼 것부터
④ 가장 비싼 것부터
⑤ 길이가 긴 상품명부터

04 어떤 문장 A를 암호문 B로 바꿀 때의 규칙이 알려졌다. 이 규칙을 알면 B를 A로 바꾸는 역변환이 가능하다. 이때, 어떤 암호문 X가 있을 때, 원래의 문장을 찾기 위한 가장 적절한 설계 전략은?

① 탐욕법　　　　② 시행착오
③ 거꾸로 풀기　　④ 나누어 풀기
⑤ 무작위로 풀기

05 행사 발표는 10:00에 시작한다. 발표 전 준비하는 시간이 18분 필요하며 발표장까지 이동하는 데 12분이 걸린다. 또한 발표 전에 장비를 점검하는 데 7분이 필요하다면 발표장으로 출발해야 하는 시각은 언제일까?

① 9:22
② 9:23
③ 9:24
④ 9:25
⑤ 9:26

06 300개의 학생 설문 응답을 처리하려고 한다. 이때 문항별 평균 점수를 산출하려고 할 때, 가장 적절한 분해는?

① 높은 점수부터 처리
② 낮은 점수부터 처리
③ 학생별로 끝까지 처리
④ 문항별로 구분하여 처리
⑤ 무작위로 3등분하여 처리

07 도착해야 하는 시간이 정해져 있다. 또한 준비/이동하는 시간 역시 고정적으로 정해져 있다면 출발 시간을 계산하기 위한 설계 전략으로 가장 적절한 것은?

① 탐욕법
② 시행착오
③ 거꾸로 풀기
④ 나누어 풀기
⑤ 무작위로 풀기

08 시행착오 설계로 2자리 숫자의 자물쇠의 비밀번호를 찾기 위해 00~99까지 순서대로 시도 중이다. 37에서 성공이 나왔다면 다음에 해야 할 절차는?

① 38을 시행하기

② 00부터 재시작하기

③ 랜덤으로 재시작하기

④ 종료하고 37 출력하기

⑤ 99까지 계속 시행하기

09 문제 해결 전략의 설명으로 가장 적절한 것은?

① 정답을 외우는 학습 방법

② 프로그램 오류를 찾는 방법

③ 컴퓨터 성능을 올리는 방법

④ 문제를 무조건 빠르게 푸는 요령

⑤ 알고리즘을 체계적, 효율적으로 작성하기 위한 방법

10 다음 중 시행착오법을 택하는 이유로 가장 적절한 것은?

① 항상 가장 빠르기 때문에

② 목표가 불분명하기 때문에

③ 최적의 해가 항상 보장되기 때문에

④ 문제를 나누는 것이 불가능하기 때문에

⑤ 경우의 수가 적고 지름길이 없기 때문에

11 동전의 단위가 500, 200, 100, 50, 10이고 1,100원을 최소한의 동전의 개수로 거슬러 주려한다. 탐욕적으로 선택할 첫 번째 동전은?

① 10

② 50

③ 100

④ 200

⑤ 500

12 체험 행사에서 진행하는 여러 체험 행사 중 현재 남은 예산을 넘지 않은 가장 큰 비용의 체험을 먼저 고른다는 것은 어떤 전략적 사고인가?

① 탐욕법　　　　　② 시행착오법

③ 나누어 풀기　　④ 거꾸로 풀기

⑤ 무작위로 풀기

13 다음과 같이 회의명과 회의가 시작하는 시간과 끝나는 시간이 적혀있는 목록이 있다.

A(1, 3)	B(3, 4)	C(0, 5)	D(4, 7)
E(5, 6)	F(6, 8)	G(8, 9)	

이 회의를 겹치지 않게 최대한 많이 선택하려고 한다면, 끝나는 시간이 가장 이른 회의를 탐욕적으로 선택했을 때 회의의 순서는?

① C → E → G

② A → C → E

③ B → D → F

④ A → D → G

⑤ A → B → E → F → G

단답형

14 2자리 비밀번호(00~99)를 시행착오법으로 찾으려고 한다. 00부터 99까지 순서대로 증가하며 성공/실패를 확인하려고 할 때, 최악의 경우 시도하는 횟수는?

_____

15 과자의 가격이 각각 아래와 같다. 내가 가진 예산이 13,000원이라면 가장 비싼 것부터 탐욕적으로 고를 때 선택한 과자 가격의 합은 얼마인가?

8,400원	6,700원	6,500원	5,800원
4,200원	3,100원		

_____

16 청소 로봇은 시작점 S(0, 0)에서 출발하여 아직 청소하지 않은 지점 중 다음의 공식으로 계산하였을 때 가장 가까운 지점을 다음으로 선택한다. 거리가 같으면 알파벳이 빠른 지점을 선택한다.

> x1과 x2 간의 거리 + y1과 y2 간의 거리

A(1, 2), B(4, 0), C(2, 1), D(6, 1), E(3, 3) 지점이 있다면 로봇이 방문하는 세 번째 지점과 지점을 선정하기 위한 알고리즘 설계 전략을 쓰시오.

_____

_____

17 16×16 흑백 이미지에서 검은 픽셀 개수를 세려고 한다. 나누어 풀기로 한번 분해할 때마다 4개의 같은 크기로 나눈다고 한다면 2×2 크기 조각으로 분해했을 때 최종 조각의 수는 몇 개인가?

_____

_____

서술형

18 출발점이 P(0, 0)이며 배송지 다섯 곳은 다음 좌표와 같다.

> A(2, 1), B(2, 4), C(5, 1), D(6, 3), E(7, 0)

최소한의 이동 거리로 배송하기 위해 탐욕법을 사용하려 할 때, 그 기준과 이유를 쓰시오.

_____

_____

_____

_____

19 아래와 같은 조건일 때, 동전 단위가 1원 3원 4원일 때, 가장 적은 개수의 동전으로 6원을 만들려고 한다. "가장 큰 동전부터" 탐욕적으로 만들면 4+1+1=6으로 3개의 동전이 필요하다. 이 경우 최적의 해인가? 그렇지 않다면 최적의 사례는 무엇인가?

_____

_____

_____

_____

_____

20 어떤 수 x에서 시작해 아래와 같은 규칙을 정확히 4번 적용해 최종값 50을 얻었다. 거꾸로 풀기 방식으로 시작 값 x를 찾고 역추적 과정을 쓰시오.

> 현재 값이 짝수면 2로 나누고, 홀수면 3을 더한다.

_____

_____

_____

_____

05 데이터의 순차적 저장

학습 목표
· 리스트의 개념과 필요성을 설명할 수 있다.
· 데이터를 순차적으로 저장할 수 있는 구조를 활용해 문제 해결 프로그램을 작성할 수 있다.

변수
데이터를 저장하는 공간

1 프로그래밍의 이해

1. 프로그래밍에서 데이터의 활용

(1) 프로그램은 데이터를 입력받아 처리하고 결과를 출력하는 형태

(2) 일반적으로 데이터는 변수에 저장되어 처리됨

2. 프로그래밍에서 데이터의 처리

· 프로그래밍에서 데이터를 처리하기 위해 연산을 사용

(1) 산술 연산: 수를 계산하는 데 사용하는 연산

산술 연산자	설명
+	더하기
−	빼기
×	곱하기
/	나누기

(2) 비교 연산: 두 값을 비교하여 그 관계를 판단하는 데 사용하는 연산

비교 연산자	설명
=	같다
!=	같지 않다
〉	왼쪽 값이 오른쪽 값보다 크다
〈	왼쪽 값이 오른쪽 값보다 작다
≥	왼쪽 값이 오른쪽 값보다 크거나 같다
≤	왼쪽 값이 오른쪽 값보다 작거나 같다

한 개의 변수는 한 개의 데이터만 저장할 수 있다.

3. 프로그래밍에서 데이터 처리의 예

· 숫자 2개를 입력받아 더한 결과를 출력하기

입력한 두 숫자를 각각 '숫자1', '숫자2' 변수에 저장하고 더한 다음 결과를 출력

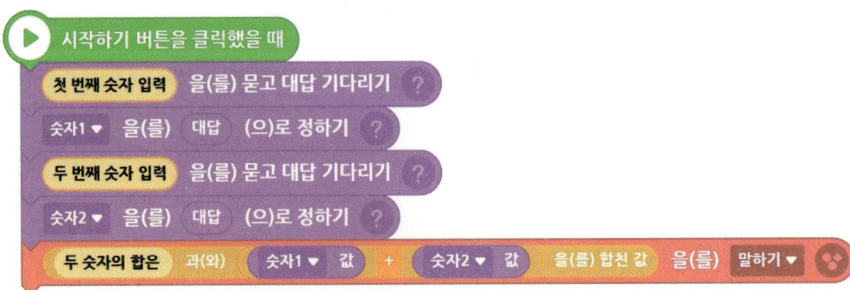

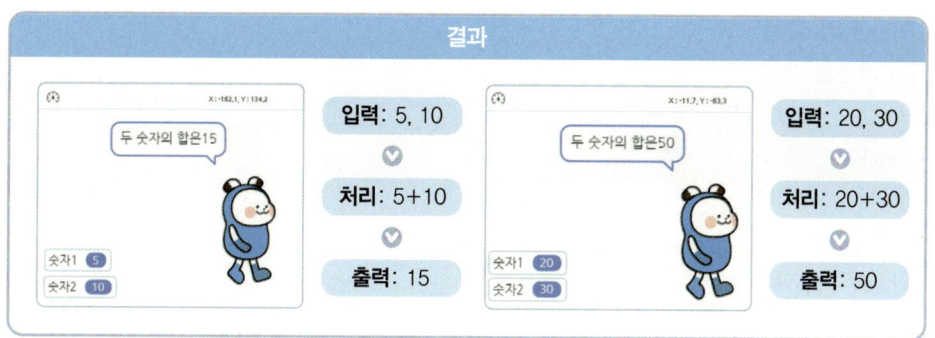

결과

두 숫자의 합은15 X: -182.1, Y: 134.2	입력: 5, 10
숫자1 5 숫자2 10	처리: 5+10
	출력: 15

두 숫자의 합은50 X: -11.7, Y: -43.3	입력: 20, 30
숫자1 20 숫자2 30	처리: 20+30
	출력: 50

2 리스트

1. 리스트의 개념과 필요성

(1) 리스트: 여러 개의 데이터를 순차적으로 저장할 수 있는 데이터 구조

(2) 리스트의 특징

❶ 여러 개의 데이터를 저장할 수 있음

❷ 데이터를 순차적으로 저장

❸ 저장된 데이터는 저장된 위치(index)를 통해 찾을 수 있음

❹ 저장된 위치를 통해 데이터를 쉽게 관리(수정, 삭제)할 수 있음

| 데이터1 | 데이터2 | 데이터3 | 데이터4 | 데이터5 | ･ ･ ･ |
| 1 | 2 | 3 | 4 | 5 | ← 위치(index) |

↑ 리스트

> **데이터 구조**
> 데이터를 저장하고 처리하는 방법

(3) 리스트의 필요성: 여러 개의 데이터를 쉽고 효율적으로 저장, 관리할 수 있음

10개의 데이터를 저장해야 할 경우, 변수를 활용하면 10개의 변수가 필요함. 하지만 하나의 리스트를 활용하면 한 번에 10개의 데이터를 저장할 수 있음

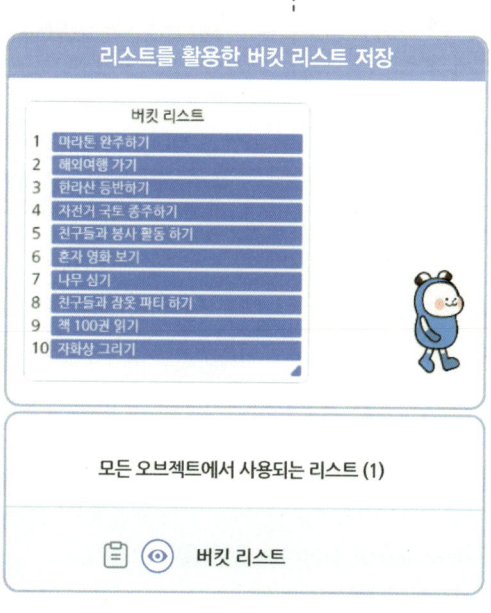

2. 리스트의 활용

(1) 리스트 생성

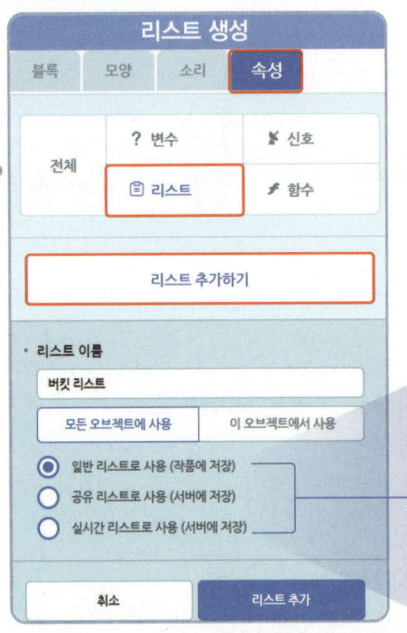

[속성-리스트-리스트 추가]를 통해 리스트를 생성한다. 리스트를 활용하려면 이름이 필요하며, 일반 리스트, 공유 리스트, 실시간 리스트를 생성할 수 있다. 이 과정을 거치면 해당 리스트와 관련된 블록을 사용할 수 있게 된다.

- 일반 리스트로 사용(작품에 저장)
  작품을 정지하면 기본값으로 초기화되는 리스트
- 공유 리스트로 사용(서버에 저장)
  작품을 정지하면 서버에 저장되는 리스트
- 실시간 리스트로 사용(서버에 저장)
  작품을 실행하는 도중에 실시간으로 서버에 저장되는 리스트

(2) 리스트 데이터 관리

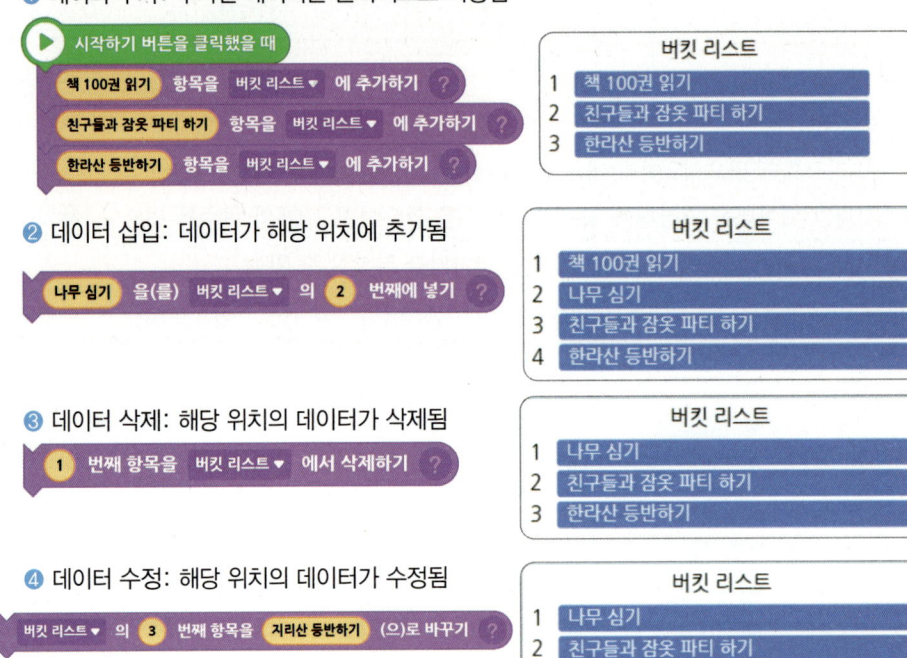

❶ 데이터 추가: 추가한 데이터는 순차적으로 저장됨

❷ 데이터 삽입: 데이터가 해당 위치에 추가됨

❸ 데이터 삭제: 해당 위치의 데이터가 삭제됨

❹ 데이터 수정: 해당 위치의 데이터가 수정됨

점검하기

- 다음에서 내용이 설명하는 것은 무엇인가?

여러 개의 데이터를 순차적으로 저장할 수 있는 데이터 구조로, 저장된 위치를 통해 데이터를 쉽게 접근하고 수정, 삭제할 수 있다.

정답 리스트

개념 확인 문제

01 다음과 같이 데이터가 저장되어 있는 장바구니 리스트가 있을 때, 코드를 실행한 결과로 옳은 것은?

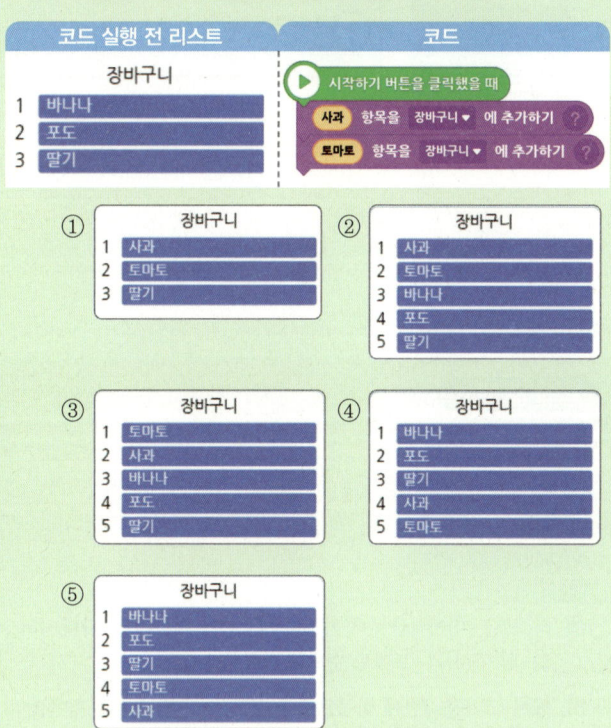

02 다음과 같이 데이터가 저장되어 있는 강아지 사전 리스트가 있을 때, 코드를 실행한 결과로 옳은 것은?

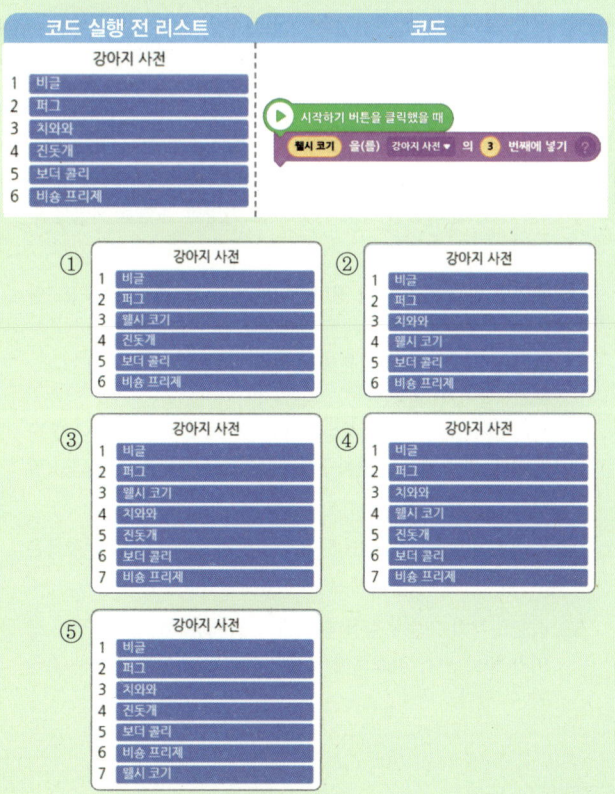

03 다음과 같이 데이터가 저장되어 있는 고양이 종류 리스트가 있을 때, 코드를 실행한 결과로 옳은 것은?

04 다음과 같이 데이터가 저장되어 있는 스포츠 리스트가 있을 때, 코드를 실행한 결과로 옳은 것은?

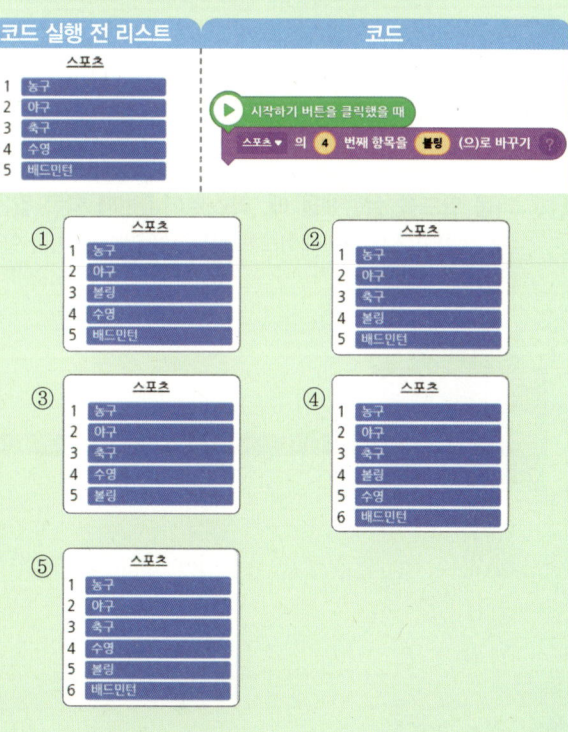

05 다음 중 리스트에 대한 설명으로 옳은 것은?

① 문자만 저장할 수 있다.

② 하나의 값만 저장할 수 있다.

③ 데이터를 순서대로 저장할 수 있다.

④ 프로그램마다 하나만 만들 수 있다.

⑤ 리스트는 변수보다 메모리를 더 적게 사용한다.

06 다음 코드를 실행했을 때, 장바구니 리스트에 저장되지 <u>않은</u> 항목은?

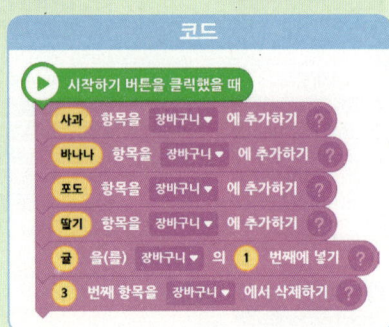

① 귤

② 딸기

③ 사과

④ 포도

⑤ 바나나

07 다음 코드를 실행했을 때, 리스트의 6번째 항목 값은?
(단, 초기 리스트에는 데이터가 저장되어 있지 않고, 수의 초 깃값은 1이다.)

① 2   ② 4

③ 6   ④ 8

⑤ 10

08 다음과 같이 데이터가 저장된 식물도감 리스트가 있다. 코드를 실행했을 때, 출력되는 항목은?

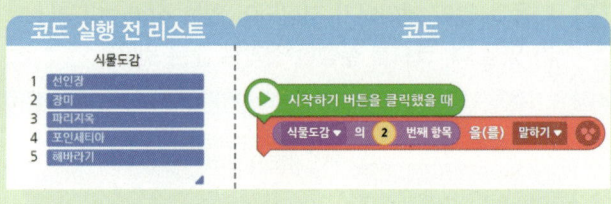

시험 대비 문제

선택형

01 다음 중 리스트에 대한 설명으로 옳지 <u>않은</u> 것은?

① 리스트는 데이터를 순차적으로 저장한다.

② 하나의 리스트에 많은 양의 데이터를 저장할 수 있다.

③ 하나의 프로그램에는 여러 개의 리스트가 존재할 수 있다.

④ 리스트에 저장된 데이터는 항목 위치를 통해 찾을 수 있다.

⑤ 프로그램 실행 도중에는 리스트에 저장된 데이터를 삭제할 수 없다.

02 다음 중 리스트에 대한 설명으로 옳은 것은?

① 문자만 저장할 수 있다.

② 하나의 값만 저장할 수 있다.

③ 데이터를 추가하면, 리스트의 첫 번째 항목으로 저장된다.

④ 2번째 항목을 삭제하려고 할 때, 리스트의 항목 개수는 2 이상이어야 한다.

⑤ 리스트에 동일한 데이터가 저장되어 있으면, 해당 데이터를 추가할 수 없다.

03 리스트를 사용하는 이유로 가장 적절한 것은?

① 연산을 빠르게 하기 위해

② 화면에 데이터를 출력하기 위해

③ 여러 데이터를 한 번에 관리하기 위해

④ 변수의 개수를 늘려 오류를 줄이기 위해

⑤ 프로그램 실행 속도를 항상 빠르게 하기 위해

04 다음 코드를 실행했을 때, 장바구니 리스트에 저장된 항목을 〈보기〉에서 있는 대로 고른 것은?

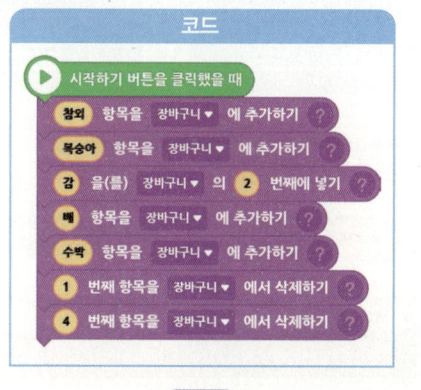

보기

ㄱ. 감	ㄴ. 배	ㄷ. 수박	ㄹ. 참외	ㅁ. 복숭아

① ㄱ, ㄴ

② ㄴ, ㅁ

③ ㄱ, ㄴ, ㅁ

④ ㄱ, ㄷ, ㅁ

⑤ ㄴ, ㄷ, ㅁ

05 다음 코드를 실행했을 때, 출석부 리스트에 저장되지 <u>않은</u> 항목은?

① 9번   ② 10번

③ 11번   ④ 12번

⑤ 20번

06 다음은 코드 실행 전과 실행 후의 리스트이다. 실행한 코드로 옳은 것은? (단, 시작하기 블록은 생략한다.)

코드 실행 전 리스트	코드 실행 후 리스트
버킷 리스트	버킷 리스트
1 마라톤 완주하기	1 국토 대장정 하기
2 스키장 가기	2 스키장 가기
3 한라산 등반하기	3 한라산 등반하기
4 나무 심기	4 나무 심기
5 책 100권 읽기	5 책 100권 읽기

① 번호 ▾ 에 **국토 대장정 하기** 만큼 더하기 ?

② **국토 대장정 하기** 항목을 버킷 리스트 ▾ 에 추가하기 ?

③ **국토 대장정 하기** 을(를) 버킷 리스트 ▾ 의 1 번째에 넣기 ?
  1 번째 항목을 버킷 리스트 ▾ 에서 삭제하기 ?

④ **국토 대장정 하기** 을(를) 버킷 리스트 ▾ 의 1 번째에 넣기 ?

⑤ 버킷 리스트 ▾ 의 1 번째 항목을 **국토 대장정 하기** (으)로 바꾸기 ?

07 실행했을 때 동일한 결과가 아닌 것은? (단, 리스트는 비어있는 상태이고, 시작하기 블록은 생략한다.)

① **복숭아** 항목을 리스트 ▾ 에 추가하기 ?
  수박 항목을 리스트 ▾ 에 추가하기 ?
  포도 항목을 리스트 ▾ 에 추가하기 ?

② **복숭아** 을(를) 리스트 ▾ 의 1 번째에 넣기 ?
  수박 을(를) 리스트 ▾ 의 1 번째에 넣기 ?
  포도 을(를) 리스트 ▾ 의 1 번째에 넣기 ?

③ **수박** 항목을 리스트 ▾ 에 추가하기 ?
  포도 항목을 리스트 ▾ 에 추가하기 ?
  복숭아 을(를) 리스트 ▾ 의 1 번째에 넣기 ?

④ **사과** 항목을 리스트 ▾ 에 추가하기 ?
  수박 항목을 리스트 ▾ 에 추가하기 ?
  포도 항목을 리스트 ▾ 에 추가하기 ?
  리스트 ▾ 의 1 번째 항목을 **복숭아** (으)로 바꾸기 ?

⑤ **복숭아** 항목을 리스트 ▾ 에 추가하기 ?
  수박 항목을 리스트 ▾ 에 추가하기 ?
  사과 항목을 리스트 ▾ 에 추가하기 ?
  포도 항목을 리스트 ▾ 에 추가하기 ?
  3 번째 항목을 리스트 ▾ 에서 삭제하기 ?

08 퀴즈 프로그램을 만들기 위해 문제는 문제 리스트에, 답은 답 리스트에 저장했다. 빈칸에 들어갈 가장 적절한 코드는? (단, 문제 번호의 초깃값은 1이다.)

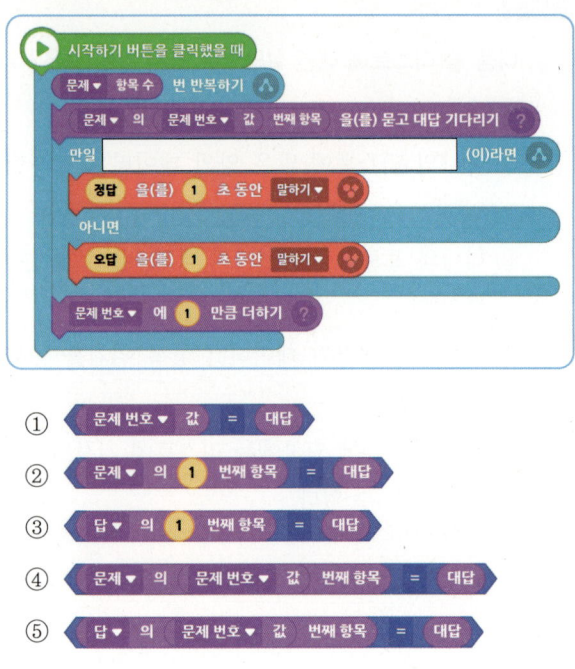

① 문제 번호 ▾ 값 = 대답

② 문제 ▾ 의 1 번째 항목 = 대답

③ 답 ▾ 의 1 번째 항목 = 대답

④ 문제 ▾ 의 문제 번호 ▾ 값 번째 항목 = 대답

⑤ 답 ▾ 의 문제 번호 ▾ 값 번째 항목 = 대답

09 리스트를 활용한 예시로 가장 적절하지 않은 것은?

① 비상 연락망을 만들 때, 연락처를 리스트에 저장했다.
② 장바구니 기능을 만들 때, 품목들을 리스트에 저장했다.
③ 퀴즈 프로그램을 만들 때, 문제와 답을 리스트에 저장했다.
④ 점심 메뉴 추천 프로그램을 만들 때, 추천 메뉴들을 리스트에 저장했다.
⑤ 은행에서 대기표를 뽑고 나의 대기 번호를 저장하는 기능을 만들 때, 뽑은 번호를 리스트에 저장했다.

10 리스트를 사용할 상황으로 가장 적절한 것은?

① 오늘의 요일을 저장할 때
② 현재 게임 점수를 저장할 때
③ 캐릭터 이름 하나를 저장할 때
④ 숫자 하나를 입력받아 저장할 때
⑤ 여러 명의 학생 점수를 모두 저장할 때

11 다음 코드를 실행했을 때, 출력 결과는? (초기 리스트에는 데이터가 저장되어 있지 않고, 점수의 초깃값은 0이다.)

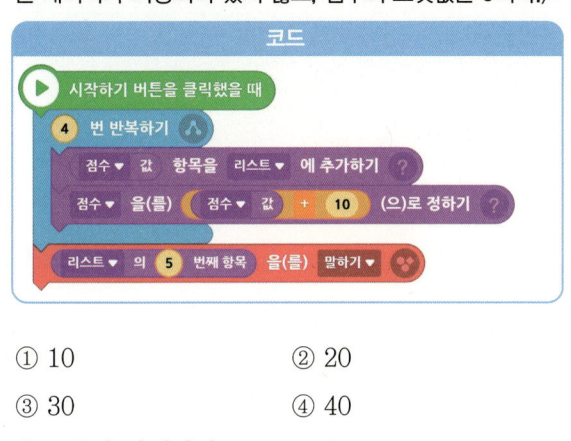

① 10　　　　　② 20

③ 30　　　　　④ 40

⑤ 오류가 발생한다.

〔단답형〕

12 데이터가 저장되어 있지 않은 준비물 리스트가 있을 때, 코드를 실행한 결과 준비물 리스트의 항목 개수는?

```
코드
시작하기 버튼을 클릭했을 때
  연필 항목을 준비물▼ 에 추가하기 ?
  공책 항목을 준비물▼ 에 추가하기 ?
  교과서 을(를) 준비물▼ 의 2 번째에 넣기 ?
  핸드폰 항목을 준비물▼ 에 추가하기 ?
  준비물▼ 의 1 번째 항목을 펜 (으)로 바꾸기 ?
  4 번째 항목을 준비물▼ 에서 삭제하기 ?
```

13 데이터가 저장되어 있지 않은 음식 리스트가 있을 때, 코드를 실행한 결과로 리스트에 저장되는 값을 순서대로 적으시오.

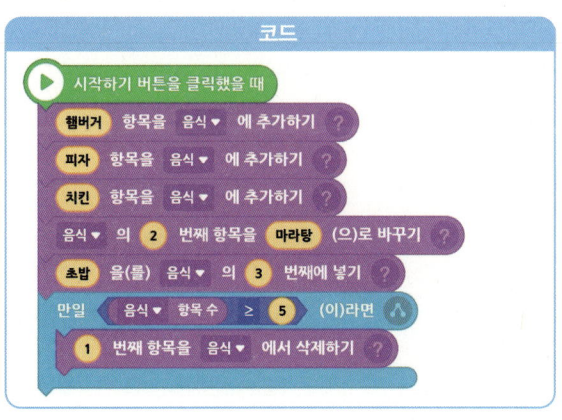

14 다음과 같이 영어 단어와 뜻 리스트가 있을 때, 코드를 실행한 결과로 "정답"을 출력하게 하려면 입력해야 할 대답은?

리스트	
영어 단어	뜻
1 alter	1 바꾸다
2 break	2 부수다
3 core	3 핵심
4 defense	4 방어
5 flame	5 불꽃

```
코드
시작하기 버튼을 클릭했을 때
  영어 단어▼ 의 4 번째 항목 과(와) 의 뜻은? 을(를) 합친 값 을(를) 묻고 대답 기다리기
  만일 뜻▼ 의 4 번째 항목 = 대답 (이)라면
    정답 을(를) 말하기▼
  아니면
    땡 을(를) 말하기▼
```

〔서술형〕

15 리스트의 개념을 서술하시오.

_____

_____

16 변수와 리스트의 차이점에 대해 설명하시오.

_____

_____

17 데이터가 저장되어 있지 않은 출석부 리스트가 있을 때, 다음 코드를 실행했더니 오류가 발생했다. 오류가 발생한 이유를 서술하시오.

```
코드
시작하기 버튼을 클릭했을 때
  번호▼ 을(를) 1 (으)로 정하기 ?
  10 번 반복하기
    번호▼ 값 과(와) 번 을(를) 합친 값 항목을 출석부▼ 에 추가하기 ?
    번호▼ 에 1 만큼 더하기 ?
  18 번째 항목을 출석부▼ 에서 삭제하기 ?
```

_____

_____

06 논리 연산과 중첩 제어 구조

학습 목표
· 논리 연산을 활용해 문제 해결 프로그램을 작성할 수 있다.
· 중첩 제어 구조를 활용해 문제 해결 프로그램을 작성할 수 있다.

연산
값을 처리하여 새로운 값을 생성하거나 조건을 판단하는 작업

연산자
데이터를 조작하여 특정 계산이나 논리 작업을 수행하는 기호

연산 종류
산술 연산, 비교 연산, 논리 연산 등

1 논리 연산

(1) 논리 연산의 개념
여러 조건을 확인해 참인지 거짓인지를 판단하는 연산

(2) 논리 연산 종류: 그리고(AND), 또는(OR), 아니다(NOT) 등

❶ 그리고(AND): 주어진 조건을 모두 만족하면 참, 하나라도 만족하지 않으면 거짓으로 판단하는 논리 연산

조건1	조건2	결과
참	참	참
참	거짓	거짓
거짓	참	거짓
거짓	거짓	거짓

❷ 또는(OR): 주어진 조건 중 하나라도 만족하면 참으로 판단하는 논리 연산

조건1	조건2	결과
참	참	참
참	거짓	참
거짓	참	참
거짓	거짓	거짓

❸ 아니다(NOT): 조건의 결과를 반전시키는 논리 연산

조건1	결과
참	거짓
거짓	참

(3) 논리 연산의 활용

❶ 그리고 **활용 예시** 운영 상태 출력하기

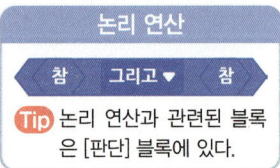

Tip 논리 연산과 관련된 블록은 [판단] 블록에 있다.

입력(시간)	결과
3	운영 종료
9	운영 중
16	운영 중
23	운영 종료

❷ 또는 **활용 예시** 주말, 평일 출력하기

입력(요일)	결과
월	평일
화	평일
토	주말
일	주말

❸ 아니다 활용 예시 운영 여부 출력하기

입력(요일)	결과
월	휴무일
화	운영
토	운영

제어 구조

주어진 조건에 따라 프로그램의 수행 순서를 제어하는 구조

제어 구조의 종류

순차 구조, 선택 구조, 반복 구조
❶ 순차 구조: 앞에서부터 차례대로 실행하는 구조
❷ 선택 구조: 주어진 조건에 따라 프로그램의 처리 내용이 달라지는 구조
❸ 반복 구조: 주어진 조건을 만족하는 동안 특정 명령을 반복하여 실행하는 구조

2 중첩 제어 구조

1. 중첩 제어 구조의 개념

제어 구조 안에 또 다른 제어 구조가 들어간 구조

2. 중첩 제어 구조의 활용

(1) 선택 – 선택 중첩 제어 구조: 선택 구조 안에 선택 구조가 들어간 구조

활용 예시 점수가 90점 이상이면 A, 90점 미만 80점 이상이면 B, 80점 미만이면 C 출력하기

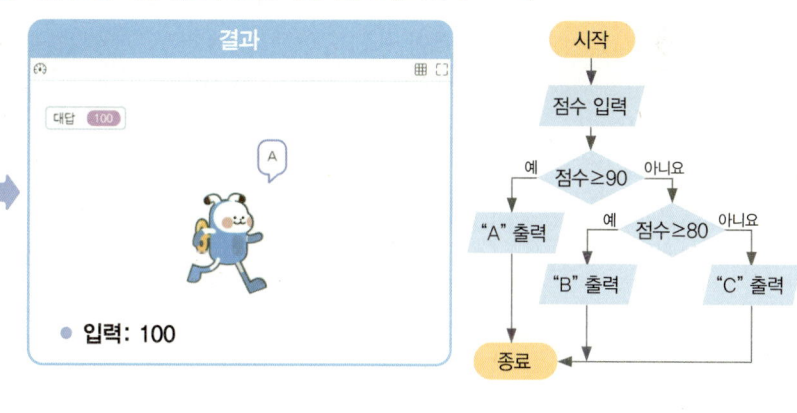

(2) 반복 – 선택 중첩 제어 구조: 반복 구조 안에 선택 구조가 들어가 있거나, 선택 구조 안에 반복 구조가 들어간 구조

활용 예시 짝수, 홀수 출력하기

(3) 반복 – 반복 중첩 제어 구조: 반복 구조 안에 반복 구조가 들어간 구조

활용 예시 일정 간격으로 사각형을 그리며 이동하기

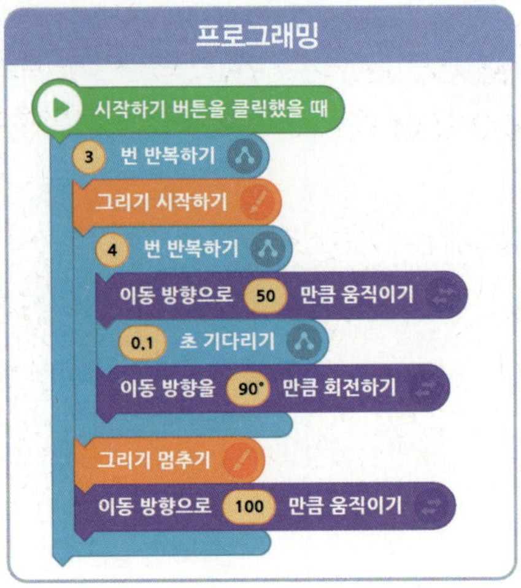

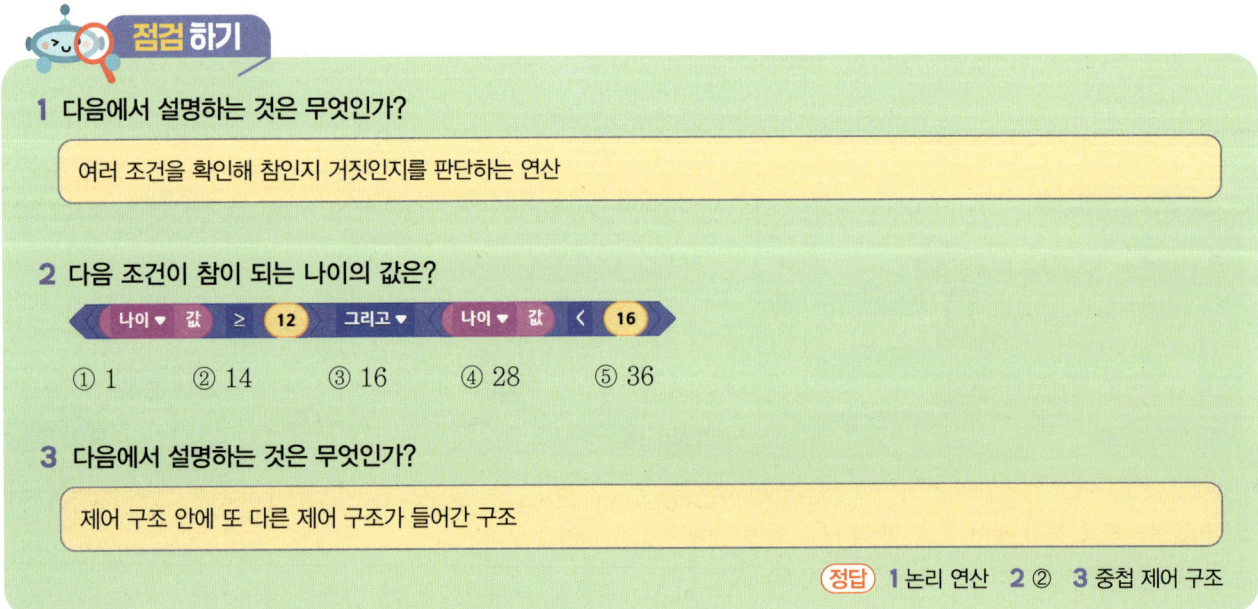

프로그래밍

- 시작하기 버튼을 클릭했을 때
- 3 번 반복하기
- 그리기 시작하기
- 4 번 반복하기
- 이동 방향으로 50 만큼 움직이기
- 0.1 초 기다리기
- 이동 방향을 90° 만큼 회전하기
- 그리기 멈추기
- 이동 방향으로 100 만큼 움직이기

결과

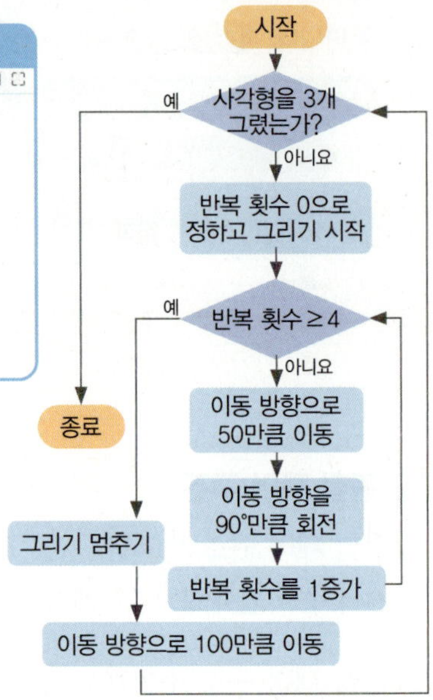

X:-175.1, Y:-130.0

순서도

시작

사각형을 3개 그렸는가? → 예 → 종료

아니요

반복 횟수 0으로 정하고 그리기 시작

반복 횟수 ≥ 4 → 예 → 그리기 멈추기

아니요

이동 방향으로 50만큼 이동

이동 방향을 90°만큼 회전

반복 횟수를 1증가

이동 방향으로 100만큼 이동

더 알아보기

● **제어 구조**: 주어진 조건에 따라 프로그램의 수행 순서를 제어하는 구조

순차 구조	선택 구조	반복 구조
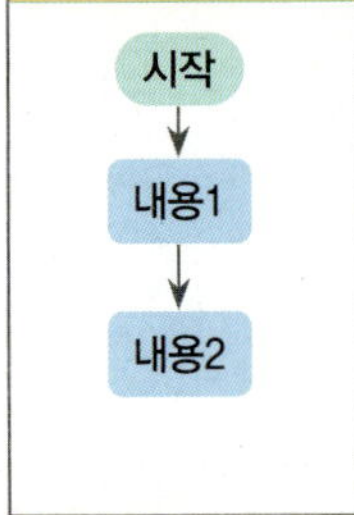 시작 ↓ 내용1 ↓ 내용2	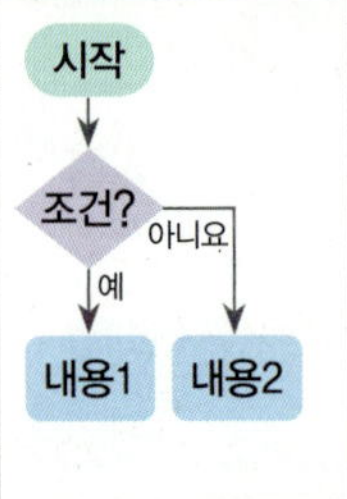 시작 ↓ 조건? → 아니요 예 ↓ ↓ 내용1 내용2	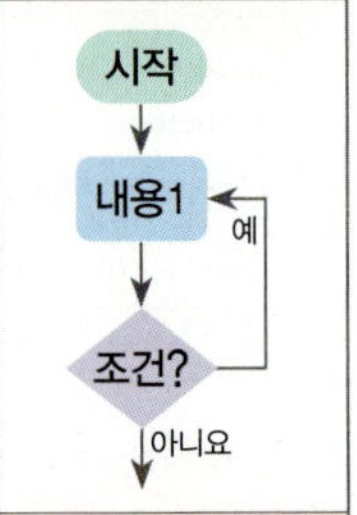 시작 ↓ 내용1 ← 예 ↓ 조건? ↓ 아니요
내용1, 내용2 순으로 순차적으로 실행한다.	조건이 참이면 내용1을, 조건이 거짓이면 내용2를 실행한다.	조건을 만족하는 동안 내용1을 반복하여 실행한다.

점검 하기

1 다음에서 설명하는 것은 무엇인가?

> 여러 조건을 확인해 참인지 거짓인지를 판단하는 연산

2 다음 조건이 참이 되는 나이의 값은?

> 나이 ▼ 값 ≥ 12 그리고 ▼ 나이 ▼ 값 < 16

① 1 ② 14 ③ 16 ④ 28 ⑤ 36

3 다음에서 설명하는 것은 무엇인가?

> 제어 구조 안에 또 다른 제어 구조가 들어간 구조

정답 **1** 논리 연산 **2** ② **3** 중첩 제어 구조

개념 확인 문제

01 다음 조건이 거짓이 되는 경우는?

① 요일 = 수, 주문 방법 = 배달

② 요일 = 화, 주문 방법 = 배달

③ 요일 = 화, 주문 방법 = 방문 포장

④ 요일 = 수, 주문 방법 = 방문 포장

⑤ 요일 = 월, 주문 방법 = 방문 포장

02 다음 조건이 거짓이 되는 결과 변수의 값은?

① −10   ② −5

③ 0   ④ 5

⑤ 10

03 중첩 제어 구조가 <u>아닌</u> 것은?

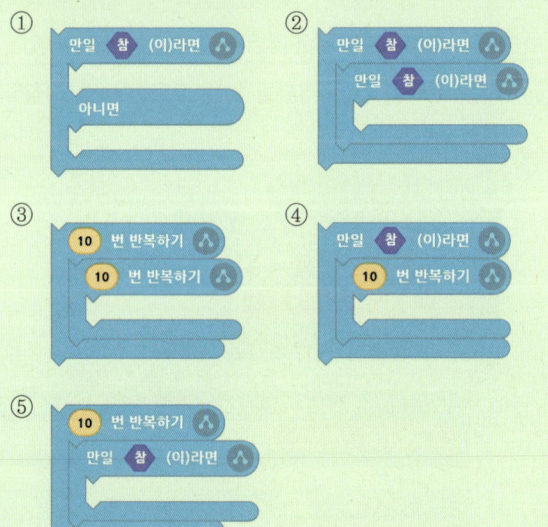

04 점수에 80을 저장하고 다음 코드를 실행했을 때, 상금에 저장된 값은? (단, 상금의 초깃값은 0이다.)

① 0   ② 6   ③ 7

④ 13   ⑤ 80

05 2의 배수이면서 3의 배수일 때 참으로 판단하는 프로그램을 만들고자 한다. 다음 빈칸에 들어갈 논리 연산은?

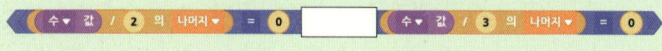

_____

06 다음 코드를 실행했을 때, 변수 결괏값은? (단, 수와 결과의 초깃값은 0이다.)

_____

정답 및 해설

정답

01 ① 02 ③ 03 ① 04 ④ 05 그리고 06 25

해설

01 '요일이 화'이거나 '주문 방법이 방문 포장'일 때 참이 되기 때문에, 두 조건을 모두 만족하지 않은 ①은 거짓이다.

02 결과가 0이 아니면 참, 0이면 거짓이 된다.

03 중첩 제어 구조는 제어 구조가 중첩된 구조이다. ①은 선택 구조로 중첩 제어 구조가 아니다. ②는 선택−선택, ③은 반복−반복, ④는 선택−반복, ⑤는 반복−선택 구조가 중첩된 중첩 제어 구조이다.

04 점수는 60 이상이기 때문에 상금에 6을 더한다. 점수가 70 이상이기 때문에 7을 더한다. 상금에 저장된 값은 6+7=13이다.

05 '2의 배수', '3의 배수' 두 조건을 모두 만족해야 참이기 때문에, '그리고'를 사용해야 한다.

06 수를 1씩 증가하면서 수가 홀수일 때만 결과에 수를 더하는 코드이다. 따라서 결과에 저장된 값은 1+3+5+7+9=25이다.

01 논리 연산자 '그리고(AND)'에 대한 설명으로 옳은 것은?

① 항상 참이다.
② 조건이 모두 참일 때 참이다.
③ 조건의 결과를 반대로 바꾼다.
④ 조건 중 하나라도 참이면 참이다.
⑤ 두 조건의 결과가 서로 다를 때 참이다.

02 논리 연산자 '또는(OR)'에 대한 설명으로 옳은 것은?

① 반복문에서만 사용 가능하다.
② 조건이 모두 거짓일 때 참이다.
③ 조건 중 하나라도 참이면 참이다.
④ 숫자를 비교할 때만 사용 가능하다.
⑤ 두 조건의 결과가 서로 같을 때 참이다.

03 다음 조건이 참이 되는 경우는?

`요일 값 = 화 그리고 주문 방법 값 = 방문 포장`

① 요일 = 수, 주문 방법 = 배달
② 요일 = 화, 주문 방법 = 배달
③ 요일 = 화, 주문 방법 = 방문 포장
④ 요일 = 수, 주문 방법 = 방문 포장
⑤ 요일 = 월, 주문 방법 = 방문 포장

04 생명과 시간 값을 입력했을 때, 동일한 결과가 <u>아닌</u> 것은?

`생명 값 ≤ 0 또는 시간 값 < 0`

① 생명 = 1, 시간 = 0
② 생명 = 0, 시간 = 0
③ 생명 = 0, 시간 = 1
④ 생명 = 1, 시간 = −1
⑤ 생명 = 0, 시간 = −1

05 다음 조건이 거짓이 되는 경우는?

`생명 값 ≤ 0 그리고 시간 값 ≤ 0 (이)가 아니다`

① 생명 = 0, 시간 = 0
② 생명 = 0, 시간 = 1
③ 생명 = 0, 시간 = 2
④ 생명 = 1, 시간 = 0
⑤ 생명 = 2, 시간 = 0

06 중첩 제어 구조에 대한 설명으로 옳은 것은?

① 제어 구조를 하나만 사용할 수 있다.
② 선택 구조와 반복 구조를 함께 사용할 수 없다.
③ 제어 구조 안에 또 다른 제어 구조를 넣어 사용한다.
④ 프로그램에서 중첩 제어 구조는 1개만 사용해야 한다.
⑤ 선택 구조와 반복 구조를 3개 이상 중첩해서 사용할 수 없다.

07 다음 코드와 같은 역할을 하는 코드는? (단, 시작하기 블록은 생략한다.)

① `만일 키 값 ≤ 190 또는 키 값 ≥ 140 (이)라면 / 통과 을(를) 말하기`
② `만일 키 값 ≥ 190 또는 키 값 ≤ 140 (이)라면 / 통과 을(를) 말하기`
③ `만일 키 값 ≤ 190 또는 키 값 ≤ 140 (이)라면 / 통과 을(를) 말하기`
④ `만일 키 값 ≤ 190 그리고 키 값 ≤ 140 (이)라면 / 통과 을(를) 말하기`
⑤ `만일 키 값 ≤ 190 그리고 키 값 ≥ 140 (이)라면 / 통과 을(를) 말하기`

08 다음 코드를 실행했을 때, 몇 초 후에 "끝"을 출력하는가? (단, 시간의 초깃값은 4이다.)

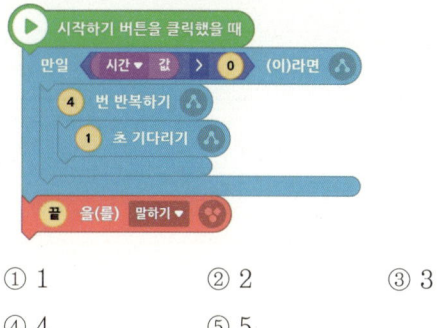

① 1 　　　　② 2 　　　　③ 3
④ 4 　　　　⑤ 5

09 다음 코드를 실행했을 때, 결과에 저장된 값은? (단, 결과의 초깃값은 0, 수의 초깃값은 1이다.)

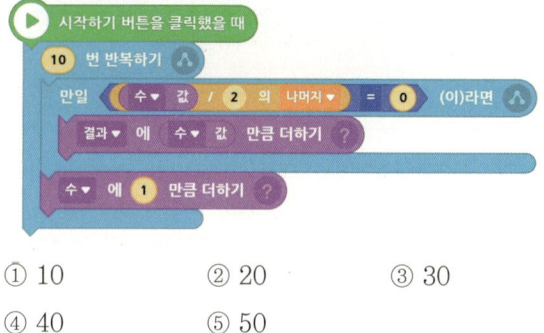

① 10 　　　　② 20 　　　　③ 30
④ 40 　　　　⑤ 50

10 다음 코드를 실행했을 때, 리스트에 저장된 항목을 〈보기〉에서 있는 대로 고른 것은? (단, 코드 실행 전, 리스트는 비어 있다.)

> 시작하기 버튼을 클릭했을 때
> 단▼ 을(를) 2 (으)로 정하기 ?
> 5 번 반복하기 △
> 　수▼ 을(를) 1 (으)로 정하기 ?
> 　9 번 반복하기 △
> 　　(단▼ 값 x 수▼ 값) 항목을 리스트▼ 에 추가하기 ?
> 　　수▼ 에 1 만큼 더하기 ?
> 　단▼ 에 1 만큼 더하기 ?

보기
ㄱ. 1 　 ㄴ. 2 　 ㄷ. 10 　 ㄹ. 11 　 ㅁ. 20

① ㄱ, ㄴ　　　　② ㄱ, ㄷ
③ ㄱ, ㄷ, ㄹ　　④ ㄴ, ㄹ, ㅁ
⑤ ㄴ, ㄷ, ㅁ

11 중첩 제어 구조를 사용하는 상황으로 가장 적절한 것은?

① 비가 오면 "우산 필요"를 출력할 때
② 버튼을 클릭하면 불빛이 켜지도록 할 때
③ 점수가 60점 이상이면 "합격"을 출력할 때
④ 온도가 30도 이상이면 에어컨을 작동시킬 때
⑤ 평일이고 방학이 아닐 경우 "등교"를 출력할 때

단답형

12 다음 프로그램을 실행했을 때, 입장료가 2,500원인 나이의 범위는?

> 만일 〈 나이▼ 값 < 8 또는 나이▼ 값 ≥ 62 〉 (이)라면 △
> 　입장료▼ 을(를) 1000 (으)로 정하기 ?
> 아니면
> 　입장료▼ 을(를) 2500 (으)로 정하기 ?

_____

13 시간 변수에 15를 저장하고 코드를 실행했을 때, 출력되는 결과는?

> 시작하기 버튼을 클릭했을 때
> 만일 시간▼ 값 ≥ 8 (이)라면 △
> 　만일 시간▼ 값 ≤ 19 (이)라면 △
> 　　운영 중 을(를) 말하기 ▼
> 　아니면
> 　　운영 종료 을(를) 말하기 ▼

_____

14 다음 코드를 실행했을 때, "안녕!"을 출력하는 코드가 호출된 횟수는?

> 시작하기 버튼을 클릭했을 때
> 5 번 반복하기 △
> 　10 번 반복하기 △
> 　　안녕! 을(를) 말하기 ▼

15 다음 코드를 실행했을 때, 결과에 저장된 값은? (단, 결과와 수의 초깃값은 0이다.)

```
▶ 시작하기 버튼을 클릭했을 때
  10 번 반복하기
    만일  수▼ 값 / 3 의 나머지▼ = 0  (이)라면
      결과▼ 에 수▼ 값 만큼 더하기 ?
    수▼ 에 1 만큼 더하기 ?
```

_____

서술형

16 논리 연산의 개념을 서술하시오.

_____

_____

_____

_____

17 중첩 제어 구조에 대해 설명하시오.

_____

_____

_____

_____

18 '그리고' 논리 연산의 결과가 언제 참이 되는지 서술하시오.

_____

_____

_____

_____

19 논리 연산자 '아니다'의 역할을 서술하시오.

_____

_____

_____

_____

20 윤년 및 평년을 구하는 프로그램이다. 다음 조건을 참고하여 빈칸에 들어갈 코드를 적으시오.

```
▶ 시작하기 버튼을 클릭했을 때
  만일 [              ] (이)라면
    윤년 을(를) 말하기▼
  아니면
    평년 을(를) 말하기▼
```

조건
• 4의 배수이면서 100의 배수가 아니면 윤년이다. • 400의 배수이면 윤년이다. • 위 규칙에 해당하지 않는 나머지는 모두 평년이다.

_____

_____

_____

_____

07 함수와 디버깅

학습 목표
• 함수의 개념과 필요성을 설명하고, 함수를 활용해 프로그램을 작성할 수 있다.
• 프로그램의 수행 결과를 디버거로 분석해 오류를 수정할 수 있다.

모듈
프로그램을 구성하는 시스템을 기능 단위로 독립적으로 분석한 것

모듈화
기능적 분리를 통해 프로그램 유지·보수와 코드 재사용성을 높여 설계하는 기법

유지·보수
프로그램이 정상적으로 동작하도록 유지하고, 필요에 따라 수정하고 개선하는 과정

1 함수

1. 함수의 개념
특정 기능을 수행하기 위해 필요한 명령어들을 묶어 놓고 이름을 붙인 것

2. 함수의 활용
(1) 함수 정의(함수 선언): 함수를 만드는 것

(2) 함수 호출: 함수를 호출하면 함수의 기능이 실행됨

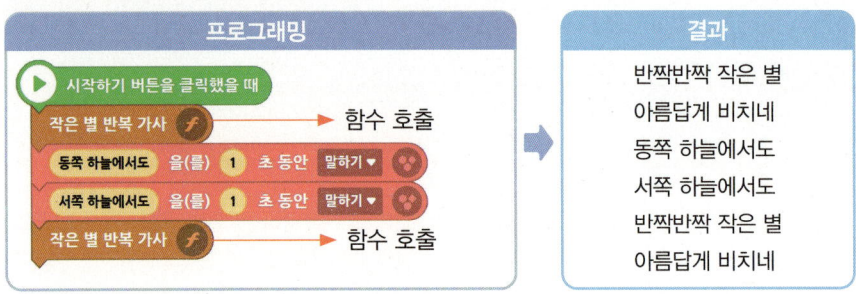

더 알아보기 매개변수를 활용한 함수

• 매개변수(parameter): 함수 호출 시, 전달받은 값을 함수 내부에서 사용할 수 있게 해 주는 변수
• 인자(argument): 함수 호출 시, 함수에 전달되는 값

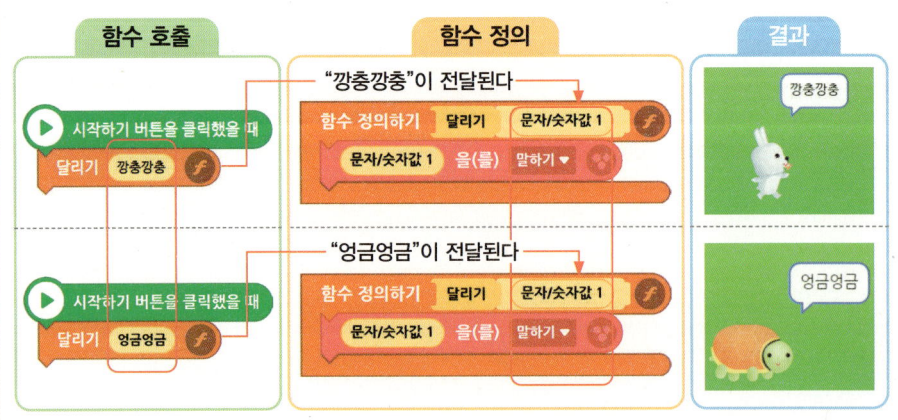

② 디버깅

1. 디버깅의 개념
컴퓨터 프로그램의 오류를 찾아내고 수정하는 과정

2. 디버거의 활용
(1) 오류 메시지: 프로그램이 정상적으로 진행되지 않으면 오류 위치를 보여 주고 오류 메시지를 출력한다.
(2) 속도 조절로 오류 찾기: 엔트리에서는 프로그램 진행 속도를 느리게 조절하여, 값이나 동작 변화를 확인하며 오류 위치를 찾아낼 수 있다.
(3) 값 확인하면서 오류 찾기: 변수나 리스트를 활용하여 값의 변화를 확인하고 디버깅할 수 있다.

디버거
디버깅을 돕는 도구. 디버거는 주로 원하는 코드에 중단점을 지정하여 프로그램 실행을 정지하고, 메모리에 저장된 값을 살펴보며 실행을 재개하거나 코드를 단계적으로 실행하는 등의 동작을 함

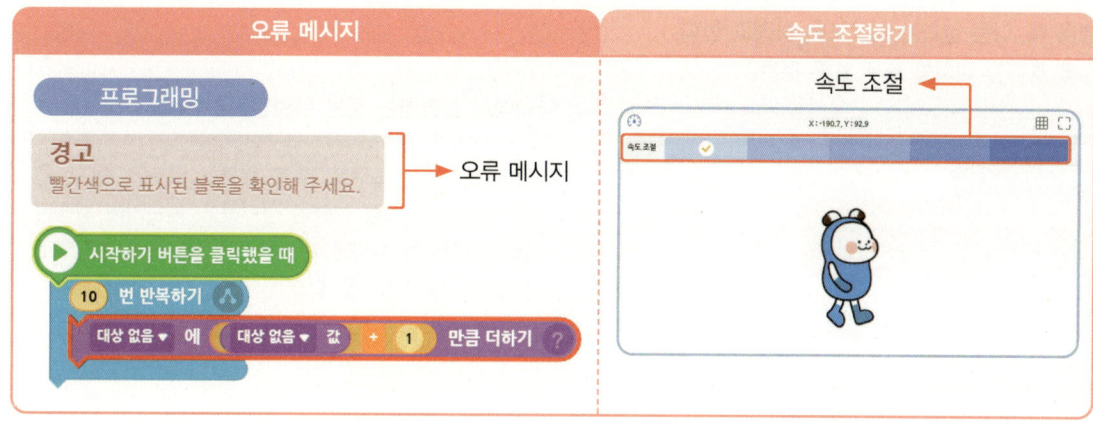

점검 하기

1 다음에서 설명하는 것은 무엇인가?

특정 기능을 수행하기 위해 필요한 명령어들을 묶어 놓고 이름을 붙인 것

2 다음에서 설명하는 것은 무엇인가?

컴퓨터 프로그램의 오류를 찾아내고 수정하는 과정

정답 **1** 함수 **2** 디버깅

개념 확인 문제

01 다음 중 함수의 특징으로 가장 적절한 것은?

① 반복문 안에서는 함수를 호출할 수 없다.

② 여러 명령을 하나로 묶어 사용할 수 있다.

③ 프로그램에서 함수는 1개만 정의할 수 있다.

④ 함수를 정의할 때 조건문을 사용할 수 없다.

⑤ 함수를 정의할 때, 다른 함수를 호출할 수 없다.

02 코드를 실행했을 때, 다음 결과가 나오도록 하려고 한다. 코드에서 함수를 호출할 위치를 모두 고른 것은?

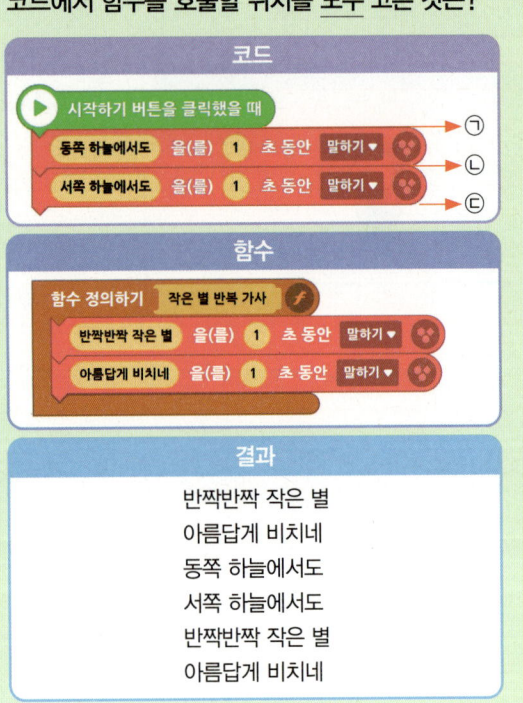

① ㄱ

② ㄴ

③ ㄷ

④ ㄱ, ㄴ

⑤ ㄱ, ㄷ

03 다음 코드를 실행했을 때, 변수 숫자의 최종값으로 옳은 것은?

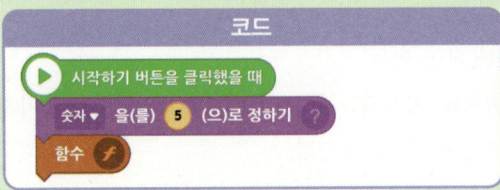

① 5

② 10

③ 15

④ 20

⑤ 25

04 다음에서 설명하는 것은 무엇인가?

> 디버깅을 돕는 도구로, 주로 원하는 코드에 중단점을 지정하여 프로그램 실행을 정지하고, 메모리에 저장된 값을 살펴보며 실행을 재개하거나 코드를 단계적으로 실행하는 등의 동작을 함

정답 및 해설

정답

01 ② 　02 ⑤ 　03 ② 　04 디버거

해설

01 프로그램에서 함수는 여러 개 있을 수 있으며, 함수를 정의할 때, 함수를 호출할 수 있다. 함수를 정의하거나 사용할 때, 반복문이나 조건문과 함께 사용할 수 있다.

02 해당 함수는 "반짝반짝 작은 별 아름답게 비치네" 가사를 출력하는 함수로, "동쪽 하늘에서도 서쪽 하늘에서도"의 앞뒤에 출력되어야 하기 때문에 함수를 호출할 위치는 ㄱ, ㄷ이다.

03 문제에서 정의한 함수는 숫자를 2배 증가하는 함수이다. 숫자를 5로 정한 후, 함수를 호출하였기 때문에 숫자는 5×2 = 10이 된다.

04 디버거는 프로그램을 테스트하고 디버깅하는 데 사용하는 도구다. 프로그램이 정상적으로 진행되지 않으면 디버거는 코드에서 오류 위치를 보여준다.

시험 대비 문제

선택형

01 다음 중 디버깅에 대한 설명으로 옳은 것은?

① 오류를 찾아 수정하는 과정이다.
② 프로그램을 새로 만드는 과정이다.
③ 특정 기능을 하나로 묶는 과정이다.
④ 프로그램의 실행 속도를 높이는 과정이다.
⑤ 여러 가지 조건을 확인해 참, 거짓을 판단하는 과정이다.

02 다음 중 디버깅 방법으로 적절하지 <u>않은</u> 것은?

① 오류 메시지를 확인한다.
② 프로그램 종료 후 다시 실행한다.
③ 변수나 리스트를 활용하여 값의 변화를 확인한다.
④ 오류가 발생한 부분을 중심으로 코드를 점검한다.
⑤ 실행 속도를 느리게 조절하여 값이나 동작 변화를 확인한다.

03 오류 메시지가 나오는 상황은?

① 무한 반복에 빠졌을 때
② 실행은 되지만 예상한 결과와 달랐을 때
③ 변수를 선언하고 사용하지 않았을 때
④ 함수를 호출했는데, 정의한 함수 내용이 비어있을 때
⑤ 리스트에 저장된 항목의 개수보다 큰 번호의 항목을 불러오려고 했을 때

04 함수를 만드는 것을 무엇이라고 하는가?

① 함수 실행
② 함수 정의
③ 함수 종료
④ 함수 할당
⑤ 함수 호출

05 함수의 역할로 가장 적절한 것은?

① 오류를 찾아 수정
② 프로그램을 자동으로 실행
③ 프로그램의 진행 순서 제어
④ 자주 사용하는 코드 중복 제거
⑤ 다양한 조건을 확인하고 참, 거짓 판단

06 다음 중 함수에 대한 설명으로 옳지 <u>않은</u> 것은?

① 함수는 코드의 중복을 줄여 준다.
② 함수는 필요할 때 호출하여 실행한다.
③ 함수는 정의만 하면 자동으로 실행된다.
④ 함수는 여러 명령을 하나로 묶어 만든다.
⑤ 함수를 정의할 때 조건문을 사용할 수 있다.

07 코드를 실행했을 때, 결과의 내용이 나오도록 하려고 한다. 〈보기〉에서 함수의 호출 위치를 모두 고른 것은?

결과

동해물과 백두산이 마르고 닳도록
무궁화 삼천리 화려강산
대한 사람, 대한으로 길이 보전하세
남산 위에 저 소나무, 철갑을 두른 듯
무궁화 삼천리 화려강산
대한 사람, 대한으로 길이 보전하세

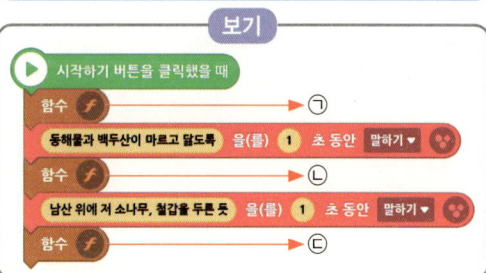

① ㄱ　　　　② ㄴ　　　　③ ㄷ
④ ㄴ, ㄷ　　　⑤ ㄱ, ㄴ, ㄷ

08 다음 코드를 실행했을 때, 숫자1, 숫자2에 저장된 값으로 옳은 것은?

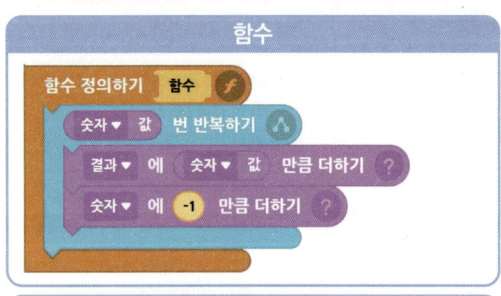

① 숫자1 = 0, 숫자2 = 0

② 숫자1 = 5, 숫자2 = 1

③ 숫자1 = 5, 숫자2 = 5

④ 숫자1 = 1, 숫자2 = 1

⑤ 숫자1 = 1, 숫자2 = 5

09 다음 코드를 실행했을 때, 숫자에 저장된 값은? (단, 변수 결과의 초깃값은 0이다.)

① 0 　　　　② 5

③ 10 　　　　④ 15

⑤ 20

10 다음 코드를 실행했을 때, 숫자에 저장된 값은?

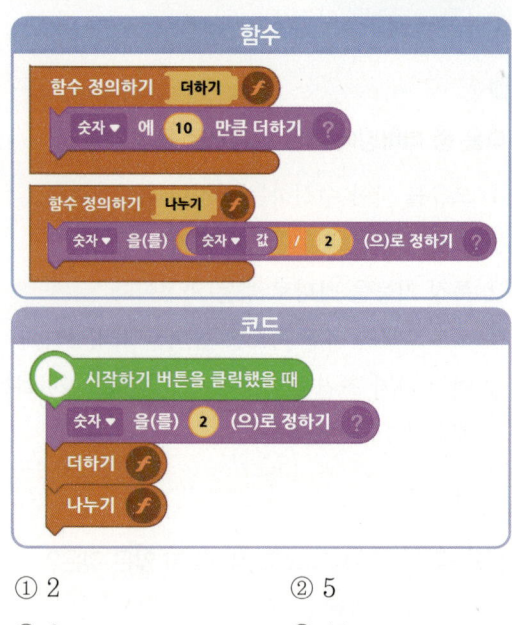

① 2 　　　　　　② 5

③ 6 　　　　　　④ 11

⑤ 12

11 다음 코드를 실행했을 때, 출력되는 결과로 옳은 것은?

① 안녕! 나는 정보야.

② 안녕, 만나서 반가워.

③ 안녕, 만나서 반가워. 안녕! 나는 정보야.

④ 안녕! 나는 정보야. 안녕, 만나서 반가워.

⑤ 안녕, 안녕! 만나서 반가워. 나는 정보야.

12 다음 코드를 실행했을 때, 숫자에 저장된 값은?

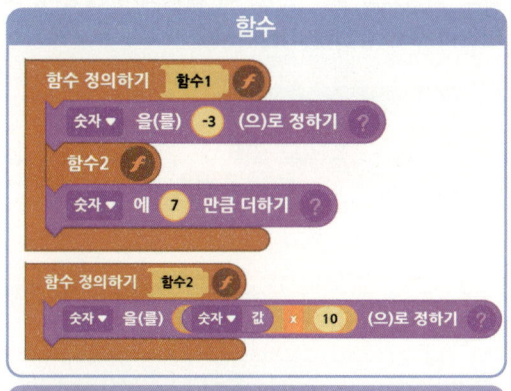

① −23   ② −3   ③ 40

④ 67   ⑤ 70

13 다음 코드에 대한 설명으로 옳지 <u>않은</u> 것은?

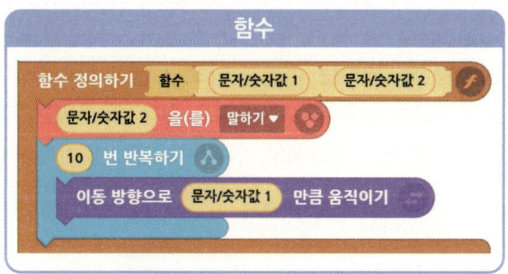

① 오브젝트1은 '엉금엉금'을 출력한다.

② 오브젝트2는 '깡충깡충'을 출력한다.

③ 오브젝트1은 이동 방향으로 10만큼 10번 움직인다.

④ 오브젝트2는 이동 방향으로 20만큼 10번 움직인다.

⑤ 두 오브젝트가 코드 실행 전 동일한 위치에 있었다면 코드 실행 후 위치도 같다.

단답형

14 함수를 실행하기 위해 함수의 이름을 부르는 것을 무엇이라고 하는가?

_____

15 다음 코드를 실행했을 때, 결과에 저장된 값은?

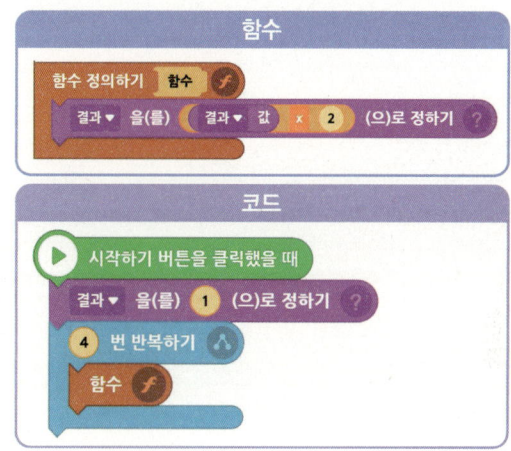

_____

16 디버깅이 필요한 상황을 〈보기〉에서 모두 고르시오.

> **보기**
>
> ㄱ. 실행 결과가 예상과 다르다.
> ㄴ. 프로그램이 실행 도중 멈췄다.
> ㄷ. 오류 메시지가 출력되었다.
> ㄹ. 프로그램이 오류 없이 정상적으로 실행되었다.

_____

서술형

17 함수의 필요성에 대해 서술하시오.

_____

_____

_____

_____

18 다음과 같이 장미꽃을 그리는 프로그램을 작성하려고 한다. 이 때, 함수로 만들면 좋을 것 같은 기능과 그 이유를 서술하시오.

결과

_____

_____

_____

_____

19 다음 코드를 실행했을 때, 결괏값이 화면에 출력되지 않았다. 결괏값이 출력되지 않는 오류의 원인을 서술하시오.

> 시작하기 버튼을 클릭했을 때
> 계속 반복하기
> 　결과 ▼ 에 1 만큼 더하기
> 　결과 ▼ 값 을(를) 말하기 ▼

_____

_____

_____

_____

20 "안녕!"과 "만나서 반가워"를 출력하는 프로그램을 만들고 실행했을 때, "안녕!"이 출력되지 않았다. 오류의 원인과 수정 방안을 서술하시오.

> 시작하기 버튼을 클릭했을 때
> 안녕! 을(를) 말하기 ▼
> 만나서 반가워 을(를) 말하기 ▼

_____

_____

_____

_____

_____

21 다음은 점수가 90점 이상일 때 성공, 90점 미만이면 실패를 출력하는 프로그램이다. 실행하고 점수에 90을 입력했을 때, 원하는 결과가 나오지 않아 디버깅을 통해 프로그램을 바르게 수정하려고 한다. 오류있는 부분을 찾고 바르게 수정하시오.

> 시작하기 버튼을 클릭했을 때
> 만일 점수 ▼ 값 > 90 (이)라면
> 　성공 을(를) 말하기 ▼
> 아니면
> 　실패 을(를) 말하기 ▼

_____

_____

_____

_____

08 문제 해결 프로젝트

학습 목표
· 실생활의 문제를 탐색하여 발견하고, 프로그래밍을 통해 해결할 수 있다.
· 다양한 학문 분야의 문제 해결을 위해 협력하여 소프트웨어를 개발할 수 있다.

컴퓨팅 시스템을 이용한 문제
해결 과정
· 추상화
· 알고리즘 설계
· 프로그래밍

1 문제 해결 프로그래밍

1. 컴퓨팅 시스템을 이용한 문제 해결 과정

(1) 추상화: 문제에 필요한 부분을 파악하고, 문제를 해결하기 쉬운 형태로 표현

(2) 알고리즘 설계: 다양한 문제 해결 방법 찾기를 통해 알고리즘 설계

(3) 프로그래밍: 프로그래밍을 통해 알고리즘을 컴퓨터가 수행 가능한 형태로 표현

2 실생활 문제 해결 프로젝트 사례

1. 프로젝트 – 칭찬 릴레이 단계 구하기

(1) 문제 상황: 칭찬받은 1명이 칭찬받지 못한 3명에게 칭찬하는 칭찬 릴레이를 하려고
한다. 452명의 학생이 칭찬을 한 번씩 받으려면 몇 단계를 거쳐야 할까?

(2) 추상화: 문제 상황과 상태를 분석하고, 핵심 요소를 추출해 문제를 명확하게 파악

핵심 요소	초기 상태	다음 상태	다음 상태	다음 상태	…	목표 상태
단계별 칭찬 인원	1	3	9	27	…	?
칭찬받은 전체 인원	0	3	12	39	…	452명 이상
단계	0	1	2	3	…	?

(3) 알고리즘 설계: 다양한 알고리즘을 설계해 비교·분석하고, 문제 해결에 적합한 알고리즘 선택

```
                    시작
                      ↓
              단계 = 0
              단계별 칭찬 인원 = 1
              칭찬받은 전체 인원 = 0
                      ↓
         ┌──────────────────────┐
         │   칭찬받은 전체        │  아니요
         │     인원<452          │──────→
         └──────────────────────┘
                  │ 예                    "단계" 출력
                  ↓                          ↓
         단계 = 단계 + 1                   종료
         단계별 칭찬 인원 = 단계별 칭찬 인원 × 3
         칭찬받은 전체 인원 = 칭찬받은 전체 인원 + 단계별 칭찬 인원
```

(4) 프로그래밍: 설계한 알고리즘을 바탕으로 프로그래밍

3 다양한 학문 분야의 문제 해결 프로젝트 사례

1. 프로젝트 – 고령화 사회 판단하기

(1) 문제 상황: 우리나라의 고령화 사회 시작 연도와 고령화 단계 구하기

(2) 추상화: 문제 상황과 상태를 분석하고, 핵심 요소를 추출해 문제를 명확하게 파악

1 초기 상태와 목표 상태 설정

초기 상태	목표 상태
우리나라가 언제부터 고령화 사회가 시작되었고, 현재 우리나라는 고령화 사회, 초고령 사회 중 어디에 속하는지 모름	우리나라가 언제부터 고령화 사회가 시작되었고, 현재 우리나라는 고령화 사회, 고령 사회, 초고령 사회 중 어디에 속하는지 앎

2 핵심 요소: 65세 이상 인구 구성비

(3) 알고리즘 설계

1 고령화 사회 시작 연도 구하기 알고리즘

> 1. 테이블의 행 번호(n) = 2
> 2. 만약 65세 이상 인구 구성비 n번째 항목 ≥ 7%이면
>   시작 연도 = n 저장
>   반복 중단하기
>   만약 65세 이상 인구 구성비 n번째 항목 〈 7%이면
>   n 값을 1 증가
> 3. n이 테이블의 행 개수보다 커질 때까지 2단계를 반복
> 4. 만약 시작 연도가 0이 아니면
>   테이블의 '시작 연도' 번째 행의 연도 값 출력

2 고령화 단계 구하기 알고리즘

> 1. 만약 65세 이상 인구 구성비 ≥ 20%이면
>   초고령 사회
> 2. 만약 14% ≤ 65세 이상 인구 구성비 그리고 65세 이상 인구 구성비 〈 20%이면
>   고령 사회
> 3. 만약 7% ≤ 65세 이상 인구 구성비 그리고 65세 이상 인구 구성비 〈 14%이면
>   고령화 사회

(4) 프로그래밍: 설계한 알고리즘을 바탕으로 프로그래밍

오브젝트
얼굴(남)

협력

공동의 목표를 달성하기 위해 각자의 역할을 맡아 서로 도움을 주고받으며 함께 문제를 해결하는 것

공유

프로젝트를 함께 사용하고 수정할 수 있도록 다른 사람들에게 공유하는 것

4 프로젝트 협력 개발 및 공유

프로그램 개발 시 협력이 필요하며, 공유하는 문화를 통해 더 좋은 프로그램이 개발된다.

1. 협력 및 공유의 가치

(1) 다양한 피드백과 의견을 받아, 프로그램을 개선하고 발전시켜 완성도를 높일 수 있다.

(2) 공유하는 문화를 통해 많은 사람과 지식과 기술을 나누고 더 좋은 프로그램을 개발할 수 있다.

2. 공유 시 주의할 점

(1) 디지털 윤리 지키기: 디지털 공간에서 옳고 그른 행동을 판단하고, 디지털 윤리를 실천해야 한다.

(2) 저작권 보호: 저작권 정책에 대한 동의를 바탕으로 작품을 공유한다. 저작권 정책에 대해 꼼꼼히 살펴보는 것도 중요하다.

(3) 개인 정보 보호: 자신의 개인 정보뿐만 아니라 다른 사람의 개인 정보도 소중하게 여기고 보호해야 한다.

 **점검하기**

1 다음에서 설명하는 것은 무엇인가?

> 문제 상황과 상태를 분석하고, 핵심 요소를 추출해 문제를 명확하게 파악하는 과정

2 다음에서 설명하는 것은 무엇인가?

> 알고리즘을 컴퓨터가 수행 가능한 형태로 표현하는 과정

3 다음에서 설명하는 것은 무엇인가?

> 공동의 목표를 달성하기 위해 각자의 역할을 맡아 서로 도움을 주고받으며 함께 문제를 해결하는 것

정답 **1** 추상화 **2** 프로그래밍 **3** 협력

01 다음 중 컴퓨팅 시스템을 이용하여 해결하기 어려운 문제는?

① 학생들의 성적 평균을 계산하는 문제
② 목적지까지 가장 빠른 길을 찾는 문제
③ 사람의 감정이나 가치 판단이 필요한 문제
④ 주어진 규칙에 따라 자동으로 문자를 정렬하는 문제
⑤ 날씨 데이터를 분석하여 기온 변화를 예측하는 문제

02 다음 중 프로젝트 협력에 대한 설명으로 가장 적절한 것은?

① 프로젝트 결과만 공유하는 것
② 서로 다른 목표를 해결하는 것
③ 한 사람이 모든 결정을 내리는 것
④ 각자 맡은 일을 서로 알지 못한 채 진행하는 것
⑤ 역할을 분담하고 소통하며 함께 문제를 해결하는 것

03 다음 중 프로젝트 공유의 의미로 가장 적절한 것은?

① 프로젝트를 완성한 뒤 보관하는 것
② 프로젝트를 오류 없이 완성하는 것
③ 프로젝트를 혼자서 끝까지 수행하는 것
④ 프로젝트를 개인별로 따로 저장하는 것
⑤ 프로젝트를 함께 사용하고 수정할 수 있도록 공개하는 것

04 다음 설명에 해당하는 컴퓨팅 시스템을 이용한 문제 해결 단계는?

> 키보드로 입력받은 값에 따라 로켓을 좌우로 움직이는 코드를 작성했다.

_____

정답 및 해설

정답

01 ③　　02 ⑤　　03 ⑤　　04 프로그래밍

해설

01 감정이나 가치 판단처럼 정답이 명확하지 않은 문제는 컴퓨팅 시스템을 이용하여 해결하기 어렵다.

02 협력은 공동의 목표를 달성하기 위해 각자의 역할을 맡아 소통하며 함께 문제를 해결하는 과정이다.

03 공유는 프로젝트를 함께 사용하고 수정할 수 있도록 다른 사람들에게 공유하는 것이다.

04 문제를 해결하기 위해 코드를 작성하는 과정은 프로그래밍 과정이다.

시험 대비 문제

선택형

01 프로젝트를 공유했을 때 장점으로 옳지 않은 것은?

① 다른 사람들과 교류하며 소통하고 협력할 수 있다.

② 다른 사람들의 작품을 보고 아이디어를 얻을 수 있다.

③ 다른 사람들과 협력하여 문제를 더 빠르게 해결할 수 있다.

④ 다른 사람들의 프로젝트를 허락 없이 그대로 사용할 수 있다.

⑤ 다른 사람들의 피드백과 의견을 주고받아 프로그램을 개선할 수 있다.

02 다음 중 프로젝트를 공유할 때 해야 할 행동으로 옳지 않은 것은?

① 디지털 윤리를 지킨다.

② 저작권 정책을 확인한다.

③ 개인 정보 보호에 유의한다.

④ 출처를 밝히지 않고 타인의 자료를 공유한다.

⑤ 공유하기 전 프로그램에 오류가 없는지 점검한다.

03 다음 중 프로젝트 협력이 가장 잘 이루어진 상황은?

① 서로 의견을 나누며 함께 문제를 해결하였다.

② 팀원들이 각자 다른 파일을 만들어 제출하였다.

③ 한 명의 학생이 모든 과정에 대해 혼자 책임졌다.

④ 결과물만 공유하고 과정에는 서로 관여하지 않았다.

⑤ 소통보다는 자신이 맡은 역할만 충실하게 수행하였다.

04 다음 중 프로그램 개발 시 협력과 공유가 필요한 이유로 가장 적절한 것은?

① 작업 속도를 느리게 조절하기 위해

② 개인의 아이디어만을 강조하기 위해

③ 자신의 지식과 기술을 자랑하기 위해

④ 개발한 프로그램을 자신만 사용하기 위해

⑤ 다양한 피드백과 의견을 통해 프로그램의 완성도를 높이기 위해

05 다음 중 공유하는 문화의 효과로 가장 적절한 것은?

① 저작권 정책이 완화된다.

② 프로그램 수정이 어려워진다.

③ 지식과 기술의 독점이 강화된다.

④ 프로그램 개발 과정이 복잡해진다.

⑤ 서로 지식과 기술을 나누어 더 좋은 프로그램을 개발할 수 있다.

[06~08] 아래의 지문을 보고 물음에 답하시오.

> **문제 상황**
>
> 칭찬받은 1명이 칭찬받지 못한 3명에게 칭찬하는 칭찬 릴레이를 하려고 한다. 452명의 학생이 칭찬을 한 번씩 받으려면 몇 단계를 거쳐야 할까?

```
시작하기 버튼을 클릭했을 때
단계 ▼ 을(를) 0 (으)로 정하기
단계별 칭찬 인원 ▼ 을(를) 1 (으)로 정하기
칭찬받은 전체 인원 ▼ 을(를) 0 (으)로 정하기
칭찬받은 전체 인원 ▼ 값 ≥ 452 이 될 때까지 ▼ 반복하기
    단계 ▼ 에 1 만큼 더하기
    단계별 칭찬 인원 ▼ 을(를) 단계별 칭찬 인원 ▼ 값 x 3 (으)로 정하기
    칭찬받은 전체 인원 ▼ 에 단계별 칭찬 인원 ▼ 값 만큼 더하기
단계 ▼ 값 을(를) 말하기 ▼
```

06 위 코드에서 출력되는 값은?

① 4   ② 5   ③ 6

④ 7   ⑤ 8

07 위 코드에서 사용된 것은?

① 변수   ② 함수   ③ 리스트

④ 논리 연산   ⑤ 중첩 제어 구조

08 한 명이 한 번에 칭찬할 수 있는 인원이 4명으로 증가하였다면, 코드에서 수정해야 할 부분을 찾아 바르게 수정하시오.

_____

[09~12] 아래의 지문을 보고 물음에 답하시오.

문제 상황

A는 동생을 위해 게임을 만들어 주려고 한다. 로켓은 키보드 화살표 키 입력에 따라 좌우로 움직이며 화면 밖을 벗어나지 않는다. 또한 게임이 끝난 후 닉네임과 점수를 기록하고자 한다.

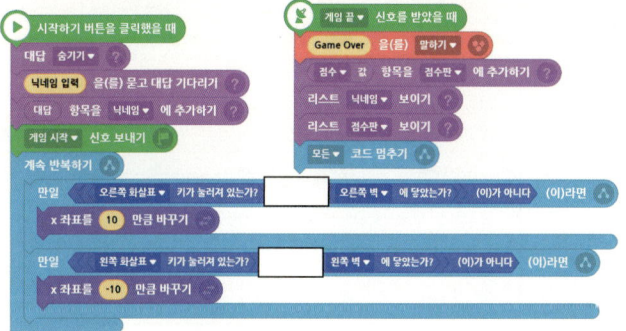

09 빈칸에 공통으로 들어갈 연산은?

① 같다   ② 또는

③ 아니다   ④ 그리고

⑤ 같지 않다

10 위 코드에서 사용되지 <u>않은</u> 것은?

① 변수   ② 함수

③ 리스트   ④ 논리 연산

⑤ 중첩 제어 구조

11 위 프로그램에 대한 설명으로 옳지 <u>않은</u> 것은?

① 닉네임은 중복해서 사용할 수 없다.

② 닉네임을 입력하지 않으면, 로켓을 움직일 수 없다.

③ 게임 끝 신호를 받으면, 점수가 점수판에 저장된다.

④ 게임 끝 신호를 받으면, 닉네임과 점수판이 보인다.

⑤ x 좌표를 10만큼 바꾸기는 오른쪽으로 10만큼 움직이는 것과 같다.

서술형

12 위 코드에서 사용된 리스트 명과 해당 리스트를 사용한 이유를 서술하시오.

_____

_____

_____

[13~15] 아래의 지문을 보고 물음에 답하시오.

문제 상황

최근 인구 문제에 대해 관심이 생긴 A는 고령화 사회의 기준을 찾아보고 고령화 사회, 고령 사회, 초고령 사회에 대해 알게 되었다. A는 현재 우리나라는 고령화 사회, 고령 사회, 초고령 사회 중 어디에 속하는지가 궁금해졌다.

고령화율에 따른 분류 기준

❶ 고령화 사회: 65세 이상 인구가 전체 인구의 7%를 넘는 사회

❷ 고령 사회: 65세 이상 인구가 전체 인구의 14%를 넘는 사회

❸ 초고령 사회: 65세 이상 인구가 전체 인구의 20%를 넘는 사회

13 다음 중 문제 해결에 필요한 핵심 요소는?

① 출산율

② 전체 인구수

③ 0~14세 인구 구성비

④ 15~64세 인구 구성비

⑤ 65세 이상 인구 구성비

14 다음은 고령화 단계 구하기 알고리즘이다. ㉠, ㉡, ㉢에 들어갈 고령화 단계는 각각 무엇인가?

알고리즘

❶ 만약 65세 이상 인구 구성비 ≥ 20%이면
> ㉠

❷ 만약 14% ≤ 65세 이상 인구 구성비 그리고 65세 이상 인구 구성비 〈 20%이면
> ㉡

❸ 만약 7% ≤ 65세 이상 인구 구성비 그리고 65세 이상 인구 구성비 〈 14%이면
> ㉢

_____

_____

15 다음은 고령화 단계 구하기 프로그램이다. ㉠, ㉡에 들어갈 조건은? (단, 구성비에는 65세 이상 인구 구성비가 저장된다.)

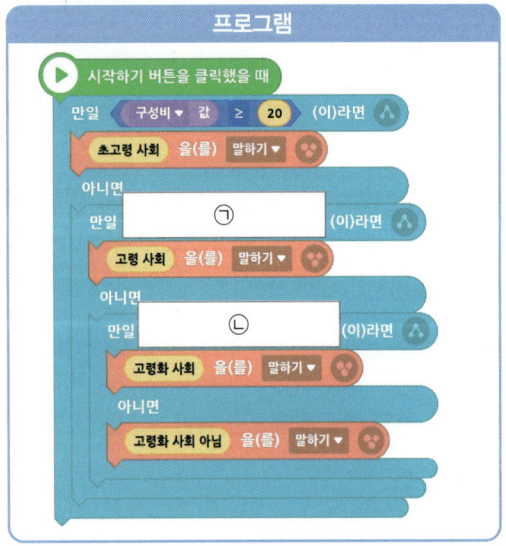

_____

_____

[16~18] 아래의 지문을 보고 물음에 답하시오.

고령화 사회 시작 연도 구하기 알고리즘

1. 테이블의 행 번호(n) = 2
2. 만약 65세 이상 인구 구성비 n번째 항목 ≥ 7%이면
   시작 연도 = n 저장
   반복 중단하기
   만약 65세 이상 인구 구성비 n번째 항목 〈 7%이면
   n 값을 1 증가
3. n이 테이블의 행 개수보다 커질 때까지 2단계를 반복
4. 만약 시작 연도가 0이 아니면
   테이블의 '시작 연도' 번째 행의 연도 값 출력

테이블(연령별 인구 구성비)

	A	B	C	D
1	연도	0-14세	15-64세	65세 이상
2	1990	25.6	69.3	5.1
3	1991	25.1	69.7	5.2
4	1992	24.7	70	5.4
5	1993	24.3	70.2	5.5
6	1994	23.9	70.4	5.7
7	1995	23.4	70.7	5.9
8	1996	22.9	71	6.1
9	1997	22.3	71.4	6.4
10	1998	21.8	71.6	6.6

16 위 테이블을 사용해서 프로그래밍할 때, 테이블에서 사용되지 않는 열을 <u>모두</u> 고른 것은?

① A, B
② A, C
③ B, C
④ B, D
⑤ C, D

서술형

17 위 알고리즘에서 테이블의 행 번호가 2부터 시작하는 이유를 설명하시오.

_____

_____

18 고령화 사회의 시작 연도를 구하는 프로그램에서, 시작 연도가 0이 아닐 때만 연도를 출력하도록 하는 이유를 설명하시오.

_____

_____

_____

19 프로그램 공유의 가치에 대해 서술하시오.

_____

_____

_____

20 프로젝트 공유 시 유의해야 할 사항을 서술하시오.

_____

_____

_____

 **대단원**

 마무리 문제

★
01 다음 중 문제 정의가 필요한 이유로 가장 적절한 것은?

① 실험을 하지 않기 위해

② 수행 작업을 줄이기 위해

③ 문제를 더 복잡하게 만들기 위해

④ 문제 해결을 빠르게 끝내기 위해

⑤ 해결해야 할 문제의 범위를 명확히 하기 위해

★
02 다음 중 문제 구조화의 올바른 사례는?

① 결과만 보고 과정 생략

② 목표 상태를 정하지 않음

③ 문제를 한 번에 해결하려고 시도

④ 문제 전체를 하나의 과정으로 처리

⑤ 문제를 작은 단계의 수행 단위로 나눔

★
03 다음 중 순서도를 사용하는 주된 이유로 가장 알맞은 것은?

① 데이터의 저장 구조를 설계하기 위해

② 사람의 자연스러운 말로 설명하기 위해

③ 기계어 코드를 자동으로 생성하기 위해

④ 컴퓨터가 바로 실행할 수 있게 하기 위해

⑤ 도형과 화살표를 사용해 알고리즘 흐름을 한눈에 보기 위해

★★
04 다음과 같은 두 가지 방법의 계산 과정이 있다. 이때 알고리즘 분석이 가장 중점을 두어 살펴보는 것은 무엇인가?

- **방법 A**: 숫자 1부터 100까지 하나씩 더한다.
- **방법 B**: (1+100), (2+99), (3+98)…처럼 짝을 지어 더한 뒤, 그 결과를 한 번 더 계산한다.

① 풀이 과정의 가독성 여부

② 계산을 하는 사람의 필체

③ 계산에 사용하는 숫자의 색

④ 계산에 필요한 수행 단계 수

⑤ 계산 방법을 먼저 생각한 사람

★★
05 다음 설명 중 밑줄 친 말이 설명하는 개념으로 가장 알맞은 것은?

하나의 문제를 여러 가지 방법으로 풀어 볼 수 있어야 해. 그러고 나서 각 방법이 얼마나 많은 단계가 필요한지, 어떤 상황에서 잘 동작하는지 살펴보고 그 결과를 바탕으로 어느 방법을 쓸지 결정하는 게 중요해.

① 알고리즘 표현만 잘하면 되므로, 단계 수는 중요하지 않다.

② 알고리즘을 평가할 때 만든 사람의 유명세는 매우 중요하다.

③ 알고리즘을 이해하지 못해도 컴퓨터가 알아서 좋은 것을 선택해 준다.

④ 알고리즘은 한 가지만 있으면 되므로, 다른 방법과 비교할 필요가 없다.

⑤ 여러 알고리즘을 떠올리고, 각 알고리즘을 비교하여 적절한 것을 선택해야 한다.

★
06 다음 중 탐욕법을 적용한 알고리즘 설계를 가장 정확하게 설명한 것은?

① 임의의 선택을 통해 답을 찾아간다.

② 결과에서 출발해 이전 단계를 역으로 복원한다.

③ 매 단계에서 최선을 선택해 나가며 최종 답을 구한다.

④ 모든 후보를 전부 시도해 본 뒤 가장 좋은 답을 고른다.

⑤ 큰 문제를 비슷한 작은 문제로 나누어 각각 풀고 합친다.

★★★
07 다음은 후보 경로 중 하나가 목적지에 도달하는지 확인하는 문제이다. 조건대로 문제를 푼다고 했을 때 시행착오법 설계로 적절한 내용은 무엇인가?

> ① 지도의 크기는 5×5이다.
> ② 출발 위치는 (1, 1)이다.
> ③ 한 번에 위, 아래, 왼쪽, 오른쪽 중 1칸만 이동할 수 있다.
> ④ 장애물로 막힌 칸은 지나갈 수 없다.
> ⑤ 도착 위치는 (5, 5)이다.
> ⑥ 막힌 칸은 (2, 1), (2, 2), (4, 4)이다.

① 막힌 칸을 무시하고 진행한다.
② 매번 목적지와 가까운 칸만 선택한다.
③ 경로를 2개로 나누어가며 시도해 본다.
④ 목적지에서 출발해 출발지로 이동하는 경로를 찾아본다.
⑤ 모든 이동 경로를 수행해 보며 목적지에 도달하는지 확인한다.

★★★
08 문자열 X에 대해 다음 연산을 순서대로 적용하였다.

> (1) 문자열을 뒤집는다.
> (2) 맨 앞에 문자 "K"를 붙인다.

이때 결과가 "KNOHTYP"가 나왔다면 원래 문자열 X는?

① PYHTON 　　② PHYTON
③ PYTHON 　　④ PYTHONK
⑤ KPYTHON

★★★
09 리스트에 대한 설명으로 적절하지 <u>않은</u> 것은?

① 리스트에 저장된 데이터는 변경할 수 있다.
② 데이터를 추가하면, 리스트의 맨 마지막에 저장된다.

③ 리스트에 저장된 데이터는 항목 위치를 통해 찾을 수 있다.
④ 프로그램 실행 도중에는 리스트에 저장된 데이터를 삭제할 수 있다.
⑤ 리스트에 동일한 데이터가 저장되어 있으면, 해당 데이터를 추가할 수 없다.

★★
10 리스트를 사용할 상황으로 적절하지 <u>않은</u> 것은?

① 버킷 리스트를 저장할 때
② 오늘의 시간표를 저장할 때
③ 오늘의 평균 온도를 저장할 때
④ 모든 학생들의 발표 순서를 저장할 때
⑤ 장바구니에 사야 할 품목들을 저장할 때

★★★
11 다음은 코드 실행 전 리스트이다. 각 코드를 실행했을 때 나머지 넷과 다른 결과가 나오는 코드는? (단, 시작하기 블록은 생략한다.)

코드 실행 전 리스트

장바구니
1 귤
2 배
3 사과
4 딸기
5 복숭아

① 장바구니▼ 의 1 번째 항목을 포도 (으)로 바꾸기 ?

② 1 번째 항목을 장바구니▼ 에서 삭제하기 ?
포도 항목을 장바구니▼ 에 추가하기 ?

③ 1 번째 항목을 장바구니▼ 에서 삭제하기 ?
포도 을(를) 장바구니▼ 의 1 번째에 넣기 ?

④ 포도 을(를) 장바구니▼ 의 1 번째에 넣기 ?
2 번째 항목을 장바구니▼ 에서 삭제하기 ?

⑤ 포도 을(를) 장바구니▼ 의 2 번째에 넣기 ?
1 번째 항목을 장바구니▼ 에서 삭제하기 ?

12 다음 코드를 실행했을 때, 출석부 리스트에 저장되어 있지 <u>않은</u> 항목은?

코드
▶ 시작하기 버튼을 클릭했을 때
번호 ▼ 을(를) 1 (으)로 정하기
20 번 반복하기
(번호 ▼ 값 과(와) 번 을(를) 합친 값) 항목을 출석부 ▼ 에 추가하기
번호 ▼ 에 1 만큼 더하기
(번호 ▼ 값 과(와) 번 을(를) 합친 값) 항목을 출석부 ▼ 에 추가하기
2 번째 항목을 출석부 ▼ 에서 삭제하기
5 번째 항목을 출석부 ▼ 에서 삭제하기

① 1번   ② 2번   ③ 5번

④ 20번   ⑤ 21번

13 요일을 입력하면 주말인지 평일인지를 판단해 출력하는 코드이다. 조건에 들어갈 내용으로 옳은 것은?

▶ 시작하기 버튼을 클릭했을 때
만일 [조건] (이)라면
   주말 을(를) 말하기 ▼
아니면
   평일 을(를) 말하기 ▼

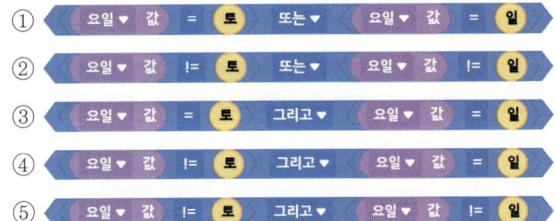

① 요일 ▼ 값 = 토 또는 ▼ 요일 ▼ 값 = 일
② 요일 ▼ 값 != 토 또는 ▼ 요일 ▼ 값 != 일
③ 요일 ▼ 값 = 토 그리고 ▼ 요일 ▼ 값 = 일
④ 요일 ▼ 값 != 토 그리고 ▼ 요일 ▼ 값 = 일
⑤ 요일 ▼ 값 != 토 그리고 ▼ 요일 ▼ 값 != 일

14 시간을 입력했을 때, 결과가 <u>다른</u> 것은?

▶ 시작하기 버튼을 클릭했을 때
만일 (시간 ▼ 값 ≥ 9 그리고 ▼ 시간 ▼ 값 ≤ 21) (이)라면
   영업 중 을(를) 말하기 ▼
아니면
   영업 종료 을(를) 말하기 ▼

① 9   ② 10

③ 17   ④ 21

⑤ 24

15 다음 코드를 실행했을 때, 숫자에 저장된 값은?

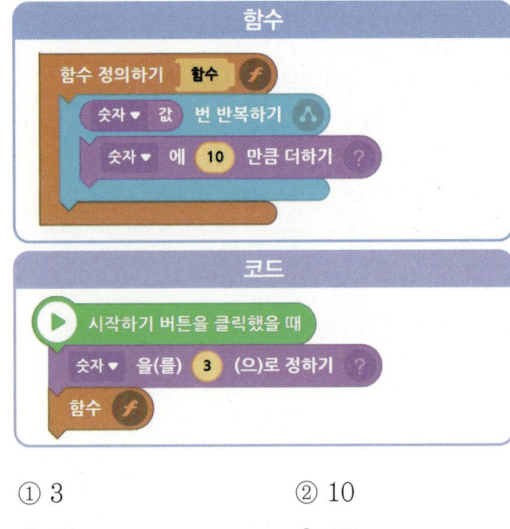

함수
함수 정의하기 함수 ƒ
숫자 ▼ 값 번 반복하기
숫자 ▼ 에 10 만큼 더하기

코드
▶ 시작하기 버튼을 클릭했을 때
숫자 ▼ 을(를) 3 (으)로 정하기
함수 ƒ

① 3   ② 10

③ 13   ④ 23

⑤ 33

16 다음 코드를 실행했을 때, 수1, 수2에 저장된 값으로 옳은 것은?

함수
함수 정의하기 함수1 ƒ
함수2 ƒ
수1 ▼ 을(를) (수1 ▼ 값 + 수2 ▼ 값) (으)로 정하기
함수 정의하기 함수2 ƒ
수2 ▼ 에 10 만큼 더하기

코드
▶ 시작하기 버튼을 클릭했을 때
수1 ▼ 을(를) 2 (으)로 정하기
수2 ▼ 을(를) 3 (으)로 정하기
함수1 ƒ

① 수1 = 2, 수2 = 13　② 수1 = 5, 수2 = 13
③ 수1 = 5, 수2 = 15　④ 수1 = 15, 수2 = 13
⑤ 수1 = 15, 수2 = 15

④ 컴퓨팅 시스템을 활용하여 다양한 학문 분야의 문제를 해결하기는 어렵다.
⑤ 컴퓨팅 시스템을 이용한 문제 해결 단계는 추상화 – 알고리즘 설계 – 프로그래밍이다.

★★
17 다음 중 컴퓨팅 시스템을 이용하여 해결하기에 적절하지 <u>않은</u> 문제는?

① 내일 비가 오는지 확인한다.
② 외국어 문장을 한국어로 바꾼다.
③ 친구가 왜 기분이 나쁜지 판단한다.
④ 이번 달 학교 급식 메뉴를 확인한다.
⑤ 목적지까지 가장 빠른 길을 안내받는다.

[20~21] 다음의 프로그래밍을 보고 물음에 답하시오.

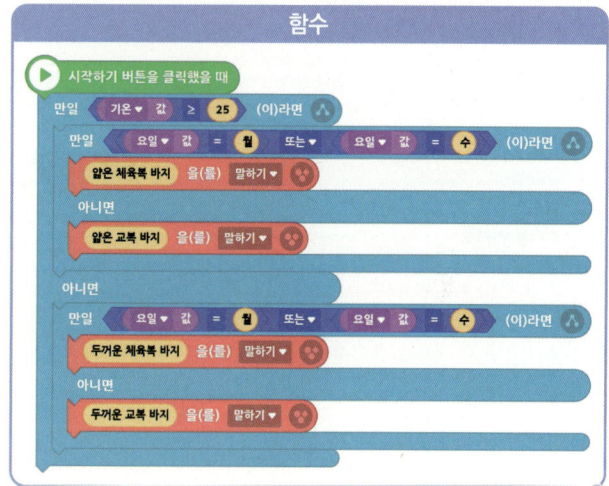

★★★
18 다음 중 프로젝트 협력과 공유가 잘 이루어지지 <u>않은</u> 상황은?

① 프로젝트 시작 전, 각자 역할을 분담하였다.
② 서로 의견을 나누며 함께 문제를 해결하였다.
③ 프로젝트 공유 시, 저작권 정책을 확인하였다.
④ 소통보다는 자신이 맡은 역할만 충실하게 수행하였다.
⑤ 다양한 알고리즘을 설계하고 비교·분석하며 더 좋은 알고리즘을 선택하였다.

★★★★
20 위 프로그램에 대한 설명으로 옳은 것은?

① 중첩 제어 구조가 사용되지 않았다.
② '또는'은 두 조건 다 참이어야 참으로 판단한다.
③ 기온이 10도이고 수요일이면 두꺼운 체육복 바지를 출력한다.
④ 기온이 20도이거나 월요일이면 두꺼운 체육복 바지를 출력한다.
⑤ 월요일이면 얇은 교복 바지 또는 두꺼운 교복 바지를 출력한다.

단답형

★★★
19 컴퓨팅 시스템을 이용한 문제 해결 프로젝트에 대한 설명으로 옳지 <u>않은</u> 것은?

① 프로그램 개발 시 협력이 필요하다.
② 같은 문제를 해결하더라도 여러 가지 알고리즘이 있을 수 있다.
③ 프로그래밍 도중 오류가 발생하면 디버깅을 통해 오류를 수정한다.

★★★★
21 기온이 30도이고 화요일이면 위 코드를 실행했을 때, 출력되는 값은?

[22~23] 다음의 지문을 보고 물음에 답하시오

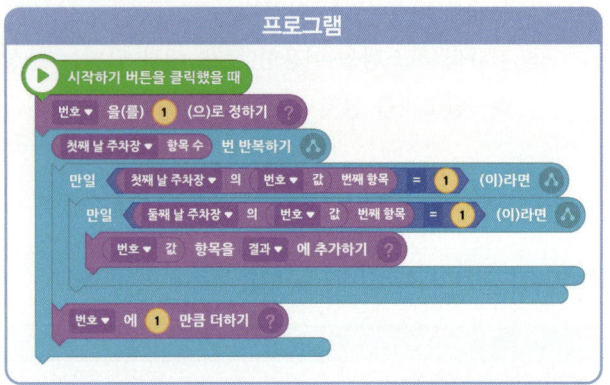

프로그램

```
시작하기 버튼을 클릭했을 때
번호▼ 을(를) 1 (으)로 정하기 ?
첫째 날 주차장▼ 항목 수 번 반복하기 ∧
  만일   첫째 날 주차장▼ 의   번호▼ 값 번째항목 = 1 (이)라면 ∧
    만일   둘째 날 주차장▼ 의   번호▼ 값 번째항목 = 1 (이)라면 ∧
      번호▼ 값 항목을 결과▼ 에 추가하기 ?

번호▼ 에 1 만큼 더하기 ?
```

리스트 상태

1은 주차 공간 사용, 0은 사용 안 함을 의미한다.

첫째 날 주차장 리스트
- 리스트 항목 수: 22
- 리스트 기본값

항목	값	항목	값	항목	값
1	1	9	0	17	0
2	0	10	0	18	0
3	1	11	1	19	1
4	0	12	0	20	0
5	0	13	0	21	1
6	1	14	1	22	0
7	0	15	0		
8	1	16	1		

둘째 날 주차장 리스트
- 리스트 항목 수: 22
- 리스트 기본값

항목	값	항목	값	항목	값
1	0	9	0	17	0
2	0	10	1	18	1
3	1	11	0	19	0
4	0	12	0	20	0
5	1	13	0	21	1
6	0	14	1	22	0
7	0	15	0		
8	1	16	1		

★★

22 위 프로그램에 대한 설명으로 옳지 <u>않은</u> 것은?

① 번호 변수의 값은 1부터 23까지 1씩 증가한다.

② 선택−선택 중첩 제어 구조 대신 '그리고' 연산을 사용할 수 있다.

③ 결과 리스트에 저장된 값은 이틀 모두 사용되지 않은 주차 공간 번호이다.

④ 번호를 결과 리스트에 추가하면 맨 마지막 항목으로 순차적으로 저장된다.

⑤ 주차장의 항목 수는 22개로, 23번째 항목에 접근하려고 하면 오류가 발생한다.

★★

23 위 프로그램을 실행했을 때 결과 리스트에 저장된 값은?

★★★★

24 다음과 같은 문제 상황이 주어졌을 때, 조건에 따라 수행 작업을 4회 수행했을 때 현재 상태는 무엇인가?

소풍 도시락 준비를 위해 과일 컵 만들기 작업을 자동화하려고 한다. 이때, 사과와 포도의 비율이 3:2가 되도록 과일 컵을 만들려고 하고, 지금 과일 컵의 상태가 사과 2조각, 포도 3조각이 들어 있는 상태라면 올바른 비율로 만들기 위해 추가해야 할 포도 조각의 수는 몇 개인가?

수행 작업

❶ 컵에 든 사과와 포도의 비율을 확인한다.

❷ 만약 포도가 3:2 비율보다 많은 경우, 사과 조각을 1개 추가한다.

❸ 만약 사과가 3:2 비율보다 많은 경우, 포도 조각을 1개 추가한다.

조건 1회 수행이란 위 수행 작업을 순서대로 모두 수행한 경우를 의미한다.

★

25 학교에서 점심 급식 만족도 설문 조사를 진행하고 다음과 같은 정보를 수집하였다. 이때 전체 급식 만족도의 평균을 구하려고 할 때, 가장 핵심적인 요소는 무엇인가?

학년, 반, 이름, 좋아하는 메뉴, 전체 만족도 점수

★★

26 다음 빈칸에 들어갈 알맞은 말을 쓰시오.

친구 A는 배송비가 가장 싼 인터넷 쇼핑몰을 고르고, 친구 B는 배송 시간이 가장 짧은 쇼핑몰을 고른다. 이렇게 같은 물건을 사더라도 중요하게 생각하는 기준이 달라서 서로 다른 절차가 생기는 것이 알고리즘의 (   )이다.

★★
27 다음의 활동에서 학생들이 하는 활동이 무엇인지 작성하시오.

> 선생님: 같은 문제를 푸는 방법을 세 가지로 정리한 표를 줄게, 각 방법이 이해하기 쉬운 정도, 필요한 수행 단계 수, 사용할 수 있는 조건이 어떻게 다른지 표를 보고 살펴본 뒤 우리 상황에 가장 잘 맞는 방법이 무엇인지 고르고 이유를 써 보자.

_____

★★★
28 한 줄의 최대 길이는 12이다. 단어와 단어 사이에는 공백 1칸이 포함된다. 각 줄에 단어를 채우기 위해서는 남아 있는 단어 중 빈칸에 들어갈 수 있는 가장 긴 단어를 넣는 것이다. 단어는 총 5개 있으며 각 단어의 길이는 6, 6, 5, 5, 4이다. 단어를 모두 채우기 위해 필요한 줄은 몇 줄인가?

_____

★
29 다음과 같이 국가와 수도 리스트가 있을 때, 코드를 실행한 결과로 "정답"을 출력하게 하려면 입력해야 할 대답은?

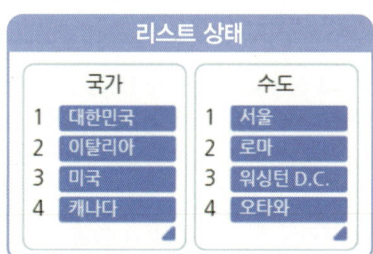

_____

★★
30 다음 코드를 실행했을 때, 반복적으로 그려지는 도형의 종류와 그려지는 개수는?

_____

★★
31 프로그램의 오류를 찾아내고 수정하는 과정을 무엇이라고 하는가?

_____

서술형
★★
32 다음 8 퍼즐의 현재 상태에서 수행 가능한 작업 중 하나를 쓰시오.

1	5	2
4		3
7	8	6

_____

★★★
33 문제 해결 과정에서 피드백 과정이 없다면 발생할 수 있는 문제는?

_____

★★★

34 다음과 같이 스마트 엘리베이터 제어를 하려고 한다. 핵심 요소가 되는 정보를 두 가지 쓰시오.

> 엘리베이터가 여러 층을 오르내릴 때, 기다리는 사람이 가장 적게 되도록 움직이게 하고 싶다.

_____

_____

★★★★

35 어떤 학생이 자판기에서 음료수를 사는 과정을 다음과 같이 알고리즘으로 작성하였다. 이 중 알고리즘의 특성을 만족하지 않는 절차의 번호를 쓰고 수정하시오.

> ① 자판기에 돈을 넣는다.
> ② 원하는 음료의 버튼을 누른다.
> ③ 돈이 충분하면 음료가 나온다.
> ④ 돈이 부족하면 돈을 더 넣는다.
> ⑤ 음료가 나오면 끝낸다.

_____

_____

★★★★

36 어떤 데이터를 처리하는 알고리즘 세 가지가 있다. 세 가지 방법 중 "학교에서 한 번만 간단히 사용하는 프로그램"과 "매일 같은 형식의 큰 데이터를 반복해서 처리해야 하는 프로그램"에 각각 어느 방법이 더 어울리는지 단순성, 효율성, 적응성을 언급하여 설명하시오.

> • **방법 A**: 구조가 매우 단순해서 이해하기 쉽지만, 큰 데이터에서는 시간이 오래 걸린다.
> • **방법 B**: 구조가 다소 복잡하지만, 큰 데이터, 데이터 형식이 조금씩 변하더라도 빠르게 처리할 수 있다.
> • **방법 C**: 데이터가 일정한 형식일 때는 매우 빠르지만, 형식이 달라지면 사용할 수 없다.

_____

_____

★★★★

37 A 위치에 있는 물건을 상자에 담아 B 위치로 이동하려 한다. 한 번에 하나의 상자만 옮길 수 있으며 최소한의 이동으로 상자를 옮기려고 한다. A 위치에는 6kg짜리 물건 2개, 4kg짜리 물건 3개, 2kg짜리 물건 2개, 총 7개의 물건이 있다. 한 번에 들 수 있는 최대 무게는 10kg이다. 어떤 알고리즘 설계 전략을 사용하면 좋을지와 몇 번의 이동을 해야 하는지를 그 이유와 함께 설명하시오.

_____

_____

_____

_____

_____

★★★

38 어떤 학원 셔틀버스가 여러 정류장을 다니며 학생들을 태운다. 오른쪽 표는 하루 동안 각 정류장에서 버스를 탄 학생 수이다. 알고리즘을 자연어로 작성하였을 때 빈칸에 들어갈 내용은?

정류장	학생 수
A	5
B	11
C	3
D	9

> ① 첫 번째 정류장(A)을 현재 "가장 많은 학생이 타는 정류장"으로 정하고, 학생 수도 함께 기록한다.
> ② 아직 비교하지 않은 다음 정류장을 하나 선택한다.
> ③ 그 정류장의 학생 수가 현재 기록된 학생 수보다 크면, "가장 많은 정류장"과 학생 수를 그 정류장 정보로 바꾼다.
> ④ (   )
> ⑤ 더 이상 비교할 정류장이 없으면, 현재 기록된 정류장을 결과로 출력한다.

_____

_____

★★★★★

39 다음과 같은 모양을 그리는 프로그램을 작성하려고 한다. 이때, 함수로 만들면 좋을 것 같은 기능과 그 이유를 서술하시오.

_____

_____

_____

_____

_____

★★★★

40 아래의 문제 상황과 프로그래밍을 보고 오류가 발생한 이유와 오류를 해결할 수 있는 방안을 제시하시오.

> **문제 상황**
>
> A는 정보 시간에 움직이는 골대에 축구공을 넣으면 점수를 1점씩 얻는 게임을 만들었다. 그런데 골대에 축구공을 넣었을 때, 점수가 1점이 아닌 한 번에 많은 점수가 올라가는 오류가 발생하였다.

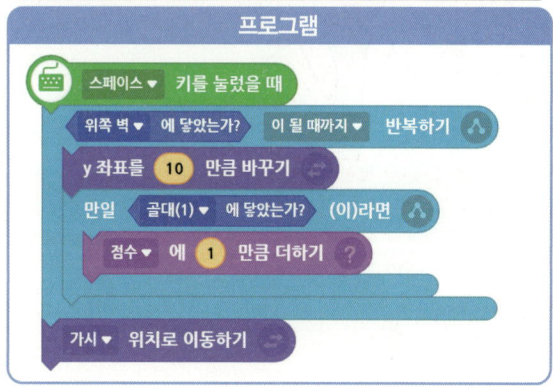

_____

_____

_____

_____

_____

인공지능

01 | 인공지능과 인공지능 시스템

02 | 인공지능과 데이터

03 | 인공지능 시스템을 이용한 문제 해결

04 | 인공지능 윤리

01 인공지능과 인공지능 시스템

1 인공지능의 이해

1. 인공지능의 개념

(1) 인공지능: 인간의 지적 능력(지각, 인식, 이해, 추론 등)을 디지털 기술로 구현하여 복잡하고 어려운 문제를 해결하는 기술임

(2) 에이전트로서의 인공지능: 외부 환경과 상호 작용하며 인간이 해결하기 어려운 복합적인 문제를 스스로 판단하여 해결하는 주체 역할을 수행함

2. 우리 생활 속 인공지능 시스템 사례

(1) 지능형 가전: 내부 식재료의 유통기한을 관리하고 부족한 재료를 자동으로 주문하거나 요리법을 추천하는 인공지능 냉장고

(2) 미래형 교통: 차선 유지, 자동 긴급 제동 등 다양한 지능형 기능을 제공하여 안전한 운행을 돕는 자율주행 자동차

(3) 지능형 비서: 사용자의 음성을 인식하여 질문에 답하거나 일정을 관리해 주는 인공지능 비서 서비스

(4) 맞춤형 콘텐츠: 사용자의 시청 기록과 취향을 학습하여 좋아할 만한 영상을 자동으로 추천해 주는 서비스

(5) 언어 서비스: 수많은 단어와 문장을 학습하여 단순 번역을 넘어 문맥에 맞는 자연스러운 해석을 제공하는 인공지능 번역기

3. 인공지능의 특성

(1) 인식: 외부 환경에서 들어오는 데이터(음성, 이미지 등)를 센서를 통해 받아들이고 구분하는 과정

(2) 학습: 데이터에서 규칙과 패턴을 발견하여 스스로 성능을 개선하는 과정

(3) 탐색: 가능한 여러 경우의 수 중 가장 적절한 해결 방안이나 경로를 찾는 과정

(4) 추론: 학습된 지식이나 데이터를 바탕으로 새로운 상황에 대해 논리적인 결론을 도출하거나 예측함

인식
외부 환경의 정보를 데이터화하여 식별하는 능력

학습
인공지능 시스템에서 학습이란 데이터와 데이터 사이의 관계를 이해하는 것

추론
이미 알고 있는 사실을 근거로 새로운 결론을 이끌어 내는 과정

카메라, 마이크와 같은 센서를 통해 주변의 환경 정보를 인식한다.

데이터로부터 패턴이나 규칙을 찾고, 이를 기반으로 모델을 만들고 성능을 개선한다.

얻을 수 있는 다양한 정보를 탐색하고 분석해 최적의 해결책을 찾는다.

데이터와 알고리즘을 사용해 논리적인 결론을 도출하고 예측한다.

⬆ 인공지능의 특성

② 인공지능 시스템의 이해

1. 인공지능 시스템의 개념

(1) 정의: 특정 목적 달성을 위해 인공지능 기술을 적용하여 설계된 컴퓨팅 시스템

(2) 특징: 문제를 해결하거나 특정 작업을 수행하며, 인공지능 기술을 실제 제품이나 서비스에 적용한 구체적인 형태임

2. 인공지능 시스템의 작동 원리

(1) 데이터를 통한 학습: 방대한 데이터를 입력받아 인공지능 소프트웨어를 통해 데이터 사이의 규칙을 찾아냄

(2) 인공지능 모델 생성: 학습을 통해 찾아낸 '판단 기준'이나 '규칙'을 모델이라고 함. 모델은 데이터를 입력받아 분석, 예측, 결정을 내리는 알고리즘을 의미함

(3) 문제 해결: 생성된 모델에 새로운 문제를 입력하면 학습된 규칙에 따라 결과를 도출함

⬆ 데이터를 통해 학습하는 인공지능 시스템

3. 학습을 통한 성능 향상

(1) 반복 학습의 효과: 인공지능 시스템도 학습을 반복함으로써 지능적 성능이 향상됨

(2) 사례: 손글씨 숫자 인식 시스템에서 수많은 데이터를 반복 학습하여 규칙을 변경함으로써 인식의 정확도를 높임

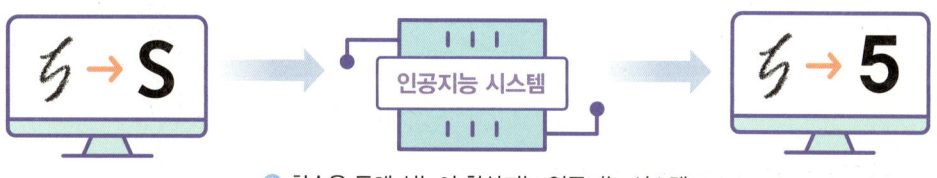

⬆ 학습을 통해 성능이 향상되는 인공지능 시스템

🔍 점검 하기

1 다음에서 설명하는 것은 무엇인가?

> 인공지능이 학습을 통해 찾아낸 판단 기준이나 규칙

2 다음 빈칸에 들어갈 단어를 쓰시오.

> 일반 소프트웨어와 다르게 인공지능 소프트웨어는 데이터를 학습하여 스스로 (   )을(를) 생성함

정답 **1** 모델 **2** 규칙

01 다음 중 인공지능의 정의로 알맞은 것은?

① 전기를 이용하여 빛을 내는 장치

② 수작업으로만 이루어지는 계산 도구

③ 인간의 지적 능력을 디지털 기술로 구현한 것

④ 인터넷 연결 없이 동작하는 독립적인 하드웨어

⑤ 사람이 직접 모든 코드를 짜야만 작동하는 프로그램

02 다음 중 인공지능 시스템의 설명으로 알맞은 것은?

① 화면이 있는 전자 제품

② 인터넷이 연결된 모든 기기

③ 전기가 있으면 작동하는 모든 기계

④ 사람이 직접 조작해야만 동작하는 장치

⑤ 인공지능 기술을 적용해 특정 목적을 수행하도록 설계된 컴퓨팅 시스템

03 인공지능이 과거 기상 데이터를 바탕으로 내일 기온을 예측하는 특성은 무엇인지 쓰시오.

_____

04 인공지능 시스템이 성능을 높이기 위해 데이터를 반복하여 분석하고 처리하는 과정을 무엇이라 하는가?

_____

05 다음 빈칸에 들어갈 말을 쓰시오.

> 인공지능이 학습을 통해 찾아낸 데이터 사이의 관계나 판단 기준을 인공지능 (   )(이)라고 한다.

_____

정답 및 해설

정답

01 ③   **02** ⑤   **03** 추론   **04** 학습   **05** 모델

해설

01 인공지능은 인간의 인식, 학습, 추론과 같은 지적 능력을 컴퓨팅 기술로 구현하여 문제를 해결하는 기술이다.

02 인공지능 시스템은 인공지능 기술을 실제 제품이나 서비스에 적용하여 특정 작업을 수행하도록 설계된 컴퓨팅 시스템이다.

03 추론은 학습된 데이터나 지식을 바탕으로 새로운 상황에 대한 결론이나 예측을 도출하는 능력에 해당한다.

04 데이터 속에서 패턴을 찾아내고 시스템의 성능을 지속적으로 개선하는 일련의 과정을 학습이라고 한다.

05 모델은 학습 결과로 생성된 판단 기준이나 규칙이 담긴 결과물로, 새로운 데이터를 입력받아 분석하고 결과를 도출하는 데 사용된다.

시험 대비 문제

선택형

01 인공지능의 4가지 특성 중 성격이 <u>다른</u> 하나는?

① 사진 속 인물이 누구인지 구별한다.

② 마이크로 들어온 소리를 문자로 변환한다.

③ 보안 카메라가 외부 침입자의 얼굴을 판별한다.

④ 카메라로 주변 사물을 인식하여 장애물을 피한다.

⑤ 내비게이션이 도착지까지의 최단 시간을 계산한다.

02 인공지능 시스템의 작동 과정을 바르게 나열한 것은?

① 데이터 수집 → 모델 생성 → 학습 → 결과 도출

② 학습 → 데이터 수집 → 모델 생성 → 결과 도출

③ 데이터 수집 → 학습 → 모델 생성 → 결과 도출

④ 모델 생성 → 학습 → 데이터 수집 → 결과 도출

⑤ 데이터 수집 → 모델 생성 → 결과 도출 → 학습

03 다음 중 인공지능 기술이 적용된 사례를 모두 고른 것은?

> 가. 사용자의 시청 기록을 분석하여 영상을 추천하는 서비스
>
> 나. 사진을 촬영하면 자동으로 사진 속 문서 내용을 텍스트로 바꾸는 앱
>
> 다. 미리 설정한 시각에 맞춰 알람이 울리는 디지털 시계
>
> 라. 실시간으로 교통 정보를 분석하여 막히지 않는 길을 안내하는 서비스

① 가, 나

② 가, 라

③ 가, 나, 라

④ 나, 다, 라

⑤ 가, 나, 다, 라

04 인공지능 소프트웨어가 일반 소프트웨어보다 복잡한 문제를 잘 해결할 수 있는 이유는?

① 복잡한 계산기 기능이 포함되어 있기 때문이다.

② 일반 소프트웨어보다 전기를 적게 사용하기 때문이다.

③ 사람이 모든 규칙을 미리 완벽하게 정해두었기 때문이다.

④ 데이터가 없어도 스스로 상상하여 결과를 만들기 때문이다.

⑤ 데이터를 통해 스스로 문제 해결 규칙을 찾아내기 때문이다.

05 인공지능 시스템의 '모델'에 대한 설명으로 적절하지 <u>않은</u> 것은?

① 학습의 결과물로 생성되는 판단 기준이다.

② 한 번 생성된 모델은 다시는 수정할 수 없다.

③ 새로운 데이터를 입력받아 분석하는 도구이다.

④ 개와 고양이를 분류하는 규칙 등이 담겨 있다.

⑤ 양질의 데이터가 많을수록 모델의 정확도가 높아진다.

06 인공지능의 특성 중 '인식'에 해당하는 사례는?

① 학습 결과로 모델을 생성함

② 반복 학습을 통해 정확도를 높임

③ 카메라로 들어온 얼굴을 사람별로 구별함

④ 교통 상황을 고려해 가장 빠른 경로를 선택함

⑤ 과거 기상 데이터를 바탕으로 내일 기온을 예측함

정답 및 해설 199쪽

07 다음 중 인공지능의 특성에 해당하지 <u>않는</u> 것은?

① 인식

② 학습

③ 탐색

④ 추론

⑤ 저장

08 다음은 인공지능의 특성이다. 이중 탐색의 사례는?

① 음성을 문자로 변환함

② 데이터를 반복 학습함

③ 꽃 사진을 장미로 분류함

④ 과거 기록으로 미래를 예측함

⑤ 여러 선택지 중 최적의 답을 선택함

09 다음 중 인공지능 소프트웨어의 특징으로 옳은 것은?

① 수정이 불가능함

② 항상 같은 결과만 출력함

③ 데이터 없이도 완벽히 작동함

④ 사람이 규칙을 모두 직접 작성함

⑤ 데이터를 통해 스스로 규칙을 생성함

10 다음 중 인공지능 기술이 적용되지 <u>않은</u> 사례는?

① 음성 비서 서비스

② 자율 주행 자동차

③ 영상 추천 서비스

④ 얼굴 인식 출입 시스템

⑤ 설정 시간에 울리는 알람

11 다음 중 인공지능 모델에 대한 설명으로 옳은 것은?

① 학습 이전 단계

② 컴퓨터 하드웨어 부품

③ 데이터를 저장하는 장치

④ 사람이 직접 입력한 결과

⑤ 학습 결과로 생성된 판단 기준

12 인공지능 시스템에서 학습이 반복되면 나타나는 효과는?

① 성능 개선

② 화면 밝기 향상

③ 전기 소모 감소

④ 저장 공간 증가

⑤ 데이터 자동 삭제

13 다음 중 인공지능이 복잡한 문제를 잘 해결할 수 있는 이유로 적절한 것은?

① 인터넷이 빠르기 때문에

② 계산기 기능이 포함하기 때문에

③ 항상 같은 답만 출력하기 때문에

④ 사람이 모든 규칙을 직접 입력하기 때문에

⑤ 데이터를 통해 스스로 규칙을 발견하기 때문에

14 인공지능 시스템에서 새로운 데이터를 입력했을 때 결과를 도출하는 단계는?

① 전원 공급

② 문제 정의

③ 모델 적용

④ 화면 출력

⑤ 데이터 삭제

15 다음 중 추론의 사례로 적절한 것은?

① 여러 경로를 비교한다.

② 마이크 음성을 인식한다.

③ 데이터를 반복 학습한다.

④ 사진을 분석해 사람을 구별한다.

⑤ 과거 매출 데이터를 분석해 다음 달 매출을 예측한다.

16 다음 중 인공지능의 학습에 대한 설명으로 옳은 것은?

① 결과가 항상 고정된다.

② 데이터 없이 작동한다.

③ 전기 사용량을 줄인다.

④ 사람이 규칙을 미리 정해 준다.

⑤ 데이터를 반복 분석해 규칙을 찾는다.

단답형

17 내비게이션이 여러 경로 중 가장 빠른 경로를 찾는 과정에 해당하는 특성은 무엇인가?

_____

18 인공지능이 학습한 내용을 바탕으로 새로운 문제의 답을 도출하는 기능은 무엇인가?

_____

19 인공지능의 특성 중 센서를 통해 외부 정보를 받아들이고 구별하는 과정을 무엇이라 하는가?

_____

서술형

20 일반적인 '디지털 체중계'와 인공지능 기능이 포함된 '스마트 건강 관리 체중계'의 차이점을 '학습'과 '데이터'라는 단어를 포함하여 서술하시오.

_____

_____

_____

_____

_____

02 인공지능과 데이터

1 인공지능 학습과 데이터

1. 데이터의 역할과 중요성

(1) 인공지능 학습의 재료: 인공지능이 똑똑해지기 위해서는 수많은 데이터가 필요하며, 데이터는 인공지능이 스스로 규칙을 찾아내는 핵심 재료임

(2) 데이터 기반 의사 결정: 인공지능은 학습된 데이터를 바탕으로 상황을 판단하고 예측하므로, 데이터의 품질이 인공지능의 성능을 결정함

2. 인공지능 학습 데이터의 조건

(1) 충분성: 학습에 필요한 데이터의 양이 충분해야 함. 데이터가 많을수록 더 정확하고 정교한 규칙을 찾을 수 있음

(2) 다양성: 여러 특성을 가진 데이터가 고르게 포함되어야 함. 편향되지 않은 다양한 데이터를 학습해야 예외 상황에서도 올바른 판단이 가능함

(3) 정확성: 목적에 맞게 잘 정제된 정확한 데이터여야 함. 잘못된 데이터가 포함되면 인공지능이 잘못된 규칙을 학습하게 됨

데이터 편향성 주의
특정 집단이나 성향에 치우친 데이터를 학습하면 인공지능이 차별적이거나 공정하지 못한 결과를 내놓을 수 있음

데이터의 다양성

다양한 특성을 갖고 있는 데이터를 학습시킬수록 인공지능의 정확도가 높아진다.

인공지능 학습에 사용하는 데이터의 조건

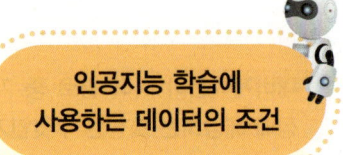

어? 잘못된 정보가 있네. 다시 수정해서 학습시켜야겠어.

데이터의 정확성

목적에 맞게 잘 가공된 질 높은 데이터로 인공지능을 학습시키면 더 정확한 판단이 가능하다.

데이터의 충분성

학습에 사용되는 데이터가 충분할수록 인공지능의 정확도를 높일 수 있다.

2 데이터의 수집과 분류

1. 데이터 수집

(1) 설문 조사: 사람들의 의견이나 선호도를 파악하기 위해 온오프라인 설문지를 활용

(2) 직접 촬영 및 녹음: 학습에 필요한 사물 사진이나 음성 데이터를 스마트 기기로 직접 수집

(3) 공공 데이터 포털 활용: 국가나 공공기관에서 제공하는 방대한 양의 날씨, 교통, 환경 데이터를 무료로 내려받아 사용

2. 데이터 분류

(1) 이미지 데이터: 사물의 형태, 색상 등을 파악하는 데 사용

예 재활용품 분류, 얼굴 인식

(2) 텍스트 데이터: 문장의 의미나 감정을 분석하는 데 사용

예 댓글 감정 분석, 스팸 메일 분류

(3) 소리 데이터: 음성의 특징이나 소리의 파형을 분석

예 음성 비서 명령 인식, 소리 감지 센서

(4) 수치 데이터: 숫자 형태로 된 정보를 분석하여 변화를 예측

예 기온 변화, 주식 가격 예측

급식 메뉴 선호도 조사

학생들이 선호하는 급식을 알기 위해 설문 조사를 하고 있습니다.

■ **일시** 20○○년 ○월 ○일~○월 ○일까지

■ **설문 조사 방법**

❶ 스마트폰으로 오른쪽 QR 코드를 인식한다. QR

❷ 내가 좋아하는 메뉴에 투표한다.

↑ 설문 조사의 예

데이터 수집

인공지능 학습에 필요한 원천 자료를 모으는 과정

데이터 라벨링

인공지능이 학습할 수 있도록 데이터에 이름(정답)을 붙여주는 작업

3 인공지능 시스템의 구성과 적용

1. 문제 해결 절차

(1) 문제 정의: 해결하고자 하는 문제를 명확히 하고, 인공지능이 필요한 부분인지 판단

(2) 데이터 수집 및 분류: 문제 해결에 적합한 데이터를 모으고 유형별로 나눔

(3) 인공지능 학습: 수집한 데이터를 인공지능 소프트웨어에 입력하여 규칙을 찾게 함

(4) 모델 생성 및 적용: 학습된 결과로 만들어진 모델을 실제 시스템에 적용하여 문제를 해결

점검 하기

1 다음에서 설명하는 것은 무엇인가?

인공지능이 학습을 통해 성능을 발휘하기 위해 필요한 필수 재료

2 다음 빈칸에 들어갈 알맞은 단어를 쓰시오.

여러 환경과 상황을 반영한 다양한 형태의 데이터가 포함되어야 한다는 조건을 (   )(이)라 한다.

정답 **1** 데이터 **2** 다양성

01 다음 중 인공지능 학습 데이터에 대한 설명으로 옳은 것은?

① 데이터가 충분하고 다양하며 정확할수록 성능이 향상한다.

② 인공지능은 데이터 없이도 스스로 모든 규칙을 만들어낸다.

③ 데이터의 양이 적을수록 학습 속도가 빨라 성능이 좋아진다.

④ 데이터의 정확성보다는 화려한 색상의 데이터가 더 중요하다.

⑤ 특정 지역의 데이터만 모으는 것이 인공지능 학습에 더 유리하다.

02 인공지능 학습 데이터를 수집하는 방법으로 적절하지 않은 것은?

① 직접 카메라를 이용해 사물을 촬영하여 저장한다.

② 국가에서 운영하는 공공 데이터 포털을 활용한다.

③ 인터넷 검색을 통해 필요한 이미지 자료를 수집한다.

④ 사람들에게 종이 설문지를 나누어 주고 의견을 모은다.

⑤ 인공지능이 스스로 상상하여 가짜 데이터를 만들게 한다.

03 다음 데이터 유형 중 성격이 다른 하나는?

① 음악 연주 소리

② 강아지의 짖는 소리

③ 자동차의 엔진 소음

④ 사람의 말소리 녹음본

⑤ 뉴스 기사의 텍스트 내용

04 인공지능 시스템을 구성하는 절차 중 빈칸에 들어갈 알맞은 말을 쓰시오

> 문제 정의 → (　　　　) → 인공지능 학습 → 모델 생성 및 적용

05 인공지능 학습 데이터의 조건 중 다음 설명이 말하는 것이 무엇인지 쓰시오.

> 데이터는 여러 가지 특성을 가진 사례가 골고루 포함되어야 한다.

정답 및 해설

정답

01 ①　**02** ⑤　**03** ⑤　**04** 데이터 수집 및 분류　**05** 다양성

해설

01 인공지능 학습의 핵심 3요소는 데이터의 충분성, 다양성, 정확성이다.

02 인공지능 학습을 위해서는 실제 환경에서 수집된 실제 데이터가 필요하다.

03 ⑤는 텍스트 데이터이며, 나머지는 모두 소리 데이터이다.

04 학습을 시작하기 전에 반드시 문제 해결에 필요한 데이터를 모으고 분류해야 한다.

05 편향되지 않은 학습을 위해 데이터의 구성 성분이 다양해야 한다.

선택형

01 다음 중 인공지능 로봇이 재활용품을 정확히 분류하지 못하는 원인으로 가장 적절한 것은?

① 로봇의 팔이 너무 길어서

② 인터넷 연결 속도가 너무 빨라서

③ 로봇이 전기를 너무 많이 소모해서

④ 로봇의 몸체 색상이 너무 어두워서

⑤ 학습 데이터에 찌그러진 캔 사진이 포함되지 않아서

02 공공 데이터 포털에서 얻을 수 있는 데이터 사례로 보기 어려운 것은?

① 우리 동네의 실시간 대기 오염 수치

② 친구가 어제 쓴 일기장의 비밀 내용

③ 전국 버스 노선 및 정류장 위치 정보

④ 전국 도서관의 도서 보유 현황 데이터

⑤ 기상청에서 제공하는 지난 10년간의 강수량 데이터

03 인공지능 학습 데이터의 '정확성'이 떨어질 때 발생하는 문제점은?

① 데이터의 양이 저절로 늘어난다.

② 학습하는 데 시간이 적게 걸린다.

③ 인공지능의 지능이 갑자기 높아진다.

④ 인공지능 로봇의 이동 속도가 느려진다.

⑤ 인공지능이 잘못된 판단 기준을 학습하게 된다.

04 인공지능이 데이터를 통해 할 수 있는 일로 가장 적절한 것은?

① 전원 자동 차단

② 저장 공간 확보

③ 화면 밝기 조절

④ 파일 이름 변경

⑤ 데이터 속 규칙과 패턴을 찾아냄

05 인공지능 학습 데이터가 충분하지 못할 경우 나타나는 결과로 올바른 것은?

① 화면 선명도 향상

② 인공지능 무게 증가

③ 데이터 저장 속도 증가

④ 다양한 상황에 잘 대응함

⑤ 규칙을 정확히 찾기 어려움

06 다음 데이터 유형 중 성격이 <u>다른</u> 하나는?

① 음악 연주 소리

② 자동차의 엔진 소음

③ 강아지의 짖는 소리

④ 사람의 말소리 녹음본

⑤ 뉴스 기사의 텍스트 내용

07 다음 중 인공지능 학습 데이터의 정확성이 낮은 사례는?

① 정제된 데이터 활용

② 출처가 명확한 자료 사용

③ 목적과 관련된 자료 사용

④ 오류를 수정한 데이터 사용

⑤ 오래되어 사실과 다른 통계 사용

08 인공지능 학습에서 수치 데이터를 활용하는 사례는?

① 음성 명령 인식

② 댓글 감정 분석

③ 기온 변화 분석

④ CCTV 영상 분석

⑤ 얼굴 인식 시스템

09 다음 중 공공 데이터 활용의 장점으로 가장 적절한 것은?

① 저장 공간 감소

② 오류 자동 수정

③ 개인의 비밀 정보 확보

④ 특별한 학습 없이 사용 가능

⑤ 대규모의 신뢰성 있는 자료 활용

10 다음 중 데이터 편향을 줄이기 위한 방법은?

① 무작위 삭제

② 동일 사례 반복

③ 데이터 양 축소

④ 다양한 집단과 상황 포함

⑤ 특정 집단 데이터만 수집

11 다음 중 인공지능 학습 데이터의 양이 너무 적을 때 발생할 수 있는 문제는?

① 오류 감소

② 저장 공간 증가

③ 학습 속도 증가

④ 정확도 자동 향상

⑤ 규칙을 일반화하지 못함

12 인공지능 모델이 새로운 상황에서 오답을 자주 낼 때 가장 먼저 점검해야 할 것은?

① 코드 실행 속도

② 학습 알고리즘의 복잡성

③ 학습 과정의 과적합 여부

④ 데이터의 다양성과 충분성

⑤ 사용자 인터페이스 디자인

13 데이터 수집 단계에서 고려해야 할 가장 중요한 요소는?

① 문제와의 관련성

② 데이터의 정확성

③ 데이터의 신뢰성

④ 데이터의 다양성

⑤ 데이터의 적절한 범위

14 이미지 분류 인공지능의 정확도를 높이기 위한 방법으로 가장 적절한 것은?

① 잘못된 데이터도 함께 사용한다.

② 다양한 조명과 배경의 사진을 포함한다.

③ 데이터의 양을 줄여서 학습을 단순화한다.

④ 동일한 각도와 조건에서만 촬영한 사진을 사용한다.

⑤ 배경과 환경이 항상 동일하게 유지한 사진만 사용한다.

단답형

15 인공지능 데이터 유형 중 다음 내용에 해당하는 것은 무엇인가?

> 사용자가 마이크에 대고 말하면 이를 인식하여 텍스트로 변환해 주는 서비스

16 인공지능 학습 데이터의 조건 중 데이터에 오류가 없고 실제 사실과 일치하는 성질을 무엇이라 하는가?

17 인공지능 학습에 사용되는 데이터 유형 중 기온, 강수량, 미세 먼지 농도와 같이 숫자로 표현되는 데이터 유형은 무엇인가?

_____

서술형

18 이미지 분류 인공지능이 어두운 환경에서 물체를 잘 인식하지 못한다. 이를 개선하기 위한 방법을 한 가지 서술하시오.

_____

_____

_____

19 인공지능 시스템을 만들 때 데이터 수집 단계에서 개인 정보를 포함하지 않도록 주의해야 하는 이유를 서술하시오.

_____

_____

_____

_____

20 데이터의 양이 충분해야 인공지능이 더 똑똑해지는 이유를 '규칙'이라는 단어를 사용하여 설명하시오.

_____

_____

_____

_____

03 인공지능 시스템을 이용한 문제 해결

학습 목표
· 인공지능 시스템으로 해결 가능한 문제를 발견할 수 있다.
· 문제 해결에 인공지능 시스템을 적용할 수 있다.

인공지능을 활용하여 문제 해결 시 유의할 점

① 현실적 제약 고려: 인공지능이 모든 문제를 완벽하게 해결할 수 있는 것은 아님. 데이터가 부족하거나 윤리적 문제가 발생할 수 있는 상황 등 현실적인 한계를 인지하고 이를 보완하려는 태도가 필요함

② 올바른 인식: 인공지능을 무조건 똑똑한 존재로 오해하지 않고, 인간의 의사 결정을 돕는 도구로서 적절히 활용해야 함

1 인공지능으로 해결할 수 있는 문제

1. 문제 해결의 주요 유형

(1) 분류: 데이터를 특정 기준이나 범주로 나누는 것

> **예** 의료 영상 데이터를 정상과 질병으로 나누기, 이메일을 스팸과 일반 메일로 구분하기

(2) 예측: 기존 데이터를 학습하여 미래의 상황이나 결과를 추측하는 것

> **예** 기상 데이터를 바탕으로 내일의 강수량 예상하기, 교통 정보를 바탕으로 도착 시간 예상하기

2. 실생활 적용 분야

(1) 의료 분야: 엑스레이 영상이나 센서 데이터를 분석하여 질병 진단 및 치료 방향을 결정하는 데 도움

(2) 교통 분야: 스마트 교차로, 자율주행 자동차 등에서 교통 흐름을 최적화하고 사고를 예방

(3) 환경 및 재해 관리: 위성 영상, 기상 데이터를 분석하여 오염 감시 및 자연재해 예측, 기후 변화 대응 방향을 제시

의료 분야 의료 분야에서는 인공지능을 활용해 질병을 조기에 진단하고, 환자의 건강 상태를 모니터링하여 맞춤형 치료를 제공할 수 있다. 의료 영상 분석을 통해 암이나 폐렴과 같은 질병을 조기에 발견할 수 있으며, 환자의 건강 데이터를 분석하여 발병 가능성을 알려 준다. 이를 통해 의료진은 보다 정확한 진단과 치료 계획을 세울 수 있다. **예** 흉부 엑스레이에서 암을 감지하는 인공지능

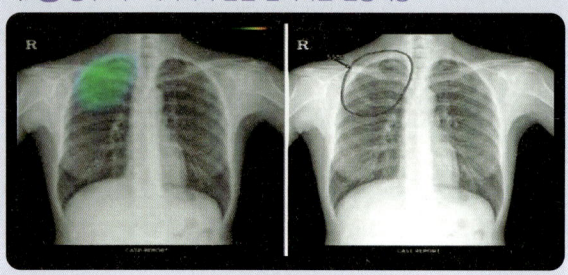

교통 분야 인공지능은 교통 상황을 분석하고 예측하여 교통 혼잡을 줄이고, 사고 발생을 예방하는 데 도움을 준다. 자율주행 기술은 차량이 도로에서 스스로 주행할 수 있게 하여 교통사고를 줄이고 운전자의 피로도를 낮출 수 있다. 또한 교통 데이터를 실시간으로 분석해 최적의 경로를 안내함으로써 이동 시간을 줄이고, 교통의 흐름을 개선하는 데 기여한다. **예** 스마트 교차로 신호 시스템

스마트 교차로 시스템 · 자율주행 자동차

환경 및 재해 관리 분야 환경 보호와 재해 관리 분야에서는 인공지능을 이용해 환경 오염 상태를 감시하고, 자연재해를 사전에 예측할 수 있다. 위성 이미지와 센서 데이터를 분석하여 대기 오염, 수질 오염 등의 환경 문제를 감시하고, 기후 변화를 예측함으로써 미리 대응할 수 있다. 또한 인공지능을 활용해 홍수, 지진과 같은 자연재해 발생 가능성을 분석하여 사전 경고를 제공함으로써 인명과 재산 피해를 줄이는 데 기여한다. **예** 기상 관측 시스템

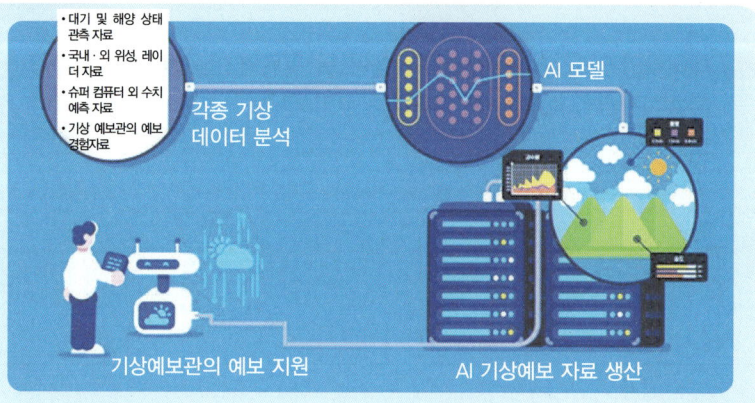

② 인공지능 시스템을 이용한 문제 해결 과정

1. 문제 해결 4단계

(1) 문제 정의: 우리 주변의 불편함을 찾고 인공지능으로 해결 가능한지 판단하여 목표를 명확히 세움

(2) 데이터 수집 및 분석: 문제 해결에 필요한 데이터를 모으고, 특징을 분석하여 유형별로 분류함

(3) 인공지능 모델 생성: 수집한 데이터를 인공지능 도구에 입력하여 학습시키고 판단 기준을 만듦

(4) 인공지능 모델 활용: 생성된 모델을 실제 프로그램에 적용하여 문제를 해결하고 결과를 확인

⬆ 인공지능 시스템을 이용한 문제 해결 과정

2. 인공지능 문제 해결의 예

예1 가위바위보 분류 프로그램

카메라로 촬영한 손 모양 이미지를 분석하여 가위, 바위, 보 중 하나로 구분하는 이미지 분류 모델을 활용

예2 날씨를 알려 주는 인공지능 비서

과거의 기온, 습도, 미세먼지 수치 데이터를 학습하여 내일의 날씨 상황을 추측하는 수치 예측 모델을 활용

모델 학습 시 유의점

① 데이터의 질과 양: 데이터가 다양하고 정확할수록 모델의 성능이 향상됨

② 지속적인 개선: 결과가 만족스럽지 않을 경우 데이터를 보완하거나 학습 조건을 변경하여 재학습시켜야 함

학습 반복 횟수의 중요성

학습 횟수가 너무 적으면 데이터의 특징을 충분히 익히지 못하고, 너무 많으면 학습 데이터에만 지나치게 맞춰져 새로운 데이터를 처리하는 성능이 떨어질 수 있음. 따라서 문제에 맞는 적절한 횟수를 찾는 것이 핵심

기존 AI와 생성형 AI의 차이

구분	기존 AI	생성형 AI
역할	분석, 분류	생성
예시	스팸 메일 분류	이메일 작성
결과	정답 찾기	새로운 결과 만들기

더 알아보기 생성형 인공지능(Generative AI)

대량의 데이터를 학습해서 패턴을 이해한 뒤, 그 패턴을 바탕으로 새로운 결과(콘텐츠)를 만들어내는 인공지능 기술로, 다음과 같은 기능을 한다.

🖊 글: 기사, 소설, 이메일   🖼 이미지: 그림, 일러스트, 사진 스타일 이미지

🎵 음악: 멜로디, 배경음악   🖥 코드: 프로그램 코드 생성   🎬 영상: 짧은 영상이나 애니메이션

점검 하기

1 다음에서 설명하는 것은 무엇인가?

> 데이터를 특정 기준이나 범주로 나누어 구분하는 인공지능의 활용 유형

2 다음 빈칸에 알맞은 단어를 쓰시오.

> 인공지능 문제 해결 과정: 문제 정의 → (   ) → 모델 생성 → 모델 활용

정답 **1** 분류 **2** 데이터 수집 및 분석

개념 확인 문제

01 다음 중 인공지능 문제 해결의 유형 중 '예측'이 활용된 사례로 가장 적절한 것은?

① 손글씨 숫자가 1인지 2인지 구분하여 보여 준다.

② 스팸 메일함으로 들어온 메일을 자동으로 분류한다.

③ 마이크로 입력된 음성이 누구의 목소리인지 판별한다.

④ 사진 속 인물이 마스크를 썼는지 안 썼는지 구별한다.

⑤ 어제까지의 기온 데이터를 바탕으로 내일의 기온을 추측한다.

02 인공지능 모델을 이용한 프로그램에서 인공지능이 판단한 결괏값(예 가위)을 확인하기 위해 사용하는 블록은?

① [인식 결과] 블록

② [신호 보내기] 블록

③ [변수 만들기] 블록

④ [모양 바꾸기] 블록

⑤ [복제본 만들기] 블록

03 우리의 실생활 중 교통 분야에서 인공지능을 활용할 수 있는 것으로 적절한 것은?

① 도로를 깨끗하게 청소한다.

② 교통의 흐름을 최적화한다.

③ 더러운 차량을 정기적으로 세차한다.

④ 파손된 도로를 보수하거나 새로 깐다.

⑤ 주행하는 차량의 연료가 부족할 때 보충한다.

04 인공지능 시스템을 이용한 문제 해결 4단계 중 가장 먼저 수행해야 하는 단계는?

① 모델 활용

② 모델 생성

③ 문제 정의

④ 데이터 수집

⑤ 데이터 분석

05 다음 글에서 설명하는 인공지능 기술은 무엇인가?

> 텍스트, 오디오, 이미지 등의 기존 콘텐츠를 활용하여 유사한 콘텐츠를 새로 만들어 내는 인공지능 기술

정답 및 해설

정답

01 ⑤   **02** ①   **03** ②   **04** ③   **04** 생성형 인공지능

해설

01 기존 데이터를 바탕으로 미래의 수치나 상황을 추정하는 것을 '예측'이라고 한다. 나머지는 모두 '분류'의 사례에 해당한다.

02 인공지능이 데이터를 분석하여 도출한 최종 판단 내용은 '인식 결과' 블록에 저장되어 활용된다.

03 인공지능은 교통 상황을 실시간으로 분석하고 예측하여 혼잡을 줄이고 원활한 흐름을 만들어낸다. 이를 통해 이동 시간을 단축하고 교통 효율을 높이는 데 중요한 역할을 한다.

04 해결할 문제를 명확히 하고 인공지능 적용 가능성을 판단하는 '문제 정의'가 첫 단계이다.

05 다양한 형태의 기존 데이터를 학습하여 그와 유사하거나 새로운 콘텐츠를 만들어내는 기술을 생성형 인공지능이라고 한다.

시험 대비 문제

선택형

01 다음 중 인공지능 시스템이 인식한 결과(예 미세먼지 나쁨)에 따라 특정 동작을 실행하도록 설계하는 논리적 절차를 무엇이라 하는가?

① 알고리즘
② 모델 생성
③ 검증 데이터
④ 데이터 수집
⑤ 데이터 시각화

02 인공지능 모델을 적용한 가위바위보 게임에서 인공지능의 인식 정확도를 높이기 위한 방법으로 옳은 것은?

① 학습 반복 횟수를 0으로 설정한다.
② 가위 모양 사진만 수천 장 수집한다.
③ 배경이 아주 복잡한 곳에서만 촬영한다.
④ 다양한 각도와 밝기에서 손 모양 데이터를 수집한다.
⑤ 인공지능 모델 대신 사람이 직접 판단하도록 코드를 짠다.

03 다음 중 인공지능 시스템의 성능을 개선하기 위한 방법으로 옳지 <u>않은</u> 것은?

① 학습 반복 횟수를 조절한다.
② 인식이 잘 안 되는 데이터의 양을 보충한다.
③ 학습률이나 데이터 묶음 크기 등 조건을 변경한다.
④ 결과가 좋지 않아도 절대 재학습을 시키지 않는다.
⑤ 데이터가 수집된 환경의 조명이나 소음을 점검한다.

04 인공지능 모델 중 손글씨 숫자를 0부터 9까지 구별하는 데 가장 적합한 모델 유형은?

① 수치 예측
② 강화 학습
③ 소리 분류
④ 텍스트 분류
⑤ 이미지 분류

05 인공지능 모델 활용 단계에서 인식 결과가 특정 값과 일치하는지 비교하여 다음 동작을 결정할 때 주로 사용하는 프로그래밍 구조는?

① 변수
② 함수
③ 신호
④ 반복문
⑤ 조건문

06 인공지능 시스템을 이용한 문제 해결 4단계를 올바르게 나열한 것은?

① 모델 생성 → 데이터 수집 및 분석 → 문제 정의 → 모델 활용
② 문제 정의 → 데이터 수집 및 분석 → 모델 생성 → 모델 활용
③ 문제 정의 → 모델 활용 → 데이터 수집 및 분석 → 모델 생성
④ 모델 활용 → 문제 정의 → 데이터 수집 및 분석 → 모델 생성
⑤ 데이터 수집 및 분석 → 문제 정의 → 모델 활용 → 모델 생성

07 인공지능 모델 생성 단계에서 수행하는 활동으로 가장 적절한 것은?

① 전원을 차단한다.

② 데이터를 삭제한다.

③ 문제를 새로 정의한다.

④ 결과를 화면에 출력한다.

⑤ 수집한 데이터를 학습시켜 판단 기준을 만든다.

08 인공지능 모델 활용 단계의 설명으로 옳은 것은?

① 문제를 정의하는 단계

② 데이터를 분류하는 단계

③ 학습 반복 횟수를 조절하는 단계

④ 학습 데이터를 새로 수집하는 단계

⑤ 모델을 실제 프로그램에 적용하는 단계

09 인공지능 모델 학습 시 '학습 반복 횟수'를 조절하는 것에 대한 설명으로 옳은 것은?

① 학습 반복 횟수를 늘리면 데이터의 양도 자동으로 늘어난다.

② 학습 반복 횟수는 많으면 많을수록 무조건 성능이 좋아진다.

③ 학습 반복 횟수는 모델의 성능에 아무런 영향을 주지 않는다.

④ 학습 반복 횟수가 적으면 데이터의 특징을 충분히 익히지 못한다.

⑤ 학습 반복 횟수는 사람이 정하는 것이 아니라 컴퓨터가 알아서 정한다.

10 인공지능 시스템을 활용한 문제 해결 시 바람직한 태도는?

① 결과를 다시 검증하지 않는다.

② 결과를 사람이 판단하지 않는다.

③ 데이터의 오류 가능성을 고려한다.

④ 인공지능의 판단을 무조건 신뢰한다.

⑤ 모든 문제를 인공지능에 믿고 맡긴다.

11 다음 중 인공지능 시스템을 활용한 사회적 문제 해결 사례로 적절한 것은?

① 교통 신호를 무작위로 바꾼다.

② 개인의 일기를 몰래 분석한다.

③ 비밀번호를 무작위로 해제한다.

④ 시험 문제 정답을 자동으로 유출한다.

⑤ 오염 수치를 예측하여 공장 가동을 조절한다.

12 인공지능 시스템을 이용한 문제 해결 4단계 중 가장 마지막에 수행해야 하는 단계는?

① 문제 정의

② 모델 활용

③ 모델 생성

④ 데이터 수집

⑤ 데이터 분석

13 다음 인공지능을 이용한 문제 해결 사례 중 분류의 사례로 알맞는 것은?

① 손으로 작성된 숫자를 0~9로 구분한다.

② 습도 데이터를 분석해 기온을 추정한다.

③ 기상 데이터를 분석해 강수량을 예상한다.

④ 교통 데이터를 분석해 도착 시간을 예측한다.

⑤ 과거 매출을 바탕으로 다음 달 매출을 추정한다.

14 우리의 실생활 중 의료 분야에서 인공지능의 활용 사례로 알맞은 것은?

① 알람 설정

② 전등 켜기

③ 계산 수행

④ 스톱워치 작동

⑤ 엑스레이 영상 분석

15 인공지능 모델을 생성할 때 학습의 반복 횟수가 너무 많으면 발생하는 문제는 무엇인가?

① 학습 결과가 자동으로 수정된다.

② 데이터의 양이 자동으로 증가한다.

③ 새로운 데이터 처리 능력이 저하된다.

④ 모델이 학습을 전혀 하지 못하고 갑자기 삭제된다.

⑤ 학습 반복 횟수가 증가할 때마다 모델이 점점 더 정확해진다.

16 환경 재해 관리 분야에서의 인공지능 활용 사례로 볼 수 있는 것은?

① 계산 수행

② 소리 재생

③ 스위치 제어

④ 화면 밝기 조절

⑤ 기상 데이터 분석을 통한 재해 예측

17 인공지능을 활용한 문제 해결의 주요 유형 중 데이터를 정해진 범주로 나누는 것을 무엇이라고 하는가?

18 인공지능을 활용한 문제 해결의 주요 유형 중 기존 데이터를 학습하여 미래 결과를 추정하는 기능을 무엇이라고 하는가?

19 인공지능 시스템으로 문제를 해결할 때 모델 생성 전에 데이터 분석 및 시각화가 필요한 이유를 설명하시오.

20 인공지능을 이용해 가위바위보 게임을 만들 때 변수를 사용하는데, 변수가 필요한 이유를 서술하시오.

04 인공지능 윤리

학습 목표 ・인공지능 학습에 필요한 데이터 수집과 활용에서 발생하는 윤리적 문제의 해결 방안을 제시할 수 있다.

인공지능 윤리의 핵심 가치
① 공정성(차별 없음)
② 투명성(판단 근거 공개)
③ 책임성(결과에 대한 책임)

1 인공지능 윤리의 개념과 필요성

1. 인공지능 윤리의 정의

(1) 인공지능을 개발, 운영, 사용하는 과정에서 발생할 수 있는 사회적, 법적, 윤리적 문제를 다루는 영역

(2) 기술적 완성도만큼이나 인간의 존엄성과 사회적 가치를 보호하는 것이 중요

2. 인공지능 윤리의 주체별 역할

(1) 개발자: 프로그램을 만드는 과정에서 편향이나 차별이 들어가지 않도록 사회적 책임을 다해야 함

(2) 사용자: 인공지능을 단순히 편리하게 쓰는 것을 넘어 타인에게 피해를 주지 않도록 윤리적 책임을 가지고 사용해야 함

(3) 운영・관리자: 인공지능이 공정하고 안전하게 운영되도록 감독과 관리를 철저히 해야 함

인공지능 개발자	인공지능 사용자	인공지능 운영・관리자

・인공지능 개발자는 프로그램 개발 과정에서 윤리적 책임이 있다. ・알고리즘에 개인적 편견이나 사회적, 문화적 차별이 반영되지 않게 주의해야 하며, 발견된 편향은 즉시 수정해야 한다. 이 과정은 인공지능이 공정하고 윤리적으로 운영될 수 있도록 만드는 핵심 요소로, 개발자는 알고리즘과 데이터를 신중하게 검토하고, 편향을 줄이는 노력을 지속적으로 해야 한다.	・인공지능 사용자는 소비자이자, 사회적 문제의 참여 주체다. ・자율주행 자동차에서 발생한 사고의 책임이나, 생명과 관련된 결정을 인공지능에 맡겨도 되는지 등의 문제들에 대한 명확한 규제나 사회적 합의, 사용자의 책임을 명확하게 알고 이러한 논의에 적극적으로 참여해야 한다.	・인공지능의 운영 관리자는 인공지능 시스템이 문제 없이 작동하도록 하는 역할을 담당한다. ・시스템에서 오류나 편향이 발견될 경우, 수정할 책임이 있고 개인 정보와 사생활을 보호하기 위한 보안 조치를 철저히 실행해야 한다. 따라서 관리자는 기술적 능력뿐만 아니라 윤리적 판단력과 이에 따른 책임을 지닌 상태에서 인공지능 시스템을 운영해야 한다.

⬆ 개발자, 사용자, 운영・관리자 등 관점에 따라 고려해야 할 인공지능 윤리

2 인공지능 학습 데이터와 윤리

1. 데이터 수집과 학습에서의 문제

(1) 프라이버시 침해: 위치 정보, 음성, 영상 등 개인의 민감한 정보가 동의 없이 학습 데이터로 사용되어 유출될 위험이 있음

(2) 저작권 침해: 저작권이 있는 글, 그림, 음악 등을 무단으로 인공지능 학습에 활용하여 창작자의 권리를 침해하는 문제

2. 데이터의 품질과 편향성

(1) 데이터 편향성: 인공지능이 학습하는 데이터가 특정 집단이나 상황에 치우쳐 있어 결과가 왜곡되거나 불공정하게 나타나는 현상

(2) 영향: 편향된 데이터를 학습한 인공지능은 특정 인종이나 성별에 대해 차별적인 판단을 내릴 수 있음

편향
정보가 특정한 방향이나 관점으로 치우쳐진 상태

③ 인공지능 활용 시 발생하는 윤리적 문제와 해결 방안

1. 발생 가능한 윤리적 문제

(1) 데이터 동의 문제: 사용자가 데이터 수집의 목적과 기간 등을 명확히 인지하지 못한 채 정보가 수집되는 문제

(2) 책임 소재 불분명: 인공지능 시스템에 오류가 생겨 피해가 발생했을 때 누가 책임을 질 것인지에 대한 논쟁

돌아가신 할머니의 목소리로 책을 읽어주는 음성 합성 서비스로, 사망자의 목소리 정보 침해로 논란이 된 인공지능 스피커

채팅 앱의 데이터를 무분별하게 학습하여 혐오 발언을 하고 대화 내용 속의 개인 정보 데이터를 학습하여 개인 정보를 유출한 인공지능 챗봇

⬆ 윤리적 문제 사례

2. 윤리적 문제 해결 방안

(1) 투명성과 최소화: 데이터 사용 목적과 보관 기간을 투명하게 공개하고, 불필요한 개인 정보는 수집하지 않는 '데이터 최소 수집의 원칙'을 지켜야 함

(2) 데이터 품질 관리: 편향되지 않은 양질의 데이터를 수집하고, 개인 정보를 필터링하여 안전하게 관리해야 함

(3) 제도적 대응: 국가 차원의 인공지능 윤리 가이드라인을 마련하고 법적 규제를 강화하여 기술 오남용을 막아야 함

우리나라의 인공지능 윤리 기준
2020년에 '인간성을 위한 인공지능'을 목표로 하는 3대 기본 원칙과 10대 핵심 요건을 마련함

🔍 점검 하기

1 다음에서 설명하는 것은 무엇인가?

> 특정 집단에 치우친 데이터를 학습하여 결과가 왜곡되거나 불공정하게 나타나는 현상

2 다음에서 설명하는 용어를 쓰시오.

> 인공지능이 '왜' 그런 판단을 내렸는지 인간이 이해할 수 있게 공개해야 한다는 원칙

정답 **1** 데이터 편향성 **2** 투명성

01 다음 중 인공지능 윤리의 주체별 역할에 대한 설명으로 옳은 것은?

① 사용자는 인공지능 개발 과정에만 참여하면 된다.

② 운영자는 인공지능이 낸 결과에 대해 아무런 책임이 없다.

③ 인공지능 스스로가 모든 도덕적 판단과 책임을 져야 한다.

④ 개발자는 알고리즘 설계 시 편향성이 들어가지 않도록 책임져야 한다.

⑤ 사용자는 타인에게 피해를 주는 용도로 인공지능을 자유롭게 써도 된다.

02 인공지능 학습 데이터를 수집할 때 저작권 침해를 예방하기 위한 올바른 방법은?

① 인터넷에 있는 그림은 무조건 가져다 써도 된다.

② 저작권자의 허락 없이 학습 데이터로 몰래 활용한다.

③ 외국 사이트의 자료는 저작권을 지키지 않아도 된다.

④ 인공지능이 만든 작품은 저작권이 없으므로 무조건 공개한다.

⑤ 저작권 보호 기간이 끝난 자료나 사용을 허락받은 자료를 활용한다.

03 다음 중 인공지능 '공정성' 원칙을 위반한 사례는?

① 사용자의 위치 정보를 미리 동의받고 수집

② 보안 강화를 위해 개인 정보를 암호화하여 저장

③ 인공지능의 판단 근거를 상세히 설명해 주는 서비스

④ 누구나 무료로 사용할 수 있도록 공개된 인공지능 소프트웨어

⑤ 특정 지역 출신 지원자에게만 유리한 점수를 주는 채용 인공지능

04 다음에서 설명하는 용어는 무엇인가?

> 인공지능 기술로 사람의 얼굴이나 목소리를 합성하여 실제 인물처럼 보이거나 들리도록 만든 영상이나 음성

05 인공지능 활용 시 윤리적 문제를 해결하기 위한 방법 중 아래에서 설명하는 원칙은 무엇인가?

> 불필요한 개인 정보를 모으지 않는 원칙

정답 및 해설

정답

01 ④   02 ⑤   03 ⑤   04 딥페이크   05 데이터 최소 수집의 원칙 (또는 최소 수집 원칙)

해설

01 개발자는 설계 단계에서부터 공정성을 확보해야 할 사회적 책임이 있다.

02 인공지능 학습 시에도 타인의 지식재산권을 존중하고 정당한 절차를 거쳐 데이터를 확보해야 한다.

03 특정 배경이나 조건을 이유로 차별적인 판단을 내리는 것은 공정성을 위반하는 대표적인 사례이다.

04 딥페이크는 정보 왜곡 및 개인 인권 침해의 위험이 있는 기술적 쟁점이다.

05 프라이버시 보호를 위해 목적 달성에 필요한 최소한의 데이터만 수집해야 한다.

시험 대비 문제

01 인공지능 윤리가 필요한 근본적인 이유로 가장 적절한 것은?

① 인공지능 로봇의 가격을 낮추기 위해서

② 인공지능 소프트웨어의 버그를 없애기 위해서

③ 전 세계 모든 사람이 인공지능 개발자가 되기 위해서

④ 인공지능이 인간의 판단에 지대한 영향을 미치기 때문에

⑤ 인공지능이 사람보다 계산을 더 빠르게 할 수 있기 때문에

02 인공지능 학습 과정에서 발생하는 '데이터 편향성'의 원인으로 옳은 것은?

① 인터넷 연결 상태가 불안정해서

② 인공지능 모델의 학습 속도가 너무 빨라서

③ 학습에 사용되는 데이터의 양이 너무 많아서

④ 개발자가 인공지능에 정답을 알려주지 않아서

⑤ 학습 데이터 자체가 특정 집단이나 상황에 치우쳐 있어서

03 다음 중 인공지능 윤리 기준의 10대 핵심 요건 중 투명성을 높이는 방법으로 옳은 것을 모두 고른 것은?

> 가. 인공지능이 왜 그런 결과를 내놓았는지 근거를 설명한다.
> 나. 데이터 수집 시 어떤 정보가 사용되는지 사용자에게 알린다.
> 다. 보안을 위해 모든 알고리즘을 완벽하게 비밀로 한다.
> 라. 인공지능의 판단 과정을 인간이 검증할 수 있다.

① 가, 나

② 가, 라

③ 가, 나, 라

④ 나, 다, 라

⑤ 가, 나, 다, 라

04 인공지능 시스템에 의해 예상치 못한 피해가 발생했을 때 누가 책임을 질 것인지 묻는 윤리적 가치는?

① 공정성   ② 투명성

③ 책임성   ④ 신속성

⑤ 다양성

05 다음 중 저작권 침해에 해당하지 <u>않는</u> 것은?

① 동의 없이 공개된 영상

② 무단으로 복제한 이미지

③ 출처를 밝히지 않은 데이터

④ 허락 없이 사용한 예술 작품

⑤ 저작권 보호 기간이 끝난 자료

06 인공지능 윤리 중 공정성을 확보하는 방법으로 적절한 것은 무엇인가?

① 알고리즘을 공개하지 않는다.

② 다양한 집단 데이터를 포함한다.

③ 데이터 양을 최소한으로 줄인다.

④ 특정 집단의 데이터만 반영한다.

⑤ 일부 사용자를 강제로 차단한다.

07 인공지능을 활용할 때 발생할 수 있는 윤리적 문제 중 책임 소재 문제와 가장 관련 깊은 상황은?

① 서버 속도를 늦추어 접속이 지연되었다.

② 번역 오류를 내어 번역서의 내용이 어색해졌다.

③ 인공지능이 배터리 소모를 늘려 기기가 빨리 꺼졌다.

④ 잘못된 채용 판단을 내려 지원자가 부당한 피해를 입었다.

⑤ 인공지능이 추천한 게임이 재미없어 사용자가 불만을 가졌다.

08 다음 중 인공지능 오남용 사례로 볼 수 있는 것은?

① 재난 예측

② 환경 오염 예측

③ 의료 진단 보조

④ 장애인 보조 시스템

⑤ 딥페이크로 가짜 뉴스 제작

09 인공지능의 윤리적 문제 해결 방안 중 '데이터 최소 수집 원칙'의 목적은 무엇인가?

① 가능한 많은 데이터를 모은다.

② 컴퓨터의 저장 공간을 확보한다.

③ 인공지능의 학습 속도를 향상한다.

④ 개인 정보를 필요 이상으로 많이 확보한다.

⑤ 목적 달성에 필요한 최소한의 데이터만 수집한다.

10 우리나라에서 인공지능 윤리 기준을 제정한 연도는 언제인가?

① 2017년

② 2018년

③ 2020년

④ 2023년

⑤ 2025년

11 인공지능 개발자가 윤리적으로 실천해야 할 행동은 무엇인가?

① 편향 무시

② 개발 목적 미공개

③ 개인 정보 무단 활용

④ 결과에 대한 책임 회피

⑤ 알고리즘 설계 시 공정성 고려

12 다음 중 인공지능 서비스를 사용하는 사용자의 올바른 태도로 가장 적절한 것은?

① 인공지능이 제시한 결과를 무조건 사실로 믿는다.

② 윤리 문제는 기술 전문가만 고민하면 된다고 생각한다.

③ 인공지능의 문제는 모두 개발자의 책임이라고 생각한다.

④ 인공지능의 기능을 타인을 속이거나 피해를 주는 데 활용한다.

⑤ 인공지능의 결과가 사회와 타인에게 미칠 영향을 고려하며 책임감 있게 사용한다.

13 인공지능 윤리의 핵심 가치 중 투명성이 부족할 경우 나타날 수 있는 문제는?

① 속도 감소

② 판단 근거 불신

③ 저장 공간 증가

④ 모델 무게 증가

⑤ 데이터 자동 삭제

14 다음 중 인공지능 학습 데이터를 윤리적으로 활용한 사례로 가장 적절한 것은?

① 개인 정보를 공개된 게시판에 그대로 게시한다.

② 수집 목적을 알리지 않고 개인 정보를 저장한다.

③ 개인 정보를 익명 처리한 후 학습 데이터로 활용한다.

④ 타인의 비공개 자료를 허락 없이 수집하여 모델을 학습시킨다.

⑤ 사용자의 동의 없이 얼굴 사진을 촬영하여 학습 데이터로 활용한다.

15 다음 중 인공지능 윤리가 지향하는 궁극적인 목표로 가장 적절한 것은?

① 시장 점유율을 높이는 것

② 기업의 수익을 극대화하는 것

③ 인공지능의 처리 속도를 최대한 빠르게 하는 것

④ 기술 발전이 인간의 존엄성과 권리를 보호하는 것

⑤ 자동화를 통해 사람의 역할을 완벽하게 대체하는 것

16 데이터의 편향성이 지속될 경우 발생할 수 있는 문제는 무엇인가?

① 차별적 결과 발생

② 의사 결정의 왜곡

③ 잘못된 추천 제공

④ 사용자의 만족도 감소

⑤ 저장 공간의 과도한 사용

단답형

17 인공지능이 내린 판단의 근거를 설명할 수 있어야 한다는 원칙은 무엇인가?

_____

18 학습 데이터가 특정 집단에 치우쳐 인공지능이 차별적 판단을 내리는 현상을 무엇이라 하는가?

_____

19 인공지능 학습에 필요한 데이터를 수집하는 과정에서 사용자로부터 반드시 받아야 하는 것은 무엇인가?

_____

서술형

20 인공지능 학습 데이터를 수집할 때 프라이버시 보호를 위해 개발자가 실천해야 할 여러 조치 중 한 가지를 선택하고 그것이 무엇인지 서술하시오.

_____

_____

_____

_____

대단원 마무리 문제

선택형

01 인공지능의 특성에 대한 설명으로 옳지 <u>않은</u> 것은?

① 인식은 센서를 통해 데이터를 받아들이는 과정이다.

② 탐색은 여러 경우의 수 중 최선을 선택하는 기능이다.

③ 학습을 통해 인공지능은 성능을 스스로 개선할 수 있다.

④ 인공지능은 반드시 사람이 입력한 고정된 결괏값만 출력한다.

⑤ 추론은 이미 알고 있는 정보를 통해 새로운 사실을 이끌어낸다.

02 인공지능의 특성 중 '인식'의 사례로 가장 적절한 것은?

① 데이터를 반복 분석한다.

② 학습 결과로 모델을 생성한다.

③ 얼굴을 촬영해 누구인지 구별한다.

④ 여러 길 중 가장 빠른 길을 찾는다.

⑤ 과거 매출을 분석해 다음 달 매출을 예측한다.

03 인공지능 시스템의 성능 향상에 가장 필수적인 요소는 무엇인가?

① 비싼 모니터

② 수동 조작 리모컨

③ 화려한 화면 디자인

④ 복잡한 사용 설명서

⑤ 양질의 많은 학습 데이터

04 다음 (가), (나)에서 인공지능의 어떤 특성이 활용되었는지 바르게 연결한 것은?

> (가) 카메라를 통해 들어온 이미지가 '꽃'임을 구별
> (나) 과거의 습도와 기온 데이터를 통해 내일 비가 올지 예측

① (가) 학습 − (나) 추론   ② (가) 인식 − (나) 학습

③ (가) 인식 − (나) 추론   ④ (가) 추론 − (나) 탐색

⑤ (가) 학습 − (나) 인식

05 다음 중 일반 소프트웨어의 특징으로 옳은 것은?

① 결과가 항상 변한다.

② 학습을 통해 자동 개선된다.

③ 데이터가 많을수록 진화한다.

④ 사람이 정한 규칙에 따라 동작한다.

⑤ 데이터를 통해 규칙을 스스로 생성한다.

06 일반 소프트웨어와 인공지능 소프트웨어의 비교로 옳지 <u>않은</u> 것은?

① 일반 소프트웨어는 결과가 고정적이고 예측 가능하다.

② 일반 소프트웨어는 사람이 정한 규칙을 코드로 작성한다.

③ 인공지능 소프트웨어는 데이터가 늘어날수록 성능이 좋아진다.

④ 인공지능 소프트웨어는 데이터를 통해 스스로 규칙을 생성한다.

⑤ 일반 소프트웨어는 인공지능 소프트웨어보다 복잡한 상황을 더 잘 처리한다.

07 인공지능 학습에 사용되는 데이터의 질이 인공지능의 성능을 좌우한다는 말과 가장 관련이 깊은 것은?

① 데이터 수집은 시간이 아까우므로 대충 해도 된다.

② 인공지능은 마법과 같아서 데이터 없이도 잘 작동한다.

③ 데이터의 종류가 많을수록 인공지능의 무게가 무거워진다.

④ 좋은 데이터를 학습한 인공지능이 더 정확한 판단을 내린다.

⑤ 인공지능은 한 번 학습하면 데이터가 바뀌어도 결과가 같다.

★★★

08 다음 중 인공지능 모델을 생성하기 위해 꼭 필요한 과정은?

① 화면 출력   ② 반복 학습
③ 전원 공급   ④ 데이터 삭제
⑤ 화면 밝기 조절

★★

09 다음 중 인공지능 학습 데이터의 특성에 대한 설명으로 옳지 않은 것은?

① 충분성 – 학습 데이터의 양이 넉넉해야 한다.
② 관련성 – 해결하려는 문제와 관련된 데이터여야 한다.
③ 다양성 – 한 종류의 데이터만 집중적으로 모아야 한다.
④ 신뢰성 – 믿을 수 있는 출처에서 수집된 데이터여야 한다.
⑤ 정확성 – 데이터에 오류가 없고 실제 정보와 일치해야 한다.

★★★★

10 다음 중 인공지능 학습 데이터의 다양성 부족으로 인해 범하기 쉬운 오류는?

① 기상 데이터를 정확하게 학습하여 내일 날씨를 맞힌다.
② 텍스트 데이터를 학습하여 스팸 메일을 정확하게 골라낸다.
③ 사과 사진을 10만 장 학습한 인공지능이 사과를 잘 구별한다.
④ 음성 데이터를 반복 학습하여 주인의 목소리를 정확히 인식한다.
⑤ 흰색 강아지 사진만 학습한 인공지능이 검은색 강아지를 고양이라고 판단한다.

★★

11 인공지능 시스템을 구축할 때 가장 먼저 수행해야 하는 단계는?

① 평가   ② 적용
③ 문제 정의   ④ 모델 생성
⑤ 데이터 수집

★★

12 다음 중 인공지능 시스템을 이용한 문제 해결 과정의 올바른 절차는 무엇인가?

① 문제 정의 → 데이터 수집 및 분류 → 학습 → 모델 생성 및 적용
② 데이터 수집 및 분류 → 문제 정의 → 학습 → 모델 생성 및 적용
③ 데이터 수집 및 분류 → 모델 생성 및 적용 → 학습 → 문제 정의
④ 모델 생성 및 적용 → 데이터 수집 및 분류 → 문제 정의 → 학습
⑤ 문제 정의 → 모델 생성 및 적용 → 학습 → 데이터 수집 및 분류

★★★

13 인공지능 학습 데이터의 신뢰성이 확보되지 않았을 때 발생할 수 있는 문제는?

① 판단 기준 왜곡
② 저장 속도 증가
③ 학습 시간 단축
④ 모델 무게 감소
⑤ 데이터 자동 정제

★★★★

14 인공지능 모델의 성능을 높이기 위해 데이터를 보완하는 방법으로 적절하지 않은 것은?

① 학습 데이터의 양을 기존보다 훨씬 더 많이 늘린다.
② 사진의 촬영 각도를 다양하게 하여 다시 학습시킨다.
③ 검증 데이터 통해 모델의 문제점을 파악하고 재학습한다.
④ 결과가 좋지 않아도 처음에 만든 모델을 그대로 사용한다.
⑤ 주변의 소음이나 조명을 일정하게 조절한 데이터를 수집한다.

★★★★

15 다음 중 인공지능을 이용한 문제 해결의 주요 유형인 '분류'와 '예측'의 차이점에 대한 설명으로 옳지 <u>않은</u> 것은?

① 분류는 데이터를 정해진 범주로 나누는 것이다.

② 스팸 메일 차단 서비스는 전형적인 분류 사례이다.

③ 도착 예정 시간 안내 서비스는 전형적인 예측 사례이다.

④ 예측은 기존 데이터를 통해 미래의 값을 추측하는 것이다.

⑤ 예측 모델은 데이터가 없어도 미래를 완벽하게 알 수 있다.

★★★

16 인공지능 시스템에서 수집한 방대한 데이터를 차트나 그래프로 시각화하여 얻을 수 있는 가장 큰 효과는?

① 데이터의 양을 억지로 늘려준다.

② 인공지능 모델의 무게를 줄여준다.

③ 인공지능 로봇의 이동 속도를 빠르게 한다.

④ 코딩에 필요한 블록의 개수를 자동으로 줄여준다.

⑤ 데이터 사이에 숨겨진 패턴과 경향성을 쉽게 파악할 수 있다.

★★★★

17 다음 중 인공지능 시스템을 활용하여 사회적 가치를 실현하는 사례로 가장 적절하지 <u>않은</u> 것은?

① 개인의 비밀 일기장을 몰래 훔쳐보는 시스템

② 장애인의 음성을 인식하여 가전제품을 제어해 주는 시스템

③ 환경 오염 수치를 예측하여 자동으로 공장을 제어하는 시스템

④ 독거노인의 표정을 인식하여 정서적 이상 징후를 감지하고 돕는 시스템

⑤ 쓰레기 분리배출 사진을 분석하여 올바른 배출 방법을 안내하는 시스템

★★

18 다음 중 인공지능 윤리 가이드라인의 핵심 원칙인 '인간 존엄성 보장'과 가장 거리가 <u>먼</u> 것은?

① 인공지능은 인간의 삶을 풍요롭게 하는 도구여야 한다.

② 기술 개발 과정에서 인간의 기본권을 침해해서는 안 된다.

③ 모든 인공지능은 사람보다 더 높은 지능을 가져야만 한다.

④ 인공지능 활용 시 발생할 수 있는 위험을 최소화해야 한다.

⑤ 인공지능이 인간을 차별하거나 도구로 활용해서는 안 된다.

★★

19 인공지능 모델 학습 시 저작권 문제가 발생하기 쉬운 상황은?

① 자신이 직접 촬영한 사진을 학습시킬 때

② 누구나 사용 가능한 공공 데이터를 활용할 때

③ 저작권 보호 기간이 만료된 소설을 학습시킬 때

④ 데이터 수집 시 목적을 명확히 밝히고 동의를 얻었을 때

⑤ 다른 사람이 정성껏 만든 예술 작품을 허락 없이 학습시킬 때

★★★

20 인공지능의 공정성을 확보하기 위해 학습 데이터 구성 시 고려해야 할 점은?

① 데이터의 양을 최소한으로 줄여서 학습한다.

② 특정 연령대의 데이터만 집중적으로 수집한다.

③ 인공지능 소프트웨어를 최신 버전으로 업데이트한다.

④ 모니터의 해상도를 최대한 높여서 데이터를 관찰한다.

⑤ 다양한 인종, 성별, 연령대의 데이터를 고르게 포함한다.

★★★★

21 다음 중 인공지능 학습 데이터의 편향을 줄이기 위한 가장 적절한 방법은?

① 무작위로 데이터를 삭제한다.

② 동일한 사례를 반복하여 학습한다.

③ 학습하는 데이터의 양이 감소한다.

④ 다양한 연령 및 지역 데이터를 포함한다.

⑤ 특정 집단의 데이터만 반복적으로 학습한다.

★
22 인공지능 윤리가 필요한 가장 큰 이유는 무엇인가?

① 저장 공간을 늘리기 위해

② 인간과 사회에 큰 영향을 미치기 때문에

③ 인공지능이 더 빠르게 연산을 수행하게 하려고

④ 인공지능을 활용하면 화면을 예쁘게 만들 수 있기 때문에

⑤ 여러 직업을 기계가 대신하여 자동화가 확대될 수 있기 때문에

★★
23 다음 중 인공지능 운영자가 인공지능 시스템을 관리할 때 맡아야 할 역할 중 가장 적절한 것은 무엇인가?

① 시스템 문제가 생겨도 그냥 둔다.

② 개인 정보를 허락 없이 공개한다.

③ 발생한 문제를 관리하고 개선한다.

④ 문제가 생긴 데이터를 무단으로 삭제한다.

⑤ 시스템에 문제가 생기면 사용자에게 책임을 떠넘긴다.

단답형
★★
24 인공지능의 특성 중에서 여러 경우의 수 중 가장 적절한 해결 방법을 찾는 것을 무엇이라고 하는가?

_____

★★
25 인공지능의 특성 중에서 학습된 데이터를 바탕으로 새로운 상황에 대한 결론을 도출하는 것을 무엇이라고 하는가?

_____

★★
26 인공지능 학습 데이터의 유형 중 숫자로 표현되어 계산과 분석이 가능한 유형은 무엇인가?

_____

★★
27 프로그래밍을 할 때 프로그램 실행 중 변하는 값을 저장하는 공간을 무엇이라고 하는가?

_____

★★
28 인공지능 윤리의 핵심 가치 중 인공지능이 인간을 차별하지 않도록 보장하는 윤리 원칙을 무엇이라고 하는가?

_____

서술형
★★★★
29 인공지능 딥페이크 기술이 주는 편리함 뒤에 숨겨진 윤리적 위험성을 사례를 들어 설명하시오.

_____

_____

_____

★★★★★
30 인공지능 윤리 주체 중 '사용자'로서 우리가 가져야 할 태도를 '책임감'이라는 단어를 포함하여 서술하시오.

_____

_____

_____

★★★
31 다음 중 인공지능을 이용한 문제 해결의 주요 유형인 분류와 예측의 차이를 설명하시오.

_____

_____

디지털 문화

01 | 디지털 사회와 진로

02 | 디지털 윤리와 권리 보호

01 디지털 사회와 진로

학습 목표
• 디지털 기술의 개념을 이해하고, 디지털 사회의 특성을 설명할 수 있다.
• 디지털 사회에서의 직업 변화를 파악하고, 이에 적합한 진로를 설계할 수 있다.

1 디지털 사회의 이해

1. 디지털 기술과 디지털 사회

• 디지털 기술의 정의: 데이터를 생성, 저장, 처리하는 컴퓨팅 시스템 관련 기술
• 디지털 사회의 개념: 문제 해결을 위해 다양한 디지털 기술이 널리 활용되는 사회
• 디지털 사회의 발전 배경: 하드웨어(컴퓨터, 스마트폰, 로봇 등)의 발전과 소프트웨어(프로그래밍, AI 등) 등 컴퓨팅 시스템의 활용이 사회적으로 빠르게 확산됨

(1) 디지털 기술의 확장

❶ 개인적 활용: 필요한 업무 수행 및 여가 생활을 위해 태블릿, 스마트폰, 스마트 TV 등을 활용함
❷ 가정 내 활용: 로봇 청소기, 스마트 냉장고 등 가전제품을 통해 가사 노동의 편의성을 높임
❸ 사회적 활용: 일기 예보, 교통 제어, 재난 예방 등 공공의 문제 해결을 위한 거대 시스템을 운용함
❹ 기술의 선순환: 개인과 사회의 필요에 따라 기술이 발달하며 디지털 사회 영역이 지속적으로 확장됨

웨어러블 기기 (Wearable Device)
사용자가 몸에 착용하거나 휴대할 수 있는 컴퓨팅 시스템. 스마트 워치, 스마트 글라스 등이 대표적이며 일상의 편의를 도움

(2) 디지털 데이터의 생성과 공유

❶ 데이터 생성: SNS 탐색, 상품 구매 등 일상적인 디지털 활동을 통해 시간, 장소, 관심사 등의 데이터가 자동으로 생성
❷ 데이터 활용: 생성된 데이터를 분석하여 맞춤형 광고, 콘텐츠 추천, 이동 경로 안내 등 다양한 문제 해결에 활용
❸ 사용자 역량: 데이터의 중요성을 인식하고 이를 생성·수집·관리·활용하는 능력이 매우 중요함

구매 데이터	탐색 데이터	위치 데이터	친구 데이터
맞춤 상품 제공	**추천 콘텐츠 제공**	**이동 경로 안내**	**인적 네트워크 연결**
온라인에서 상품을 구입할 때, 구매 정보가 데이터가 되고, 이를 활용하여 소비자가 필요할 것으로 예상되는 맞춤 상품을 제공할 수 있다.	앱이나 웹사이트에서 특정한 콘텐츠를 소비하고 나면, 그 콘텐츠의 데이터를 기반으로 관련된 다른 콘텐츠를 추천한다.	특정한 장소를 찾아갈 때 나의 위치 정보를 제공하면, 위치 정보 데이터를 활용하여 가장 빠른 이동 경로를 안내할 수 있다.	메신저나 SNS를 통해 다른 사람과 관계를 맺게 되면, 그 사람과 연결된 다른 여러 사람과 소통할 수 있는 기회를 얻을 수 있다.

↑ 디지털 사회에서 활용되는 데이터

(3) 소프트웨어와 인공지능의 활용

❶ 필요성: 복잡하고 다양한 문제를 해결하기 위해 소프트웨어와 인공지능의 도움이 필요함

❷ 소프트웨어와 인공지능의 역할: 축적된 데이터를 바탕으로 주어진 문제를 분석하여 최적의 결과를 제공

❸ 사람의 역할: 문제 해결 과정이 원활한지 판단하고, 더 우수한 성능의 시스템을 개발 및 운용하는 능력을 갖춰야 함

2. 디지털 사회의 특성

디지털 기술을 기반으로 하는 디지털 사회는 다음과 같은 4가지 주요 특성을 가짐

(1) 지능화: 인공지능 기술의 발달로 주변 데이터를 수집·학습하여 상황을 인식하고 의사 결정을 내리는 지능적인 방식으로 동작함

(2) 개별화: 사용자의 데이터 분석을 통해 개인의 특성과 관심사를 파악하고, 맞춤형 콘텐츠나 광고를 제공하는 서비스가 중요해짐

(3) 자동화: 단순하고 반복적인 작업이나 과정을 컴퓨팅 시스템, 소프트웨어, 인공지능이 사람 대신 대신 처리함

(4) 연결성: 수많은 기기가 네트워크로 연결되어 사람과 사물 간에 빠른 속도로 데이터를 주고받으며 상호 작용함

디지털 데이터의 생성
우리가 온라인에서 하는 모든 활동(클릭, 머무는 시간 등)은 데이터로 기록되어 가치를 창출함

더 알아보기 · 디지털 사회의 장단점

디지털 사회의 각 특성은 우리에게 편리함을 주지만 동시에 고려해야 할 점도 존재함

특성	장점	단점
지능화	데이터를 학습하여 상황을 인식하고, 예측·추천을 통해 사람들의 의사 결정에 가치 있는 도움을 줌	인공지능 구동을 위해 막대한 양의 데이터와 에너지가 소비됨
개별화	개인의 취향과 특성을 분석하여 맞춤형 콘텐츠나 지역 기반 서비스, 맞춤형 광고 등을 제공함	과도한 개인 정보 수집이나 특정 정보에만 갇히는 현상이 발생할 수 있음
자동화	사람이 직접 해야 하는 단순하고 반복적인 작업을 컴퓨팅 시스템이 대신 처리하여 효율성을 높임	해당 분야의 일자리 감소나 시스템 오류 시 대처의 어려움이 있을 수 있음
연결성	시간과 공간의 제약을 줄여주고, 사람과 사물 간의 빠른 데이터 교류를 통해 가치 있는 정보를 생산함	네트워크 의존도가 높아져 사이버 공격이나 사생활 침해 위험이 커질 수 있음

② 디지털 사회와 진로 설계

1. 디지털 사회의 직업 변화

- 업무 환경의 변화: 디지털 기술의 발달로 사람이 담당했던 일이 디지털 기술을 활용하는 형태로 변화함
- 필수 역량: 디지털 기술을 활용하는 능력이 현대 사회의 중요한 직업적 역량으로 자리 잡음.
- 시공간의 제약 감소: 네트워크 연결을 통해 언제 어디서든 업무를 수행할 수 있는 환경이 조성됨
- 산업별 변화 사례
  ❶ 제조업: 스마트 팩토리 도입으로 로봇과 AI가 생산을 담당하고, 사람은 시스템 운영 및 점검을 수행함
  ❷ 서비스업: 온라인 쇼핑몰, 뱅킹 등 물리적 장소의 제약이 없는 서비스 모델이 확산됨
  ❸ 의료: 원격 진료 시스템을 통해 비대면 진단 및 처방이 이루어짐
  ❹ 농업: 데이터 기반의 스마트 팜(Smart Farm)을 통해 생산 효율을 극대화함

2. 디지털 기술 관련 직업

메타버스(Metaverse)
참가자들이 현실 세계와 유사하게 상호 작용하고 활동할 수 있는 디지털 환경

디지털 사회에서는 데이터와 컴퓨팅 시스템을 다루는 새로운 직업군이 중요해짐
  (1) 데이터 분석가: 대량의 데이터를 수집 · 처리 및 분석하여 의사 결정에 필요한 유용한 정보를 만들어 냄
  (2) 인공지능 엔지니어: 인공지능 시스템을 설계 · 제작하고, 성능 개선 및 보다 나은 판단을 내리도록 조정함
  (3) 사이버 보안 전문가: 컴퓨팅 시스템의 보안 취약점을 분석하여 외부의 사이버 공격을 예방함
  (4) 로봇 공학자: 물리적 장치와 소프트웨어를 결합하여 인간이 하기 어려운 일을 수행하는 로봇을 설계 · 개발함

더 알아보기 디지털 공간과 가상 사회

- 가상 사회의 형성: 네트워크로 연결된 디지털 기기를 통해 사람들이 모여 상호 작용하는 디지털 공간이 제공됨
- 주요 플랫폼: 사회관계망 서비스(SNS), 커뮤니티, 온라인 게임, 온라인 강의 등 특정 목적의 가상 사회가 존재함
- 현실과의 연결: 가상 사회의 사건이 실제 사회와 밀접하게 연결되어 영향을 주고받음
- 핵심 기술: 현실을 감각적으로 구현하는 메타버스, VR(가상 현실), AR(증강 현실) 기술이 가상 사회를 현실과 통합함

점검 하기

1 다음 설명에 알맞은 디지털 사회의 특성은 무엇인가?

> 디지털 기술을 사용할 때 발생하는 데이터를 분석하여 개인의 요구와 선호를 파악하고, 이를 기반으로 맞춤형 콘텐츠 추천이나 광고 등을 제공하는 특성

2 다음 설명에 알맞은 직업의 이름은 무엇인가?

> 인공지능 시스템을 설계 · 제작하고, 인공지능의 성능을 개선하며 보다 나은 판단을 내릴 수 있도록 조정하는 역할을 수행하는 직업

정답 **1** 개별화 **2** 인공지능 엔지니어

개념 확인 문제

01 다음 중 디지털 사회와 디지털 기술에 대한 설명으로 적절하지 **않은** 것은?

① 스마트 가전 덕분에 집안일을 더 편리하게 할 수 있다.
② 스마트폰, 로봇 등 다양한 컴퓨팅 기기가 많아지고 있다.
③ 데이터를 처리하고 계산하는 기술을 디지털 기술이라 한다.
④ 디지털 기술의 활용 범위는 점차 전문 분야로 좁아지고 있다.
⑤ 디지털 기술로 여러 문제를 해결하는 사회를 디지털 사회라 한다.

02 다음 중 디지털 사회의 특성에 대한 설명으로 적절하지 **않은** 것은?

① 개별화: 사용자의 취향에 맞는 맞춤형 서비스를 제공한다.
② 연결성: 기기들이 네트워크로 연결되어 데이터를 주고받는다.
③ 지능화: 데이터를 스스로 학습하고 판단하여 문제를 해결한다.
④ 예측과 추천: 지능화된 기술로 가치 있는 정보를 미리 알려준다.
⑤ 자동화: 사람이 직접 하는 반복 작업을 시스템이 옆에서 돕기만 한다.

03 디지털 사회에서의 직업적 변화에 대한 설명으로 적절하지 **않은** 것은?

① 공장의 생산 방식 등 여러 산업 분야가 변화하고 있다.
② 사람이 하던 일을 디지털 기술이 돕거나 대신하게 된다.
③ 디지털 기술을 잘 활용하는 능력이 중요한 실력이 된다.
④ 일하는 환경과 방식이 디지털 기술로 인해 많이 바뀌고 있다.
⑤ 네트워크 연결 덕분에 일할 때 시간과 공간의 제약이 늘어난다.

04 다음 빈칸 ㉠에 공통으로 들어갈 알맞은 용어를 쓰시오.

> 디지털 사회에서는 여러 컴퓨팅 시스템을 통해 다양한 디지털 (㉠)이(가) 생성됨. 이렇게 생성된 (㉠)은(는) 빠르게 처리되어 소비자가 필요로 하는 맞춤 상품을 제공하거나 복잡한 사회 문제를 해결하는 데 중요한 바탕이 된다.

05 다음 빈칸 ㉠, ㉡에 들어갈 알맞은 용어를 쓰시오.

> 디지털 사회는 해결해야 하는 문제가 많고 복잡하기 때문에 (㉠) 또는 (㉡)의 도움을 받아 문제를 해결한다. 이것들은 데이터를 바탕으로 주어진 문제를 분석하여 최적의 결과를 제공한다.

정답 및 해설

정답

01 ④ 02 ⑤ 03 ⑤ 04 데이터 05 ㉠ 소프트웨어, ㉡ 인공지능 (순서 상관없음)

해설

01 디지털 기술은 개인과 사회의 필요에 따라 점점 더 발달하고 있으며, 그에 따라 디지털 사회는 특정 분야에 한정되지 않고 더욱 확장되고 있다.

02 자동화는 사람이 직접 수행해야 하는 작업이나 과정을 컴퓨팅 시스템이 대신 처리하는 것을 의미함. 단순하고 반복적인 일을 자동으로 처리하여 효율성을 높이는 것이 목적이다.

03 네트워크로 연결된 디지털 사회는 사람이 일할 때 시간과 공간의 제약을 줄여주어 언제 어디서든 업무를 수행할 수 있게 한다.

04 디지털 사회의 모든 활동은 데이터로 기록되며, 이 데이터는 인공지능이나 소프트웨어가 문제를 분석하고 결과를 제공하는 데 필수적인 요소이다.

05 복잡한 디지털 사회의 문제를 효율적으로 해결하기 위해 설계된 소프트웨어나 인공지능은 데이터를 분석하여 최적의 결과를 도출하는 역할을 한다.

선택형

01 다음 중 '디지털 기술'에 대한 설명으로 옳은 것은?

① 데이터를 오직 종이에만 기록하는 기술이다.

② 과거에만 사용되었고 현재는 사라진 기술이다.

③ 사람의 수작업으로만 모든 문제를 해결하는 방식이다.

④ 인터넷을 사용하지 않는 순수 기계 장치만을 의미한다.

⑤ 데이터를 생성, 저장, 처리하는 컴퓨팅 시스템 관련 기술이다.

02 다음 중 우리 사회에서 활용되는 거대 컴퓨팅 시스템의 예가 <u>아닌</u> 것은?

① 일기 예보 시스템

② 교통 제어 시스템

③ 재난 예방 시스템

④ 로봇 청소기 시스템

⑤ 항공기 관제 시스템

03 웨어러블 기기에 대한 설명으로 적절하지 <u>않은</u> 것은?

① 유선으로 연결해야 작동하는 장치이다.

② 스마트 워치, 스마트 글라스 등이 대표적이다.

③ 사용자가 몸에 직접 착용할 수 있는 기기이다.

④ 다양한 기능을 통해 우리 삶의 편의를 돕는다.

⑤ 일상적인 물건에 컴퓨팅 시스템을 결합한 형태이다.

04 디지털 데이터가 생성되는 과정에 대한 설명으로 옳은 것은?

① 데이터는 전문 개발자들만 생성할 수 있다.

② 사람이 직접 입력하는 데이터만 가치가 있다.

③ 오프라인 활동은 어떤 데이터도 남기지 않는다.

④ 생성된 데이터는 한 번 사용하면 즉시 삭제된다.

⑤ 우리가 SNS를 탐색할 때 데이터가 자동으로 생성된다.

05 다음 중 '지능화'의 특징과 가장 거리가 먼 것은?

① 스스로 판단하여 최적의 의사 결정을 내린다.

② 데이터를 수집하고 학습하여 상황을 인식한다.

③ 인공지능 기술의 발달로 인해 가능해진 특성이다.

④ 단순하고 반복적인 작업을 사람이 직접 하게 만든다.

⑤ 예측이나 추천 기능을 통해 유용한 정보를 제공한다.

06 디지털 사회의 특성 중 '개별화'의 예시로 옳은 것은?

① 관심사를 파악해 맞춤 콘텐츠를 추천한다.

② 공장의 모든 생산 과정을 수동으로 전환한다.

③ 데이터의 분석 없이 무작위로 상품을 배치한다.

④ 네트워크 연결을 끊어 개인의 활동을 제한한다.

⑤ 모든 사람에게 차별 없이 똑같은 광고를 보여 준다.

07 '연결성'이 우리 사회에 주는 도움으로 가장 적절한 것은?

① 정보의 가치를 떨어뜨린다.

② 데이터의 이동 속도를 늦춘다.

③ 시간과 공간의 제약을 줄여준다.

④ 기기들이 서로 고립되게 만든다.

⑤ 사람 간의 소통을 어렵게 만든다.

08 디지털 사회에서 제조업 분야의 변화로 옳은 것은?

① 사람은 모든 제품을 손으로 직접 만든다.

② 기계는 오직 사람이 명령할 때만 움직인다.

③ 생산 방식이 과거보다 더 복잡하고 느려진다.

④ 사람은 기계의 작동 과정을 전혀 확인하지 않는다.

⑤ 로봇 기술의 발전으로 자동화된 생산 시스템이 확대된다.

09 다음 중 '데이터 분석가'가 주로 하는 업무는?

① 하드웨어 부품을 조립하고 수리한다.

② 병원에서 환자를 직접 수술하는 일을 한다.

③ 네트워크 보안 취약점을 찾아내어 예방한다.

④ 물리적인 로봇의 팔을 직접 설계하고 제작한다.

⑤ 대량의 데이터를 수집하고 분석하여 유용한 정보를 만든다.

10 가상 사회와 현실 사회의 관계에 대한 설명으로 옳은 것은?

① 가상 사회와 현실 사회는 아무런 관련이 없다.

② 가상 사회는 오직 온라인 게임 속에서만 존재한다.

③ 가상 사회에서 활동한 내용은 실제 사회에 남아 있다.

④ 현실 사회를 감각적으로 나타내는 기술은 점차 퇴보한다.

⑤ 가상 사회에서의 활동은 실제 사회에 영향을 주지 않는다.

단답형

11 데이터를 생성, 저장, 처리하는 컴퓨팅 시스템과 관련된 기술을 무엇이라 하는가?

_____

12 안경, 시계, 신발 등 사용자가 몸에 착용하여 편리함을 얻는 컴퓨팅 시스템을 무엇이라 하는가?

_____

13 단순하고 반복적인 일을 컴퓨팅 시스템이 사람 대신 처리하는 디지털 사회의 특성은?

_____

14 인공지능과 로봇 기술을 활용하여 자동으로 제품을 생산하는 현대적 공장 시스템은?

_____

15 컴퓨팅 시스템 보안의 취약점을 분석하고 외부의 공격을 예방하는 전문가를 무엇이라 하는가?

_____

16 현실 세계와 유사하게 참가자들이 소통하고 활동할 수 있는 가상 환경을 무엇이라 하는가?

_____

17 디지털 공간을 사람의 감각을 통해 느낄 수 있도록 하여 가상 사회와 현실을 통합하는 기술 두 가지는?

_____

서술형

18 디지털 사회에서 '데이터 활용 능력'이 중요한 이유를 디지털 기술의 역할과 관련지어 설명하시오.

_____

_____

19 디지털 사회의 특성 중 '지능화'가 우리에게 주는 장단점을 각각 하나씩 서술하시오.

_____

_____

20 디지털 기술의 발달로 인해 전통적인 서비스업(은행, 쇼핑 등)이 어떻게 변화했는지 한 가지 사례를 들어 서술하시오.

_____

_____

02 디지털 윤리와 권리 보호

• 디지털 사회를 살아가는 데 필요한 디지털 윤리 의식을 함양할 수 있다.
• 개인 정보와 저작권의 의미를 이해하고, 이를 보호하는 실천 방안을 수립할 수 있다.

1 디지털 윤리

1. 디지털 윤리의 개념

(1) 디지털 윤리의 이해

❶ 정의: 디지털 공간(가상 세계)에서 기술을 사용할 때 지켜야 하는 도덕적 원칙

❷ 특징: 현실 세계의 윤리와 밀접하게 연결되어 있으며, 디지털 사회의 구성원으로서 갖추어야 할 기본 소양

(2) 디지털 역기능

❶ 발생 원인: 디지털 공간의 익명성, 비대면성 등을 악용하거나 올바른 윤리 의식이 부족할 때 발생함

❷ 주요 역기능의 종류

• 디지털 과의존: 미디어, 게임 등에 지나치게 몰입하여 일상생활에 지장을 주는 상태

• 사이버 폭력 및 사이버 범죄: 디지털 공간에서 타인에게 정신적·물질적 피해를 주는 모든 행위

• 개인 정보 침해: 개인에 관한 중요한 정보가 유출되거나 오남용되고, 이런 정보가 불법 유통되는 문제

• 저작권 침해: 저작권자의 허락 없이 저작물을 사용하여 저작권자의 권리를 침해하는 문제

• 영향: 개인의 삶의 질을 떨어뜨리고 사회적 혼란을 야기할 수 있음

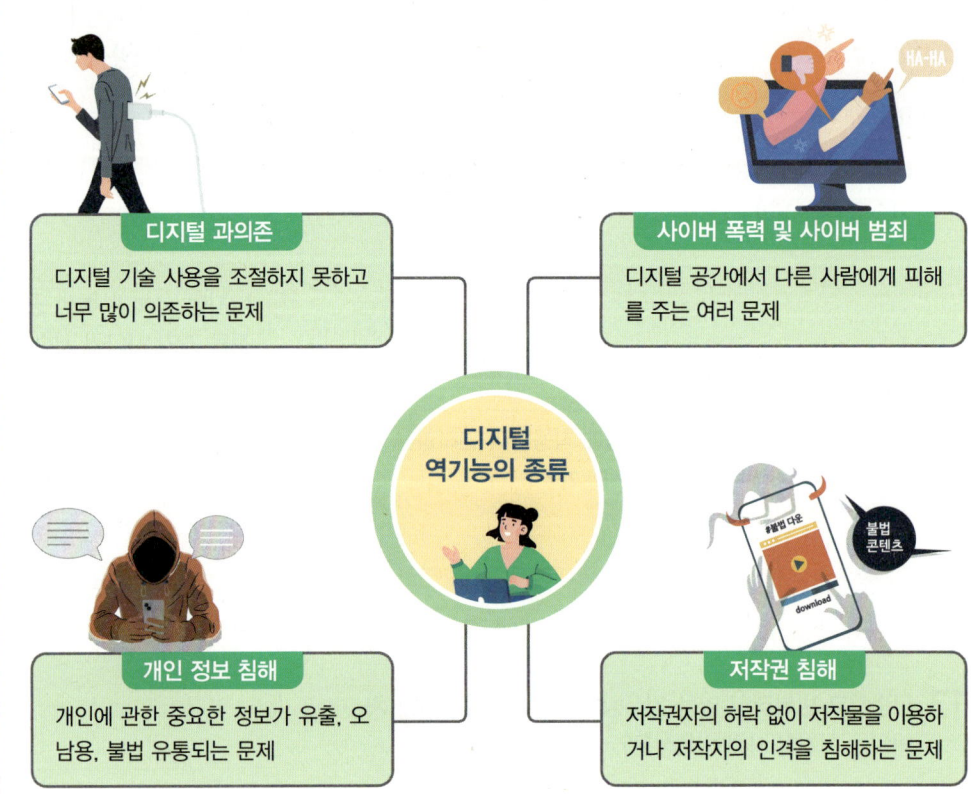

디지털 과의존
디지털 기술 사용을 조절하지 못하고 너무 많이 의존하는 문제

사이버 폭력 및 사이버 범죄
디지털 공간에서 다른 사람에게 피해를 주는 여러 문제

디지털 역기능의 종류

개인 정보 침해
개인에 관한 중요한 정보가 유출, 오남용, 불법 유통되는 문제

저작권 침해
저작권자의 허락 없이 저작물을 이용하거나 저작자의 인격을 침해하는 문제

② 디지털 과의존 예방

1. 디지털 과의존의 의미

(1) 정의: 디지털 기술을 과도하게 사용하여 다른 활동보다 디지털 기술 활용을 더 중요하게 여기는 상태. 특히 디지털 기술 사용 조절에 실패하여 일상생활에 문제가 발생하는 상태를 의미하며, '지능 정보 서비스 과의존'이라고도 부름

(2) 발생 배경: 우리 주변에 항상 디지털 기기가 존재하기 때문에 기술에 너무 의존하게 되면서 나타남

2. 디지털 과의존의 다양한 형태

유형	주요 특징 및 증상
미디어 과의존	동영상, 웹툰, SNS 콘텐츠를 지나치게 많이 소비함. 최신 정보를 확인하지 않으면 불안감을 느끼거나 시청 시간이 계속 늘어남
게임 과몰입	여러 종류의 게임에 지나치게 몰입함. 시간을 보내기 위해 습관적으로 게임을 실행하거나 진행 중인 게임을 중단하기 어려워함
인터넷 중독	인터넷 사용 시간을 조절하지 못해 일상생활에 문제가 생김. 현실 세계에서 사람들과 함께하는 시간이 줄어들고, 사용하지 못할 때 우울감을 느낌
온라인 도박 중독	온라인의 불법 사행성 도박 사이트에서 벗어나기 어려운 상태임. 게임 형태로 구성된 도박 유사 활동을 지속함
스마트폰 중독	스마트폰 사용이 삶에서 가장 중요한 활동이 된 상태임. 기기가 없으면 초조해하며, 이로 인해 가정이나 학교에서 갈등이 생김

3. 디지털 과의존 벗어나기

(1) 부작용 인식

❶ 디지털 과의존 상태가 되면 신체적, 정신적으로 다양한 부작용이 나타남

❷ 신체적 증상: 디지털 기기를 오래 사용하여 발생하는 거북목, 손목 통증, 안구 건조, 수면 장애 등

❸ 정신적 증상: 심리적 불안, 대인 관계 악화, 우울감이나 짜증 등

(2) 대처 방법: 일상생활에 어려움을 겪고 있다면 자신의 생활 습관을 돌아보고, 주변에 이 사실을 알려 도움을 받을 수 있도록 함

③ 사이버 폭력 예방

1. 사이버 폭력의 의미

디지털 공간에서 문자, 사진, 동영상 등을 이용해 타인에게 신체적, 정신적, 재산적 피해를 주는 모든 행위

2. 사이버 폭력의 특징

(1) 발견의 어려움: 개인적이고 은밀하게 발생하여 주변에서 알아차리기 어려움

(2) 확산성: 소문이나 허위 사실이 순식간에 수많은 사람에게 퍼짐

(3) 지속성: 시간과 공간의 제약이 없어 피해자가 폭력에 24시간 노출될 수 있음

(4) 집단성: 가해 행동이 개인보다는 무리를 지어 이루어지기 쉬움

(5) 기록성: 한 번 게시된 피해 기록이 삭제되지 않고 오랫동안 남음

지능 정보 서비스
스마트폰이나 인터넷 등 전자적으로 데이터를 처리하는 서비스나 기술을 통칭함

디지털 미디어 콘텐츠
인터넷으로 활용하는 글, 사진, 영상, 음악 등의 모든 미디어 내용을 의미함

사이버 범죄
사이버 폭력은 대부분 사이버 범죄에 해당함. 폭력 외에도 해킹, 악성 프로그램 유포, 금융 범죄 등이 포함됨

3. 사이버 폭력의 유형

(1) 사이버 언어폭력: 채팅방이나 게시판 등에 비방글, 악성 댓글, 욕설 등을 올리는 행위

(2) 사이버 명예 훼손: 온라인에서 상대를 비하할 목적으로 사실 또는 거짓을 퍼뜨려 인격을 침해하는 행위

(3) 사이버 따돌림: 온라인에서 특정 대상을 대화에 참여하지 못하게 하거나 채팅방에서 나가지 못하게 가두는 행위

(4) 사이버 성폭력: 온라인에서 성적 수치심을 주거나 조롱하는 글, 사진, 동영상 등을 유포하는 행위

(5) 사이버 스토킹: 온라인에서 원하지 않는 연락을 반복적으로 보내 공포심이나 불안감을 주는 행위

(6) 사이버 갈취/강요: 온라인에서 금품을 뺏거나 원하지 않는 일을 강제로 시키는 행위

4. 사이버 폭력의 예방과 대처

사이버 폭력은 눈에 잘 드러나지는 않지만, 개인과 사회에 큰 상처를 주는 심각한 사회 문제이므로 예방과 정확한 대처가 무엇보다 중요함

(1) 사이버 폭력 예방 방법

❶ 상대방 존중: 디지털 공간의 상대방을 현실에서처럼 존중하기

❷ 책임감 있는 행동: 디지털 공간에서도 현실 공간처럼 책임감 있게 행동하기

❸ 게시 전 신중함: 글, 사진, 동영상을 게시하기 전에 타인에게 해가 되지 않는지 신중하게 생각하기

❹ 모르는 연락 차단: 출처가 명확하지 않은 메시지, 게시물, 메일 등은 확인하지 않고 답장도 하지 않기

(2) 사이버 폭력 대처 방법

❶ 명확한 의사 표현: 자신이 싫어하는 말이나 행동에 대해 명확하게 거부 의사를 밝히기

❷ 도움 및 신고: 잘못된 행동을 방관하지 않고 신고하거나, 부모님 · 학교 · 학교 전담 경찰관 등에게 도움을 요청하기

❸ 증거 확보: 필요한 경우 피해를 증명할 수 있는 캡처 화면 등 객관적인 증거를 보관하기

❹ 맞대응 금지: 가해자에게 똑같이 공격하거나 함께 싸워 상황을 악화시키지 않기

4 개인 정보 보호

1. 개인 정보의 이해

(1) 정의: 살아 있는 개인에 관한 정보로, 해당 개인을 알아볼 수 있는 모든 정보를 의미

(2) 판단 기준: 하나의 정보로 특정인을 알 수 없더라도, 다른 정보와 쉽게 결합하여 알아볼 수 있다면 개인 정보로 간주함

(3) 가명 정보: 개인 정보의 일부를 삭제하거나 대체하여 추가 정보 없이는 특정 개인을 알아볼 수 없게 처리한 정보

2. 개인 정보의 유형 및 종류

유형	주요 항목
인적 사항	성명, 주민 등록 번호, 주소, 연락처, 생년월일, 성별, 가족 관계 등
신체적 정보	키, 몸무게, 얼굴, 음성, 지문, 유전자 정보, 건강 상태, 진료 기록 등

정신적 정보	종교, 가치관, 정당·노조 가입 여부, 물품 구매 내용, 웹 사이트 검색 내용 등
사회적 정보	학력, 성적, 생활 기록부, 병역, 직장, 근로 경력, 전과 기록 등
재산적 정보	급여, 소득, 신용카드 번호, 통장 계좌 번호, 토지, 자동차, 보험 내역 등
기타 정보	이메일 주소, 전화 통화 내역, 로그 파일, 쿠키, 위치 정보, 취미 등

3. 개인 정보 보호 실천

(1) 개인 정보 침해의 의미와 유형

❶ 개인 정보 침해란 정보 주체의 동의 없이 개인 정보가 수집, 이용, 제공되는 모든 피해를 의미함

❷ 동의 없는 수집: 법적 근거나 개인의 동의 없이 정보를 수집하여 활용하는 경우

❸ 목적 외 사용: 정보를 수집할 때 밝힌 목적과 다른 용도로 사용하는 경우 **예** 취업용 전화번호로 광고 문자 발송

❹ 유출 및 불법 유통: 관리 기관의 부주의로 정보가 유출되거나 거래되는 경우

❹ 열람 및 삭제 거부: 자신의 정보를 확인하거나 삭제해 달라는 요구를 기관이 거절하는 경우

(2) 개인 정보 보호 실천 방법: 일상생활에서 개인 정보를 안전하게 지키기 위해 다음과 같은 수칙을 실천해야 함

❶ 정보 제공 시: 서비스 이용 약관을 꼼꼼히 살피고, 주민 등록 번호 대신 비대면 본인 확인 수단(아이핀 등)을 활용하며 꼭 필요한 정보만 제공하기

❷ 정보 관리 시: 자신의 정보를 타인에게 알려주지 않도록 주의하고, 출처가 불분명한 링크나 첨부 파일은 클릭하지 않기

❸ 비밀번호 관리: 10자리 이상의 문자열 또는 대소문자·숫자·특수문자를 섞어 8자리 이상으로 설정하고 주기적으로 변경하기

(3) 개인 정보 침해 시 대처 방법: 정보 유출이 의심되거나 피해를 입었을 때는 즉시 다음과 같이 조치

❶ 비밀번호 변경: 정보가 유출된 즉시 관련 서비스의 비밀번호 바꾸기

❷ 신고 센터 활용: 인터넷 개인 정보 침해 신고 센터(privacy.kisa.or.kr)나 전화(118)를 통해 신고하기

5 저작권 보호

1. 저작물과 저작권

(1) 저작물: 개인이나 단체의 사상 또는 감정을 표현한 창작물

(2) 저작자: 저작물을 창작하여 그 결과물을 만들어낸 사람

(3) 저작권: 창작자의 창조적인 노력과 생산성을 보호하기 위해 저작권법에 따라 부여되는 권리

2. 법적 보호를 위한 저작물의 3가지 요건

모든 작품이 저작물로 인정되는 것은 아니며, 다음의 요건을 모두 충족해야 법적 보호를 받을 수 있음

(1) 인간의 사상과 감정: 반드시 사람의 생각이나 느낌을 나타낸 것이어야 함

(2) 창작성: 저작자만의 독자적인 생각이나 표현이 담겨 있어야 함

(3) 구체적인 형태: 아이디어가 생각에만 머물지 않고 외부로 표현되어야 함

쿠키(cookie)
웹 사이트 접속 시 생성되는 임시 파일로, 이용자의 방문 기록 및 구매 내역 등의 정보를 담고 있음

고유 식별 정보
주민 등록 번호, 여권 번호, 운전면허 번호 등 개인마다 하나씩 부여되어 다른 정보보다 더 중요하게 관리해야 하는 정보

민감 정보
사생활을 크게 위협할 수 있는 정보로, 신체적·정신적 정보 등이 포함됨

2차적 저작물
원저작물을 번역, 편곡, 각색하는 등의 방법으로 작성하여 독창성이 더해진 저작물을 의미하며, 이를 작성하고 이용할 권리 또한 보호받음

더 알아보기 동물이나 AI의 저작권

현재 저작권법은 '인간'이 만든 창작물에 대해서만 권리를 인정함. 따라서 인공지능(AI)이나 동물이 생성한 결과물에 대해서는 저작권을 인정하지 않음

3. 저작물의 종류

유형	주요 항목
어문 저작물	소설, 시, 강연 등이 포함되며, 문제집이나 참고서도 보호되는 어문 저작물에 해당
음악 저작물	곡을 만드는 작곡과 노랫말을 만드는 작사 포함
미술 저작물	회화(그림), 서예, 조각 등
연극 저작물	연극, 무용, 판토마임 등
건축 저작물	건축물, 건축 모형, 설계 도면 등
사진 저작물	사진 및 이와 유사한 방법으로 제작된 창작물
영상 저작물	영화, 애니메이션 등 연속적인 이미지가 수록된 창작물
도형 저작물	지도, 도표, 설계도 등 사물의 형태를 기호나 선으로 표현한 창작물
컴퓨터 프로그램 저작물	컴퓨터 내에서 작동하는 소프트웨어나 스마트폰 앱(App) 등

더 알아보기 보호받지 못하는 저작물

공공의 이익을 위해 누구나 자유롭게 사용할 수 있도록 정해진 경우에는 저작권 보호를 인정하지 않음
❶ 보호받지 못하는 저작물: 헌법, 법률, 조약, 명령, 조례 및 규칙, 국가/지자체의 고시·공고, 법원의 판결 등
❷ 허락 없이 이용 가능한 경우: 재판 절차, 학교 교육 목적, 시사 보도, 사적 이용을 위한 복제, 시험 문제 출제 등

4. 저작권의 의미

(1) 저작권의 구성

저작권은 저작자가 창작한 저작물에 대해 가지는 권리로, 창작과 동시에 발생하는 당연한 권리임. 저작권은 크게 저작 인격권과 저작 재산권으로 구분됨

구분	저작 인격권	저작 재산권
의미	저작자의 인격적 이익을 보호하는 정신적 권리	저작자의 경제적 이익을 보호하는 재산적 권리
양도 여부	다른 사람에게 양도할 수 없음	다른 사람에게 양도하거나 사고팔 수 있음
상세 권리	• 공표권: 발표할 권리 • 성명 표시권: 이름 표기 권리 • 동일성 유지권: 처음 형태 유지 권리	• 복제·공연·전시권 • 공중 송신·배포·대여권 • 2차적 저작물 작성권

(2) 저작권 보호 기간

❶ 개인: 저작자 사후 70년까지 보호함
❷ 법인: 저작물 발표 후 70년까지 보호함

저작권 보호 기간
미국의 경우 법인은 저작물 공표 시점부터 95년까지로 저작권 보호 규정이나 기간은 나라마다 조금씩 다를 수 있음

자동 확인 시스템
영상 공유 웹사이트 등은 저작권을 자동으로 확인하는 시스템을 갖추고 있어 위반 여부를 쉽게 알 수 있음

(3) 저작자와 저작권자

❶ 저작권자: 저작권을 실제로 가지고 있는 사람

❷ 분리 가능성: 저작자가 저작 재산권을 타인에게 양도하면 저작자와 저작권자가 달라질 수 있음. 이때 저작 인격권은 양도되지 않으므로 저작자에게 그대로 남음

5. 저작권 침해와 예방

(1) 저작권 침해의 의미

저작권자의 허락 없이 저작물을 이용하거나 저작자의 인격을 침해하는 방법으로 저작물을 이용하는 행위

(2) 저작권 허락

저작물을 사용하기 위해서는 저작권자에게 반드시 허락을 받아야 함

(3) 저작물 이용 허락 제도

수많은 콘텐츠의 저작권을 일일이 파악하기 어려운 환경에서, 저작권 상태를 미리 공개하여 누구나 편리하게 사용할 수 있도록 안내하는 제도

❶ 공공 누리: 국가나 지방 자치 단체가 보유한 공공 저작물을 자유롭게 이용할 수 있도록 허락하는 제도

❷ CCL(저작물 자유 이용 허락 표시): 저작자가 자신의 저작물을 다른 사람이 어떤 조건으로 이용할 수 있는지 명확하게 표시하는 국제적인 규약

❸ 효과: 사용자가 저작권을 위반하지 않고 의도와 방식에 맞게 저작물을 편리하게 사용할 수 있도록 도움

공공 누리

출처표시

점검하기

1 다음 설명에 알맞은 용어를 쓰시오.

> 현실과 가상의 세계가 합쳐진 디지털 사회에서 우리가 어떻게 행동해야 하는지를 판단하는 도덕적이고 윤리적인 원칙

2 다음 빈칸에 들어갈 알맞은 상태를 쓰시오.

> 디지털 기술을 과도하게 사용하여 사용 조절에 실패하고, 이로 인해 일상생활에 문제가 생기는 상태를 디지털 (   )(이)라고 한다.

3 사이버 폭력은 시간과 공간의 제약이 적어 많은 사람에게 노출될 수 있다는 특징이 있다. (○ / ×)

4 다음 설명에 알맞은 용어를 쓰시오.

> 성명, 전화번호 등 개인을 식별할 수 있는 정보를 삭제하거나 대체(가명 처리)하여 식별 가능성을 낮춘 개인 정보

5 저작권은 저작물을 창작하고 나서 저작권위원회에 신고해야 발생하는 권리이다. (○ / ×)

6 동물이 생성한 결과물에 대해서는 현재 저작권을 인정하지 않고 있다. (○ / ×)

정답 **1** 디지털 윤리 **2** 과의존 **3** ○ **4** 가명 정보 **5** × **6** ○

01 다음 중 디지털 사회에서 지켜야 할 '디지털 윤리'에 대한 설명으로 적절하지 <u>않은</u> 것은?

① 디지털 윤리는 옳고 그른 행동을 스스로 판단하고 실천하는 능력이다.

② 현실 세계의 도덕적 원칙은 가상 사회에서도 동일하게 적용되어야 한다.

③ 디지털 공간의 특징에 따라 추가로 고려해야 할 윤리적 내용이 존재한다.

④ 윤리 의식이 부족할 때 디지털 과의존이나 사이버 폭력 같은 역기능이 발생한다.

⑤ 기술이 발달한 디지털 사회에서는 개인의 윤리 의식보다 기술적 보호가 더 중요하다.

02 다음 중 개인 정보를 안전하게 보호하기 위한 실천 방법으로 가장 적절한 것은?

① 서비스 이용 약관을 읽을 때 개인 정보 처리 방침을 꼼꼼하게 살핀다.

② 본인 확인을 할 때는 가급적 주민 등록 번호를 직접 입력하여 인증한다.

③ 비밀번호는 기억하기 쉽게 생일이나 전화번호와 같은 숫자로만 구성한다.

④ 출처가 불분명한 링크라도 호기심이 생기는 내용은 클릭하여 확인해 본다.

⑤ 다수가 사용하는 컴퓨터나 게시판에 자신의 연락처를 남겨서 정보를 공유한다.

03 저작권의 구분 중 '저작 재산권'에 대한 설명으로 옳은 것은?

① 저작자의 인격적 이익을 보호하기 위한 정신적인 권리이다.

② 저작자의 경제적 이익을 보호하며 다른 사람에게 양도할 수 있다.

③ 저작자가 사망함과 동시에 모든 권리가 즉시 소멸하여 사라진다.

④ 자신의 저작물에 이름을 표시할 수 있는 '성명 표시권'이 포함된다.

⑤ 저작권을 다른 사람에게 팔더라도 저작자와 저작권자는 항상 일치한다.

04 다음 설명에 알맞은 제도의 이름을 쓰시오.

> 저작권자가 자신의 저작물을 다른 사람이 어떤 조건으로 이용할 수 있는지 명확하게 표시하여, 사용자가 저작권을 위반하지 않고 편리하게 사용하도록 돕는 제도를 (   )(이)라고 한다.

정답 및 해설

정답

01 ⑤   02 ①   03 ②   04 CCL(저작물 자유 이용 허락 표시)

해설

01 디지털 역기능은 기술적 보완보다 개인이 윤리적으로 행동하려는 의식을 가지지 않을 때 발생하므로 윤리 의식이 매우 중요하다.

02 약관을 꼼꼼히 살피고, 비밀번호는 문자와 숫자 등을 섞어 8자리 이상으로 만들며, 모르는 링크는 클릭하지 않아야 한다.

03 저작 인격권은 양도할 수 없지만, 경제적 권리인 저작 재산권은 양도하거나 사고팔 수 있다.

04 크리에이티브 커먼즈 라이선스(CCL)는 저작권자가 이용 조건을 명확히 표시하여 사용자가 저작권을 침해하지 않고 자유롭고 편리하게 저작물을 활용할 수 있도록 돕는 제도이다.

시험 대비 문제

선택형

01 다음 중 '디지털 윤리'의 정의로 적절한 것은?

① 디지털 기기를 가장 빠르게 조작하는 기술이다.

② 현실 세계의 법규를 무시하고 가상 세계의 규칙만 따르는 것이다.

③ 최신 디지털 기기를 많이 구입하여 경제 발전에 기여하는 태도이다.

④ 컴퓨터 프로그래밍을 통해 복잡한 문제를 해결하는 전문적인 지식이다.

⑤ 디지털 공간에서 옳고 그른 행동을 스스로 판단하고 실천하는 능력이다.

02 디지털 사회에서 발생하는 '디지털 역기능'에 대한 설명으로 옳은 것은?

① 기술이 발달할수록 저절로 사라지는 긍정적인 현상이다.

② 오프라인 환경에서만 발생하며 온라인에서는 나타나지 않는다.

③ 개인이 윤리적으로 행동하려는 의식이 부족할 때 발생하게 된다.

④ 국가 차원의 보안 시스템만 완벽하면 개인의 노력은 필요하지 않다.

⑤ 디지털 기기를 사용하는 모든 사람에게 항상 유익한 결과만 가져다준다.

03 '디지털 과의존'의 의미를 가장 잘 설명한 것은?

① 디지털 기기를 사용하여 학습 효율을 높이는 상태이다.

② 필요한 정보를 검색하기 위해 인터넷을 잠깐 사용하는 행동이다.

③ 스마트폰을 사용하여 친구들과 활발하게 소통하는 긍정적인 모습이다.

④ 새로운 디지털 기술이 나올 때마다 이를 적극적으로 배우려는 의지이다.

⑤ 일상생활의 다른 활동보다 디지털 기술 활용을 더 중요하게 여기는 상태이다.

04 다음 중 '미디어 과의존'의 증상으로 보기 <u>어려운</u> 것은?

① 정해진 시간 동안만 계획적으로 동영상을 시청하고 중단한다.

② SNS에 올라온 최신 정보를 확인하지 않으면 불안함을 느낀다.

③ 디지털 영상을 시청하는 시간이 점점 늘어나는 현상을 보인다.

④ 동영상이나 웹툰 등 디지털 콘텐츠를 지나치게 많이 소비한다.

⑤ 끊임없이 새로운 디지털 콘텐츠를 검색하고 시청하는 행동을 반복한다.

05 디지털 과의존으로 인해 나타나는 신체적 부작용에 해당하지 <u>않는</u> 것은?

① 기기를 장시간 조작하면서 손목에 통증을 느끼게 된다.

② 운동량이 부족해지지만 신체적인 건강에는 아무런 영향이 없다.

③ 디지털 기기를 오래 사용하여 목이 굽는 거북목 증상이 나타난다.

④ 화면을 오랫동안 집중해서 보아 눈이 뻑뻑해지는 안구 건조증이 생긴다.

⑤ 밤늦게까지 기기를 사용하여 잠을 제때 자지 못하는 수면 장애를 겪는다.

06 디지털 과의존 문제 해결을 돕는 전문 기관과 그 역할이 바르게 연결된 것은?

① 117 신고 센터 – 온라인 쇼핑몰의 결제 오류 해결

② 스마트쉼 센터 – 스마트폰 과의존 예방 및 상담 진행

③ 게임 과몰입 상담 치료 센터 – 개인 정보 유출 사건 수사

④ 한국 도박 문제 예방 치유원 – 사이버 언어폭력 집중 단속

⑤ 청소년 미디어 치료 상담실 – 저작권 침해에 대한 법적 보상 판결

07 '사이버 폭력'의 특징에 대한 설명으로 적절하지 <u>않은</u> 것은?

① 가해 행동이 개인보다는 집단으로 이루어지기 쉽다.

② 가해 행동이 기록으로 남지 않기 때문에 금방 잊힌다.

③ 개인적이고 은밀하게 발생하므로 주변에서 발견하기 어렵다.

④ 소문이나 허위 사실이 디지털 공간을 통해 빠르게 확산된다.

⑤ 시간과 공간의 제약이 없어서 피해자가 24시간 폭력에 노출될 수 있다.

08 다음 중 사이버 폭력의 특징인 '집단성'에 대한 설명으로 가장 적절한 것은?

① 가해 행동이 여러 명의 집단으로 이루어지기 쉽다.

② 가해자가 누구인지 알 수 없도록 은밀하게 폭력이 발생한다.

③ 허위 사실이 네트워크를 통해 아주 빠른 속도로 널리 퍼진다.

④ 피해 기록이 디지털 공간에 남아서 오랫동안 삭제되지 않는다.

⑤ 시간과 공간의 제약이 없어서 피해자가 폭력에 계속 노출될 수 있다.

09 다음 중 '사이버 따돌림'에 해당하는 행동은?

① 온라인 게임 중에 상대방에게 심한 욕설을 퍼붓는다.

② 친구의 사진을 허락 없이 게시판에 올려 명예를 훼손한다.

③ 친구의 아이디를 도용하여 유료 아이템을 강제로 선물하게 한다.

④ SNS를 통해 친구에게 반복적으로 공포심을 주는 메시지를 보낸다.

⑤ 단체 채팅방에서 특정 친구가 나가지 못하게 계속 초대하여 가둔다.

10 사이버 폭력을 당했을 때의 올바른 대처 방법으로 옳은 것은?

① 피해의 증명이 가능한 객관적인 증거를 보관한다.

② 주변에 알리지 않고 스스로 해결할 때까지 기다린다.

③ 가해자에게 똑같이 욕설을 하며 맞대응하여 공격한다.

④ 가해자가 무서우므로 요구하는 조건을 모두 들어준다.

⑤ 기분이 나쁘더라도 별일 아니라고 생각하며 그냥 방관한다.

11 디지털 공간에서 상대를 비하할 목적으로 사실 또는 거짓을 퍼뜨려 명예를 떨어뜨리는 행위는?

① 사이버 갈취 ② 사이버 스토킹

③ 사이버 따돌림 ④ 사이버 언어폭력

⑤ 사이버 명예 훼손

12 다음 중 '개인 정보'의 정의에 대한 설명으로 옳은 것은?

① 이름이나 전화번호는 개인 정보에 해당하지 않는다.

② 기업이나 단체의 공식적인 명칭을 의미하는 용어이다.

③ 해당 정보만으로 특정인을 알 수 없다면 무조건 개인 정보가 아니다.

④ 살아 있는 개인에 관한 정보로 개인을 알아볼 수 있는 모든 정보이다.

⑤ 이미 사망한 사람에 관한 기록도 개인 정보 보호법의 적용을 받는다.

13 개인 정보의 유형 중 '정신적 정보'에 해당하는 사례는?

① 학력, 성적, 생활 기록부이다.

② 급여, 소득, 신용카드 번호이다.

③ 성명, 주민 등록 번호, 주소이다.

④ 키, 몸무게, 지문, 건강 상태이다.

⑤ 종교, 가치관, 웹 사이트 검색 내용이다.

14 개인 정보를 안전하게 지키기 위한 비밀번호 관리 방법으로 옳은 것은?

① 포스트잇에 적어서 모니터 옆에 붙여두어 관리한다.

② 한 번 정한 비밀번호는 잊어버리지 않도록 평생 사용한다.

③ 10자리 이상의 문자열이나 대소문자 · 숫자 등을 섞어 8자리 이상으로 만든다.

④ 여러 사이트에서 똑같은 비밀번호를 반복적으로 사용하여 관리하기 편하게 한다.

⑤ 자신의 생일이나 전화번호 등 기억하기 쉬운 숫자나 같은 숫자를 중복하여 사용한다.

15 저작물로 인정받기 위해 반드시 갖추어야 할 요건이 아닌 것은?

① 구체적인 형태로 외부로 표현되어야 한다.

② 동물이 아닌 인간이 만든 창작물이어야 한다.

③ 인간의 사상이나 감정을 나타낸 것이어야 한다.

④ 저작자의 독자적인 생각인 창작성이 있어야 한다.

⑤ 반드시 인공지능(AI)을 활용하여 제작된 결과물이어야 한다.

16 다음 중 '저작 인격권'에 대한 설명으로 옳은 것은?

① 저작자가 사망한 후 70년 동안 보호되는 권리이다.

② 다른 사람에게 자유롭게 양도하거나 사고팔 수 있다.

③ 저작자의 경제적 이익을 보호하기 위한 재산적 권리이다.

④ 저작물을 공개적으로 발표할 권리인 '공표권'이 포함된다.

⑤ 노래나 강연 등으로 대중에게 표현하는 '공연권'이 핵심이다.

17 저작권법에 의해 보호받지 못하는 저작물에 해당하는 사례는?

① 창작성이 뛰어난 현대 미술 작품

② 개인이 작성한 독창적인 블로그 게시물

③ 작곡가가 심혈을 기울여 만든 최신 대중가요

④ 스마트폰에서 작동하는 새로운 게임 프로그램

⑤ 헌법, 법률, 조약, 명령 등 공공의 성격을 띤 문서

18 CCL(저작물 자유 이용 허락 표시) 중 다음 아이콘의 의미는?

① 상업적인 목적으로는 이용할 수 없다.

② 저작자의 출처를 반드시 표시해야 한다.

③ 저작물 사용료를 반드시 지불해야 한다.

④ 저작물을 다른 형태로 변경하거나 가공할 수 없다.

⑤ 새로운 저작물에도 동일한 라이선스를 붙여야 한다.

19 디지털 콘텐츠에 숨겨진 정보를 삽입하여 원본 여부를 확인하는 기술의 이름은?

① 디지털 워터마킹

② 디지털 핑거 프린팅

③ 네트워크 쿠키 기술

④ 가명 정보 처리 기술

⑤ 비밀번호 암호화 기술

`단답형`

20 디지털 사회에서 디지털 기술과 서비스를 활용할 때 발생하는 부작용을 통틀어 무엇이라 하는가?

_____

21 사이버 폭력의 특징 중 하나로, 네트워크를 통해 소문이나 허위 사실이 아주 짧은 시간에 널리 퍼지는 성질을 무엇이라 하는가?

_____

22 개인 정보의 일부를 삭제하거나 대체하여, 추가 정보 없이는 특정 개인을 알아볼 수 없도록 처리한 정보를 무엇이라 하는가?

_____

23 저작권법의 보호를 받는 대상으로, '개인이나 단체의 사상이나 감정을 표현한 창작물'을 무엇이라 하는가?

_____

24 저작 인격권 중 하나로, 저작자가 자신의 작품 내용이나 형식을 처음과 똑같이 유지하고 지킬 수 있는 권리는 무엇인가?

_____

`서술형`

25 디지털 사회에서 지켜야 할 '디지털 윤리'의 의미를 설명하고, 이것이 왜 중요한지 서술하시오.

_____

_____

_____

_____

26 사이버 폭력의 특징 중 '확산성'과 '지속성'이 피해자에게 어떤 고통을 주는지 비교하여 설명하시오.

_____

_____

_____

_____

_____

27 사이버 폭력을 당했을 때, 피해 사실을 증명하기 위해 가장 먼저 해야 할 구체적인 행동과 도움을 요청할 수 있는 곳을 한 곳 쓰시오.

_____

_____

_____

_____

28 CCL(저작물 자유 이용 허락 표시) 제도가 창작자와 이용자 모두에게 주는 이점이 무엇인지 각각 서술하시오.

_____

_____

_____

_____

선택형

★★★

01 디지털 사회의 특성에 대한 설명으로 가장 적절하지 **않은** 것은?

① 개별화: 개인의 취향과 요구를 분석하여 맞춤형 서비스를 제공한다.

② 연결성: 네트워크를 통해 기기 간에 빠른 속도로 데이터를 주고받는다.

③ 자동화: 사람이 직접 수행하던 반복적인 작업을 시스템이 대신 처리한다.

④ 지능화: 데이터를 스스로 학습하고 판단하여 최적의 의사 결정을 내린다.

⑤ 전문성: 기술이 발달할수록 디지털 기술의 활용 범위는 특정 전문 분야로 한정된다.

★★★★★

02 디지털 사회의 특성 중 '지능화'와 '자동화'의 차이점을 설명한 것으로 가장 적절한 것은?

① 두 개념은 완전히 동일한 의미이며, 기술의 발달 수준에 따른 차이가 전혀 없다.

② 지능화는 사람이 하던 단순 반복 업무를 기계가 대신 수행하는 것만을 의미한다.

③ 지능화는 인공지능이 데이터를 바탕으로 스스로 판단하고 문제를 해결하는 특성이다.

④ 자동화는 개개인의 선호도에 맞춰 서로 다른 서비스를 제공하는 것을 핵심으로 한다.

⑤ 자동화는 데이터를 스스로 학습하여 상황에 맞는 최적의 의사 결정을 내리는 단계이다.

★★★★

03 디지털 기술과 관련된 직업 중 '사이버 보안 전문가'가 수행하는 역할로 가장 적절한 것은?

① 대량의 데이터를 수집하고 처리하여 유용한 정보를 추출한다.

② 컴퓨팅 시스템의 보안 취약점을 분석하고 외부의 공격을 예방한다.

③ 인공지능 시스템이 보다 나은 판단을 내리도록 설계하고 개선한다.

④ 현실 사회를 디지털 공간에 그대로 구현하는 가상 세계를 기획한다.

⑤ 인간이 하기 어려운 일을 수행할 수 있는 로봇의 물리적 장치를 만든다.

★★★★★

04 다음 중 사이버 폭력의 유형과 그 설명이 바르게 연결되지 **않은** 것은?

① 사이버 성폭력: 성적 수치심을 주거나 조롱하는 글, 그림 등을 유포한다.

② 사이버 갈취: 디지털 공간에서 금품을 뺏거나 원하지 않는 일을 강요한다.

③ 사이버 스토킹: 원하지 않는 문자나 영상을 반복적으로 보내 공포심을 준다.

④ 사이버 언어폭력: 특정 상대를 단체 채팅방에 가두어 퇴장하지 못하게 한다.

⑤ 사이버 명예 훼손: 상대를 비하할 목적으로 거짓 사실을 퍼뜨려 인격을 침해한다.

★★★★

05 사이버 폭력의 특징 중 '발견의 어려움'과 '기록성'에 대한 설명으로 옳은 것은?

① 발견의 어려움은 피해 기록이 디지털 공간에 남지 않기 때문에 발생한다.

② 기록성 덕분에 가해자는 자신의 가해 행동을 언제든지 쉽게 지우고 숨길 수 있다.

③ 발견의 어려움은 폭력이 시간과 장소를 가리지 않고 공개적으로 일어나기 때문이다.

④ 발견의 어려움은 가해 행동이 주로 집단으로 이루어져 가해자를 찾기 힘들기 때문이다.

⑤ 기록성은 한 번 게시된 피해 사실이 오랫동안 남아 추가 피해를 줄 수 있음을 의미한다.

★★★★★

06 다음 중 개인 정보의 유형 분류가 모두 바르게 짝지어진 것은?

① 인적 사항: 성명, 가족 관계 / 재산적 정보: 소득, 자동차
② 재산적 정보: 보험 내역, 토지 / 정신적 정보: 종교, 몸무게
③ 사회적 정보: 생활 기록부, 전과 / 신체적 정보: 급여, 자동차
④ 신체적 정보: 지문, 얼굴 / 사회적 정보: 종교, 신용카드 번호
⑤ 정신적 정보: 검색 내용, 취미 / 인적 사항: 학력, 전화 통화 내역

★★★★

07 개인 정보 보호법에서 정의하는 '민감 정보'에 대한 설명으로 옳은 것은?

① 성명, 주민 등록 번호 등 개인을 식별하는 기본 정보다.
② 개인의 사적인 정보로, 침해 시 사생활을 매우 위협할 수 있는 정보다.
③ 다른 정보와 결합하더라도 개인을 특정하거나 알아볼 수 없는 성격을 지닌 정보다.
④ 학력이나 경력과 같이 사회 활동 과정에서 자연스럽게 형성되는 일반적인 정보다.
⑤ 웹 사이트 접속 시 자동으로 생성되어 사용자의 방문 기록과 접속 이력을 담는 정보다.

★★★★

08 다음 중 저작권법상 '저작물'로 보호받기 위한 요건을 모두 충족한 사례는?

① 동물이 우연히 카메라 버튼을 눌러 찍은 풍경 사진

② 누구나 다 아는 일반적인 사실만을 나열한 시사 보도 기사
③ 머릿속으로만 구상하고 아직 글로 옮기지 않은 소설의 줄거리
④ 사람이 자신의 생각과 감정을 담아 독창적인 문장으로 표현한 일기
⑤ 컴퓨터 프로그램이 스스로 데이터 학습을 통해 생성한 디지털 그림

★★★★

09 저작권의 구분 중 '저작 재산권'에 대한 설명이 <u>아닌</u> 것은?

① 저작자가 사망한 후 70년 동안 권리가 유지된다.
② 다른 사람에게 자유롭게 양도하거나 사고팔 수 있다.
③ 저작자의 경제적 이익을 보호하기 위해 존재하는 권리이다.
④ 번역, 편곡 등 2차적 저작물을 작성할 수 있는 권리를 의미한다.
⑤ 자신의 저작물을 공개적으로 발표할 권리인 '공표권'이 포함된다.

단답형

★★★

10 디지털 사회에서 옳고 그른 행동을 스스로 판단하고 올바른 행동을 실천할 수 있는 도덕적 원칙을 무엇이라 하는가?

_____

★★★★

11 사이버 폭력의 특징 중 하나로, 시간과 공간의 제약이 없어 피해자가 24시간 내내 폭력에 노출될 수 있는 성질을 무엇이라 하는가?

_____

서술형

★★★★★

12 디지털 사회의 복잡한 문제를 해결하는 과정에서 '데이터 활용 능력'이 중요한 이유를 소프트웨어 및 인공지능의 역할과 관련지어 서술하시오.

_____

_____

_____

_____

★★★★

13 디지털 기술의 발달로 인한 '연결성'의 확대가 현대인의 직업 환경(일하는 방식)을 어떻게 변화시켰는지 시공간의 제약과 관련지어 서술하시오.

_____

_____

_____

_____

★★★★

14 사이버 폭력을 당했을 때, 가해자에게 맞대응하지 않고 취해야 할 올바른 대처 방법 두 가지를 서술하시오.

_____

_____

_____

_____

★★★★

15 개인 정보 보호법에서 정의하는 '개인 정보'란 무엇인지 쓰고, 정보 하나만으로 특정인을 알 수 없는 경우에도 왜 주의해야 하는지 서술하시오.

_____

_____

_____

_____

★★★★★

16 저작권 중 '저작 인격권'이 다른 사람에게 양도하거나 사고팔 수 없는 권리인 이유를 인격 보호의 관점에서 서술하시오.

_____

_____

_____

_____

정답 및
해설

정답 및 해설

I 컴퓨팅 시스템

01 컴퓨팅 시스템과 운영체제

시험 대비 문제 본문 10~11쪽

정답

01 ⑤	02 ⑤	03 ①	04 ④	05 ①	06 ③
07 ⑤	08 ④	09 ⑤	10 ②	11 ⑤	

12 하드웨어, 소프트웨어   **13** 처리 장치   **14** 통신 장치
15 사용자 인터페이스 제공   **16~17** 해설 참고

해설

01 컴퓨팅 시스템은 하드웨어와 소프트웨어를 활용한 문제 해결 시스템이다.

02 컴퓨팅 시스템은 하드웨어의 소형화와 성능 향상 등으로 일상생활 문제뿐만 아니라 사회 전반의 문제를 해결하는 데 활용되고 있다.

03 기억 장치는 데이터와 프로그램을 저장하는 장치로 정의된다.

04 주기억 장치는 일시 저장 장치이며, 보조 기억 장치는 영구적으로 저장하기 위한 장치이다.

05 모니터 · 프린터 · 스피커는 출력 장치이며, 키보드, 마우스는 입력 장치이다.

06 입력된 데이터는 처리 과정을 거친 후 출력된다.

07 운영체제가 없으면 CPU, 메모리 등 자원을 효율적으로 배분할 수 없어 프로그램 실행이 혼란스러워진다.

08 문서 작성, 게임 등은 응용 소프트웨어이다.

09 컴퓨팅 시스템은 하드웨어와 소프트웨어로 구성되어 있으며, 운영체제는 이들의 자원을 효율적으로 관리하기 위한 시스템이다.

10 실행 중인 프로그램(프로세스)을 관리하는 기능이다.

11 운영체제는 터치 입력 처리, 화면 출력, 장치 제어 등 하드웨어와 프로그램의 동작을 연결하고 관리한다.

12 컴퓨팅 시스템은 크게 하드웨어와 소프트웨어로 구성되어 있다. 하드웨어는 입력, 기억, 처리, 출력, 통신 장치

로 구성되어 있으며, 소프트웨어는 시스템, 응용 소프트웨어로 구성되어 있다.

13 처리 장치는 연산과 제어를 담당한다.

14 통신 장치는 유선 · 무선 랜 카드 등이 해당한다.

15 사용자 인터페이스에는 문자 기반, 그래픽 기반, 음성 기반 등이 있다.

16 (예시 답안)

컴퓨팅 시스템이란 하드웨어와 소프트웨어로 구성되어 다양한 문제 해결에 활용되는 시스템이다.

(해설)

컴퓨팅 시스템은 컴퓨터를 이용해 데이터를 처리하고 계산을 수행하는 모든 과정을 컴퓨팅이라고 하며, 이를 통해 하드웨어와 소프트웨어로 구성되어 다양한 문제 해결에 활용되는 시스템을 컴퓨팅 시스템이라 한다.

17 (예시 답안)

정보를 빠르게 처리하고 자동으로 결과를 제공해 주기 때문이다.

(해설)

컴퓨팅 시스템은 반복적 계산 · 판단을 빠르게 수행하며, 사람이 직접 처리해야 했던 일을 자동화하여 편리함을 제공한다.

02 피지컬 컴퓨팅 시스템

시험 대비 문제 본문 15~17쪽

정답

01 ⑤	02 ⑤	03 ①	04 ④	05 ⑤	06 ⑤
07 ⑤	08 ③	09 ②	10 ④	11 ⑤	12 ⑤
13 ⑤	14 ②	15 ④	16 ⑤	17 센서	

18~20 해설 참고

해설

01 화면이 아닌 물리적 출력이 특징이다.

02 센서는 입력 역할의 역할을 한다.

03 가/나는 센서, 다/라는 출력 장치다.

04 모터 회전은 액추에이터에 해당한다.

05 초음파 센서는 입력 장치인 센서에 해당한다.

06 센서에서 자료를 입력받아 마이크로컨트롤러에서 처리한 후 액추에이터로 표현한다.

07 출력 장치는 정보 전달 목적에 맞게 선택해야 한다.

08 센서는 입력 장치 역할이며, 액추에이터는 출력 장치 역할이다.

09 피지컬 컴퓨팅 시스템은 센서(입력), 마이크로컨트롤러 (처리), 액추에이터(출력)로 구성된다. 자동 소독기는 적외선 센서, 제어 장치, 분사 장치가 포함된 시스템이다.

10 사람의 움직임을 감지하는 장치는 센서이며, 입력 장치에 해당한다.

11 입력된 값을 비교·판단하는 역할은 처리 장치인 마이크로컨트롤러가 담당한다.

12 반복문과 조건문을 활용한 코드로 빛 밝기가 100보다 작을 때 아이콘을 출력한다.

13 시작하기에서 멜로디 7회 재생되고 LED 출력이 실행된다.

14 반복 구조가 없으므로 프로그램 시작 시 "START"가 1회 출력된다.

15 조건문에 의해 온도가 30℃ 이상일 때만 멜로디가 실행된다.

16 버튼 B 입력이 있을 때만 온도 표시가 실행되도록 만든 이벤트 코드이다.

17 입력 장치 역할을 한다.

18 (예시 답안)
센서는 입력을 담당하고, 마이크로컨트롤러는 처리를 담당하며, 액추에이터는 출력을 담당한다.

19 (예시 답안)
센서가 사람의 출입을 감지(입력)하고, 처리 장치가 이를 판단(처리)하여 조명을 켠다(출력).

20 (예시 답안)
자동 소독기는 사람의 손을 감지하여 소독액을 분사하는 피지컬 컴퓨팅 시스템이다.

03 피지컬 컴퓨팅 시스템 구현

시험 대비 문제 ———— 본문 21~23쪽

정답

01 ②	02 ④	03 ⑤	04 ②	05 ⑤	06 ⑤
07 ③	08 ②	09 ①	10 ⑤	11 ③	12 ⑤
13 ②	14 ④	15 해설 참고		16 해설 참고	
17 마이크로컨트롤러			18 센서		
19~20 해설 참고					

해설

01 스피커는 출력 장치이다.

02 어두움을 감지하기 위한 센서 입력이 핵심이다.

03 처리 역할의 핵심 장치이다.

04 혼잡도는 사람의 수나 움직임과 직접 관련된다.

05 사람 접근 여부는 거리 변화를 통해 감지하는 것이 적절하다.

06 반복 구조를 사용하면 센서값을 지속적으로 확인하고, 조건에 따라 즉시 반응할 수 있다.

07 테스트는 실제 환경에서 의도한 대로 동작하는지 확인하고, 잘못된 부분(오류·오작동)을 수정하기 위한 단계이다.

08 '가득 참'은 무게나 적재량과 직접적으로 관련된다.

09 LED는 출력 장치이며 소음을 '측정'하는 입력 장치가 아니다. 소음 측정은 마이크/소리 센서의 역할이다.

10 상태 변수를 사용해 이미 출력한 경고를 다시 출력하지 않도록 제어한다.

11 위험 기준을 넘고 현재 단계가 위험이 아니기 때문에 "danger"가 출력된다.

12 홍수 경고 시스템은 재난으로 인한 피해를 사전에 줄여 사람들의 안전을 지키고, 지속 가능한 도시와 사회를 만드는 데 목적이 있으므로 SDGs 11번과 13이 직접적으로 연결된다.

13 지속 시간은 "연속"일 때만 의미가 있으므로 조건이 깨지면 누적을 초기화해야 한다.

14 이 시스템의 핵심은 '연속된 고온 상태' 판단이다.

15 (예시 답안)

고온 상태가 얼마나 오래 지속되었는지를 판단하기 위함이다.

(해설)

단순 온도 측정이 아니라 지속 시간 판단이 핵심이기 때문이다.

16 (예시 답안)

온도를 한 번만 측정하면 지속 여부를 확인할 수 없어, 실제 위험 상태를 놓치거나 반대로 단발성 변화에 잘못 반응할 수 있다.

17 처리 단계의 핵심 장치로, 센서값을 비교·판단해 출력 동작을 결정한다.

18 센서는 온도, 밝기, 소리, 움직임 등 환경 변화를 데이터로 입력한다.

19 (예시 답안)

스마트 워치는 심박 센서로 상태를 감지하고, 이상 시 진동으로 알림을 준다.

20 (예시 답안)

출력 방식에 따라 전달되는 정보의 형태와 효과가 달라지기 때문이다.

대단원 마무리 문제 ─── 본문 24~25쪽

정답

01 ①	02 ③	03 ⑤	04 ⑤	05 ③	06 ⑤
07 ⑤	08 ⑤	09 ⑤	10 ④	11 ⑤	
12 처리 장치		13 입력 → 처리 → 출력			
14 해설 참고					

(해설)

01 운영체제는 하드웨어 자원을 관리하고 응용 프로그램 실행 환경을 제공하는 시스템 소프트웨어다.

02 여러 프로그램 동시 실행 시 CPU/메모리 자원 배분이 적절하지 않으면 지연·끊김이 발생한다.

03 보조 기억 장치는 전원이 꺼져도 데이터를 유지하는 저장 장치이다.

04 파일 관리는 저장 구조를 제공해 파일 생성, 삭제, 이동 등의 작업을 지원한다.

05 어두운 환경 여부를 판단하려면 밝기 정보가 필요하다.

06 출력 장치는 결과를 빛·소리·움직임 등으로 나타낸다.

07 입력(센서), 처리(마이크로컨트롤러), 출력 장치(액추에이터)가 기본 구성이다.

08 구현 이전에 문제 상황과 목표를 명확히 하는 단계이다.

09 반복 구조를 사용하면 온도 변화를 지속적으로 확인하여 상황에 즉시 대응할 수 있다.

10 30℃ 이상 35℃ 미만이므로 LED 노란색 켜기가 실행된다.

11 낮은 조건을 먼저 검사하면 35℃ 이상이어도 30℃ 조건에서 실행되어 위험 경고가 출력되지 않을 수 있다.

12 처리 장치는 연산, 제어 등의 역할을 한다.

13 피지컬 컴퓨팅 시스템의 동작 원리는 입력, 처리, 출력순으로 정리된다.

14 (예시 답안)

문제 해결을 위한 기본적인 데이터를 입력받을 수 있다.

Ⅱ 데이터

01 디지털 데이터의 가치와 표현

시험 대비 문제 ─── 본문 31~33쪽

정답

01 ④	02 ①	03 ⑤	04 ④	05 ②	06 ②
07 ④	08 ②	09 ④	10 ④	11 ③	12 ②
13 ③	14 ①	15 해상도		16 3비트	
17 헤르츠(Hz)		18 픽셀		19~22 해설 참고	

(해설)

01 디지털 데이터는 다양한 형식으로 저장되고 여러 기기 간에 호환이 편리하지만 데이터 변환 과정에서 내용이 손실될 수 있으므로 원본 파일은 보관해 두는 것이 좋다.

02 5비트로 표현 가능한 정보의 가짓수는 32가지이다. 피아노 건반은 88개이므로 5비트로 모두 표현할 수 없다. 최소 7비트가 있어야 표현이 가능하다.

03 아스키 코드는 7비트(128개) 조합으로 되어 있어 영문자, 숫자, 특수 문자 정도만 표현 가능하며, 전 세계 언어를 표현하는 데 한계가 있었다.

04 1GB(기가바이트)는 1024MB(메가바이트)와 같은 용량이고, 1MB는 1024KB(킬로바이트)와 같은 용량이다. 용량 단위는 1024배씩 커진다.

05 (가)는 픽셀을 사용하며 확대 시 깨지는 비트맵 방식이고, (나)는 수학적 함수 관계로 확대/축소 시 선명도를 유지하는 벡터 방식이다.

06 아스키 코드는 한글 '가'와 같은 전 세계 언어의 문자를 표현할 수 없다.

07 동영상은 여러 장의 프레임과 오디오를 결합해 만들어진다.

08 벡터 방식은 점과 점을 연결하는 수학적 함수관계에 따라 이미지를 표현하며, 여러 명령어로 이미지를 생성한다.

09 (라)는 벡터 방식에 대한 설명으로 벡터 방식 이미지는 확대, 축소해도 이미지의 선명도가 변하지 않는다.

10 8개의 비트가 모여 바이트가 되며, 바이트는 데이터 처리의 기본 단위로 사용된다.

11 2비트로는 4가지, 3비트로는 8가지 정보를 표현할 수 있다. n 비트로는 2^n가지의 정보를 표현할 수 있다.

12 연속적인 파형 형태의 소리 데이터는 표본화, 양자화, 부호화의 과정을 거쳐 디지털 형태로 변환한다.

13 유니코드는 문자마다 16개의 비트를 사용하며 전 세계의 언어와 다양한 특수 문자를 표현한다.

14 디지털 데이터는 0 또는 1로 표현한다.

15 해상도는 이미지의 선명한 정도를 의미하며 픽셀의 개수로 표시한다.

16 8가지의 정보를 표현하기 위해 3비트가 필요하다.

17 표본화율은 1초 동안에 추출한 표본의 수로, 단위는 헤르츠(Hz)이다.

18 비트맵 방식은 픽셀이라고 하는 작은 점들로 이미지를 표현하는 방식이다.

19 (예시 답안)
사용자가 키보드에서 특정 문자 키를 누른 신호가 아스키 코드 표를 통해 해당 문자의 고유한 십진수 숫자로 변환된 후 이진수로 표현된다. 모니터에는 처리된 이진수 값에 해당하는 문자를 아스키 코드 표에서 찾아 화면에 표시한다.

(해설)
키를 누르면 신호가 전달되고, 이 신호가 아스키코드로 표현된 후, 디지털 신호로 변환되어 최종적으로 문자가 모니터에 출력된다.

20 (예시 답안)
대규모 디지털 의료 기록을 통해 병명, 치료 방법 등을 알아내고 의료 혁신에 기여한다.

(해설)
디지털 데이터는 의료, 교통, 금융, 문화 등 다양한 분야에서 긍정적인 가치를 창출한다.

21 (예시 답안)
① 표본화(연속적인 소리 파형에서 일정한 간격으로 소리의 표본을 추출한다.)
② 양자화(추출한 샘플을 가까운 정숫값으로 표현한다.)
③ 부호화(정숫값을 이진수로 변환하여 컴퓨팅 시스템에 저장한다.)

(해설)
연속적인 파형 형태의 소리 데이터는 표본화, 양자화, 부호화 과정을 거쳐 디지털 형태로 변환한다.

22 (예시 답안)
유니코드가 등장하면서 아스키 코드가 표현할 수 없었던 전 세계의 언어와 다양한 특수 문자를 표현할 수 있게 된 점이 큰 장점이다. 유니코드가 아스키 코드를 대체하여 사용되는 이유는 16비트 이상을 사용하는 유니코드가 호환성이 점점 높아지면서 현재 대부분의 시스템에서 활용되고 있기 때문이다.

(해설)
유니코드는 16개의 비트를 사용하며, 10만 개가 넘는 한자나 더 많은 특수 문자를 표현하기 위해 24비트 유니코드, 32비트 유니코드로 발전하였다.

02 데이터의 수집과 관리

시험 대비 문제 본문 37~39쪽

(정답)

01 ④	02 ③	03 ①	04 ②	05 ④	06 ③
07 ③	08 ④	09 ③	10 ⑤	11 ④	12 ②
13 ①	14 ④	15 ⑤	16 기준	17 확장자	
18~20 해설 참고					

(해설)
01 '가, 나, 다, 라, 마'는 사전 순서로 커지는 오름차순이다. 나머지는 모두 값이 작아지거나 역순으로 가는 내림차순이다.

02 친구의 저녁 외식 메뉴는 공공 기관이 제공하는 공공 데이터가 아니다. 관찰, 설문, SNS 게시글 등을 통해 조사할 수 있다.

03 검색 엔진의 도구 옵션을 사용해 재사용이 가능한 이미지인지 확인해야 한다. 크리에이티브 커먼즈 라이선스를 확인하고 사용할 수 있다.

04 분류는 기준에 따라 데이터를 구분하여 체계적으로 정리하는 과정이다. 이를 통해 데이터 탐색 시간을 줄이고 데이터의 특성을 한눈에 파악할 수 있다.

05 데이터의 양이 많을수록 종이 문서는 검색과 보관이 어렵지만, 스프레드시트와 같은 디지털 도구는 대량의 데이터도 쉽게 검색, 수정, 관리할 수 있어 효율적이다.

06 클라우드 서비스의 핵심 장점은 공유와 동시 편집이다. 여러 사람이 같은 파일에 접속하여 실시간으로 작업하는 것이 대표적인 협업 사례이다.

07 ①번은 서식 지정, ②번은 자동 저장 기능, ⑤번은 정렬 기능이다. 필터를 사용하면 특정 조건(정보 점수가 90점 이상)을 만족하는 데이터만 볼 수 있다.

08 댓글 작성자는 파일에 접근해 내용을 볼 수 있고, 의견(제안 사항)을 달 수 있지만 데이터를 직접 수정하거나 파일을 삭제할 수 있는 권한은 없다.

09 국가나 공공 기관이 만들어 국민에게 제공하는 데이터를 공공 데이터라고 하며 이를 활용해 다양한 주제의 데이터 분석, 앱 개발 등에 사용할 수 있다.

10 행과 열로 이루어진 표 기반의 스프레드시트 프로그램으로 엑셀, 한셀, 구글 스프레드시트 등이 있다.

11 jpg와 png는 비트맵 방식의 이미지 파일이다. 효율적인 데이터 관리를 위해 해당 이미지 파일을 이미지 폴더로 따로 분류할 수 있다.

12 기록을 기준으로 오름차순 정렬하면 14.8, 158, 16.2, 16.5, 17.0 순서가 된다. 기록 순서대로 나머지 학번, 이름, 성별의 속성들도 함께 순서가 바뀌게 되며, 10102번 학생이 위에서 두 번째 위치하게 된다.

13 "운동은 좋은 것이라고 생각합니까?"와 같이 특정 대답을 암시하거나 유도하는 질문은 객관적인 데이터 수집을 방해하므로 피해야 한다.

14 반납 여부가 ×인 책이 대출 중인 책이다. 먼저 대출 중인 책을 필터링해서 확인한 후, 대출일을 내림차순 정렬해 최근 대출 순으로 정리한다. 반대로 대출일 기준으로 정렬한 후, 필터를 걸어도 가능하다.

15 폴더의 이름을 볼 때, 파일의 크기나 형식, 사진의 화질은 알 수 없고 '어떤 행사나 어떤 장소에서 찍었는지'를 기준으로 분류했다고 볼 수 있다.

16 분류를 하려면 무엇을 기준으로 나눌 것인지 명확하고 객관적으로 설정해야 한다.

17 '.jpg', '.txt', '.xlsx' 등 파일의 형식과 종류를 나타내는 부분을 파일의 확장자라고 한다.

18 (예시 답안)
하나의 질문에 두 가지 내용(운동과 음식)이 포함되어 있다.

(해설)
매일 운동을 하는 것과 섭취하는 음식량을 줄이는 것은 별개의 문제로, 하나의 질문에 하나의 내용만 담아야 정확한 응답을 받을 수 있다.

19 (예시 답안)
오름차순은 1, 2, 3, 4와 같이 값이 작은 것부터 큰 순서대로 나열하는 것이고, 내림차순은 4, 3, 2, 1과 같이 값이 큰 것부터 작은 순서대로 나열한 것이다.

(해설)
키를 누르면 신호가 전달되고, 이 신호가 아스키코드로 표현된 후, 디지털 신호로 변환되어 최종적으로 문자가 모니터에 출력된다.

20 (예시 답안)
많은 양의 응답 결과를 표 형태로 한눈에 파악하기 쉽다.

(해설)
수집된 데이터를 스프레드시트로 정리하면 원하는 정보를 쉽게 찾을 수 있고, 그래프로 쉽게 변환해 정보의 의미를 파악하기 좋다.

03 데이터 구조화

시험 대비 문제   본문 43~45쪽

정답

01 ②	02 ③	03 ②	04 ⑤	05 ④	06 ⑤
07 ①	08 ②	09 ⑤	10 ①	11 ③	12 ③
13 데이터 구조화	14 트리 구조		15~20 해설 참고		

01 구조화는 데이터 간 관계나 특성을 명확하게 파악하고 내용을 전달하기 쉬운 형태로 변환하는 과정이다. 하지만 데이터 보안과는 목적이 다르다.

02 트리 구조는 최상단의 노드에서 여러 개의 자식 노드로 나뉘는 구조이다. 데이터의 계층적 구조를 나타낼 때 사용한다.

03 표에서 가로줄은 '행', 세로줄은 '열'이라고 한다.

04 점과 선으로 연결 관계를 표현하는 구조화 방식으로 그래프가 적절하다. 그림/다이어그램으로 통칭하여 부르기도 한다.

05 식단은 '요일'과 '메뉴'라는 기준으로 행과 열을 사용한 표로 정리했을 때 정보를 보기 편리하다. 1, 2, 3은 트리 구조가 적합하다.

06 데이터 구조화란 사용 목적에 따라 체계적이고 이해하기 쉬운 형태로 변환하고 재배치하는 과정이다.

07 ②~⑤는 모두 이름순, 분류 기호, 카테고리, 날짜 등 명확한 기준을 가지고 데이터를 정리한 사례이다. 아무런 기준 없이 단순히 데이터를 쌓아두기만 하는 것은 구조화라고 볼 수 없다. 영수증을 날짜순이나 지출 항목별로 정리해야 구조화한 사례라 볼 수 있다.

08 트리는 데이터의 계층적 구조를 나타내어 위계 관계를 나타낼 때 사용하고 컴퓨터 폴더 구조가 그 사례이다. 데이터 간 서로 이어져 순환할 수 있는 구조는 그래프이다. 데이터를 차례대로 나열해 줄을 맞춘 구조는 목록이다.

09 노드와 노드 간의 관계인 간선으로 표현하는 구조로 데이터 간의 연결성을 보여주는 데 효과적이다. 출발지와 목적지 사이의 연결성을 보여주기에 좋다.

10 요일과 시간을 기준으로 하는 일정표는 표로 정리하는 것이 효율적이다.

11 상위 개념에서 하위 개념으로 갈라지는 계층적 분류는 트리 구조가 적합하다.

12 친구들의 관계는 순서나 계층이 없고, 데이터 간 연결성을 보여주어야 하는 그래프 구조가 적절하다.

13 데이터 구조화란 다양한 데이터를 형식, 종류, 사용 목적 등에 따라 체계적이고 이해하기 쉬운 형태로 변환하는 과정이다.

14 트리는 데이터의 계층적 구조를 나타낼 때 사용한다.

15 예시 답안
① 필요한 재료가 어디 있는지 알 수 있어 요리 시간을 단축할 수 있다.
② 유통 기한이 임박한 재료를 빨리 사용해 재료를 버리는 일을 줄일 수 있다. 등

해설
방법 A는 기준 없이 식재료와 식재료 데이터를 정리한 방법이다. 방법 B는 식재료가 많아도 찾기 쉽도록 식재료 종류에 따라 분류하여 정리하고, 유통 기한 순서대로 데이터를 정리하여 유통 기한이 임박한 식재료를 빠르게 찾을 수 있다.

16 예시 답안

날짜	내용	수입	지출	잔액
5/1	용돈	10,000		10,000
5/2	편의점		3,000	7,000
5/4	친구 선물		5,000	2,000
5/5	용돈	30,000		32,000
5/5	앨범 구입		12,000	20,000

해설
글의 정보를 날짜 순서대로, 수입과 지출을 구분하여 잔액까지 계산하였는지 확인한다. 5월 5일 수입과 지출을 한 줄에 작성하여도 내용에 두 가지 항목에 적혀있으면 답으로 인정한다.

17 예시 답안

요일	과목	준비물
월	미술	스케치북
화	체육	체육복
수	음악	리코더
목	스포츠	배드민턴 채

해설
글에 포함된 요일, 과목, 준비물 정보를 속성(열)으로 분류하여 정리해야 한다.

18 예시 답안
이 방법은 목록으로 구조화한 것으로 데이터를 차례대로 나열하거나 줄을 맞춰 일목요연하게 글로 정리하는 방법이다.

해설
목록으로 구조화되었으며, 특히 항목들을 순서대로 나열하고 항목을 번호로 표시한 순서가 있는 목록이다.

19 예시 답안
① 원하는 데이터를 찾기 위해 걸리는 시간을 단축할 수 있다.

② 데이터끼리 비교하기 편해 효과적으로 분석할 수 있다.

③ 전달할 내용이 많더라도 핵심 내용을 알아보기 쉽게 바꾸어 전달할 수 있다. 등

해설

데이터를 찾기 쉽다, 내용을 파악하기 쉽다, 분석이 쉽다 등을 언급하면 정답으로 인정한다.

20 **예시 답안**

1. 음식

(1) 과일

1) 사과

2) 포도

3) 복숭아

(2) 채소

1) 시금치

2) 깻잎

3) 상추

해설

다단계 목록은 들여쓰기를 사용해 각 항목에 하위 항목을 포함한 여러 단계로 구성한다. 꼭 번호를 매기지 않더라도 하위 개념이 구분되게 정리하면 된다.

04 데이터와 문제 해결

시험 대비 문제

본문 49~51쪽

정답

01 ②	02 ⑤	03 ②	04 ⑤	05 ②	06 ③
07 ②	08 ⑤	09 ⑤	10 ④	11 ④	12 ③
13 ③	14 ④	15 해설 참고		16 양의 상관관계	

17~19 해설 참고

해설

01 문제 상황을 정확하게 이해하고 구체적으로 정의해 무엇을 분석해야 하는지를 명확하게 하는 단계가 첫 번째다.

02 두 변수의 관계를 파악하고 싶을 때 분산형 그래프로 표현하면 관계를 파악하기 쉽다.

03 y 축이 일정한 비율로 늘어나거나 줄어들지 않아 비례 관계가 없으며, 점들이 가깝게 모여 직선 형태를 이루고 있지 않아 두 변수가 서로 약한 관계의 분포를 보인다.

04 x 축의 값이 변할 때 y 축의 값이 감소하는 음의 상관관계를 보인다.

05 분산형 그래프 점 옆에 해당 데이터의 이름 등을 표시하는 것은 데이터 라벨 기능이다.

06 데이터 분석을 통해 문제의 핵심을 파악하면 문제 해결의 근거를 객관적으로 찾을 수 있다.

07 수면 시간이 높아지면 대체로 학업 성적이 높지만 9시간 이상 수면을 하는 학생들의 학업 성적은 낮아지는 것을 확인할 수 있어서 무조건 비례 관계라고 볼 수 없다.

08 서로 다른 데이터가 어떻게 연결되어 있는지 관계를 파악하면 현상의 원인이나 데이터 속에 숨겨진 특징, 의미를 찾을 수 있다.

09 분석에 불필요한 데이터를 삭제하거나 오류를 수정하여 표 등으로 정리하는 단계는 데이터 구조화 및 정리 단계의 활동에 해당한다.

10 그래프 분포가 직선 형태를 이룰수록 강한 관계를 나타낸다.

11 이상 데이터(이상치)란 데이터 대다수가 보여주는 일반적인 경향에서 현저하게 벗어난 값을 의미한다. 단순 오류일 수도 있지만 특별한 원인이나 숨은 의미를 해석하는 데 도움이 될 수도 있으므로 무조건 삭제하는 것은 옳지 않다.

12 데이터 구조화 및 정리 단계에서는 수집한 데이터를 구조화하거나, 이미 표 형태로 구조화되어 있는 데이터라면 분류, 재배치 등을 통해 목적에 맞게 정리하는 활동을 수행한다.

13 ① 그래프 요소를 잘못 파악한 내용이다. ② 두 데이터 간 강한 관계를 보이나 정확히 정비례한다고 볼 수 없다. ④ 총인구수에 따라 공공 도서관 수를 비교할 수 있도록 시각화되었다. ⑤ 추세선 위쪽에 있는 지역보다 총인구수에 비해 공공 도서관 수가 적은 상태라고 볼 수 있다.

14 점들이 추세선 근처에 촘촘히 모여 있을수록 두 변수 간 상관관계가 강하다고 해석한다.

15 **예시 답안**

공공 도서관 수와 총인구수는 강한 관계를 보인다.

해설

공공 도서관 수와 총인구수는 점들이 가깝게 모여 직선 형태를 이루고 있어 데이터 간 관계가 강한 관계를 보인다.

16 그래프의 전반적인 경향이 오른쪽 위로 향하는 경향을 보이면 두 변수의 관계는 양의 상관관계이다.

17 예시 답안

버스 정류장별 승하차 인원 데이터, 시간대별 유동 인구 데이터

해설

특정 정류장에서 사람들이 탑승한다면 배차 간격을 줄이기 위해 승하차 인원 데이터 또는 시간대별 유동 인구 데이터를 수집하고 분석해 볼 수 있다.

18 예시 답안

학교에서는 기상청 날씨 데이터를 활용해 최적의 학교 체육 대회 날짜를 정할 수 있다.

해설

공공 데이터는 공공 기관이 만들어내는 모든 자료나 정보로 국민 모두의 소통과 협력을 끌어내는 공적인 정보를 의미한다.

19 예시 답안

1행과 2행의 속성 제목이 중복되어 1행을 삭제하였다. 응답자 유형별 속성에 필터를 적용해 학업 성적별 데이터만 보이게 처리하였다.

해설

필요하지 않은 데이터가 삭제되거나 필터링되었는지 확인한다.

대단원 마무리 문제 본문 52~54쪽

정답

01 ③ 02 ④ 03 ④ 04 ③ 05 ④ 06. ③
07 ② 08 ③ 09 ④ 10 ⑤ 11 ⑤
12 00001010 13 표본화 14 데이터 분류
15 프레임 16~20 해설 참고

해설

01 디지털 데이터는 0 또는 1로 표현하며, 한 개의 0과 1을 표현하기 위해 비트라는 단위를 사용한다. 8개의 비트가 모여 바이트가 되며, 바이트는 문자, 숫자, 기호 등을 표현하는 기본 단위로 사용된다.

02 아스키 코드는 7비트 조합으로 이루어져 있어 128개의 문자 표현이 가능하다. 하지만 한글을 표현하기 위해서는 유니코드를 사용해야 한다.

03 비트맵 방식은 픽셀이라는 작은 점들로 이미지를 표현하는 방식이다. 확대하면 계단 현상이 나타나며 픽셀의 수가 많을수록 더 선명하게 이미지를 표현한다.

04 FPS(Frames Per Second)는 1초에 보여주는 프레임 수를 나타낸다. 24FPS는 1초에 24개의 프레임을 보여준다는 의미이며 FPS가 높을수록 동영상이 부드럽게 재생된다.

05 데이터 수집 방법은 여러 방법으로 이루어진다. 인구수 데이터는 공공 기관이 만들어 제공하는 데이터를 사용하는 것이 편리하고 정확한 데이터를 얻기 좋다.

06 클라우드 서비스는 인터넷을 통해 제공되는 서비스이므로 인터넷 연결이 필요하다.

07 스프레드시트 프로그램을 사용해 데이터를 활용할 수 있지만 꼭 스프레드시트만 사용해야 하는 건 아니다.

08 트리 구조는 데이터의 계층적 구조를 나타낼 때 사용한다. 컴퓨터 폴더 구조는 상위 폴더에서 하위 폴더로 나뉘는 계층적 구조를 가지는 대표적인 사례이다.

09 공공 데이터란 공공 기관이 만들어내는 모든 자료나 정보로, 모든 국민이 자유롭게 활용할 수 있는 공적인 정보를 의미한다.

10 데이터 입력 날짜는 관계 파악에 직접적으로 필요한 요소가 아니다.

11 ① 막대그래프 외에도 분산형 그래프 등 다양하게 시각화할 수 있다.
② 문제를 먼저 정의한 후 필요한 데이터를 수집한다.
③ 구조화는 효과적인 분석을 위해 필수적이다.
④ 이상 데이터는 무조건 삭제가 아니라 원인을 파악하여 의미 있는 통찰에 필요한 때도 있다.

12 십진수 10을 이진수로 표현하면 00001010이다.

13 표본화는 연속적인 아날로그 소리 신호에서 일정한 간격으로 대푯값을 추출하여 표본을 만드는 과정이다.

14 데이터를 분류하는 것은 기준을 세워 공통적인 특징을 가진 데이터끼리 구분하는 것을 말한다.

15 프레임이란 동영상을 구성하는 한 장 한 장의 이미지를 표현하는 용어이고, FPS라는 단위로 1초에 보여주는 프레임 수를 나타낸다.

16 예시 답안

① 복사, 수정, 삭제가 간편하여 대량의 데이터를 쉽고 빠르게 복제할 수 있다.

② 시공간 제약 없이 데이터를 신속 정확하게 공유할 수 있다.

③ 여러 기기 간의 데이터 호환이 편리하다.

④ 필요한 데이터를 빠르게 검색하고 효율적으로 저장할 수 있다.

(해설)

디지털 데이터의 주요 장점인 간편 복제, 신속 전송, 공유, 효율적인 탐색과 저장, 다양한 형식의 호환 등을 적절하게 서술하면 정답으로 인정한다.

17 (예시 답안)

데이터가 정리되지 않으면 의미를 정확하게 파악하기 어렵기 때문에 필요하다. 데이터 구조화를 하면 원하는 데이터를 빠르게 확인하고, 숨은 의미를 해석하거나 패턴을 찾을 수 있다.

(해설)

데이터 구조화를 하면 복잡한 내용도 다른 사람에게 효과적으로 전달할 수 있고, 효과적으로 데이터를 분석하여 의사결정에 활용할 수 있다.

18 (예시 답안)

그래프를 보면 대체로 공부 시간이 증가할수록 성적도 상승하는 양의 상관관계를 보인다. 대부분의 학생들은 공부 시간이 증가하면 성적도 함께 향상되는 경향을 보인다고 파악할 수 있다.

19 (예시 답안)

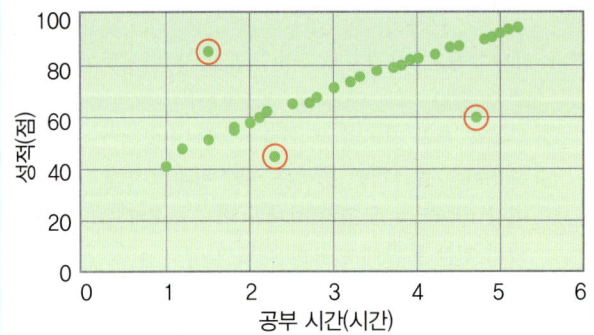

표시한 세 명의 학생은 일반적인 경향에서 벗어난 데이터로 볼 수 있다. 공부 시간이 매우 짧음에도 성적이 높거나, 공부 시간이 길지만 성적이 낮은 경우가 이에 해당한다. 이는 학생의 기초 학력이 높거나 효율적인 공부 방법을 사용하였다고 판단해볼 수 있다. 단순히 데이터 입력 오류가 있었을 수 있다고 판단할 수도 있다.

20 (예시 답안)

이상 데이터를 제외한 나머지 데이터를 보면 공부 시간과 성적이 양의 상관관계를 보이므로, 성적 향상을 위해서는 꾸준히 공부 시간을 확보하도록 한다. 특히 4시간 이상 공부할 때 80점 이상의 높은 성적을 얻을 수 있으므로 적절한 공부 시

간을 계획한다. 공부 시간이 적지만 높은 성적을 학생 사례를 분석하여 효율적인 학습 방법을 찾아 적용한다면 더 짧은 시간에도 좋은 성적을 얻을 수 있을 것이다.

Ⅲ 알고리즘과 프로그래밍

01 문제 정의와 상태

시험 대비 문제 ──── 본문 62~64쪽

정답

01 ④	02 ②	03 ③	04 ③	05 ⑤	06 ⑤
07 ⑤	08 ⑤	09 ⑤	10 문제 정의		11 수행
12 현재 상태	13 8	14 초기	15 목표 상태		
16 7, 13	17 추상화	18~20 해설 참고			

(해설)

01 문제 정의란 문제를 명확히 이해하고 해결해야 할 것이 무엇인지 구체적으로 기술하는 것이다. 여기에서는 회비를 개인당 얼마나 내야 할지를 정하는 것이 목표이므로 3번 민수가 바르게 문제를 정의하였다.

02 문제 해결 과정에서 초기 상태, 목표 상태를 결정하고 구조화를 통해 수행 가능한 형태로 표현하는 단계는 문제의 이해 단계이다.

해결 방법 설계에서는 알고리즘을 설계하며, 해결 방법 실행에서는 컴퓨터 언어를 사용해 프로그래밍을 하고 실행하게 된다. 해결 방법 평가에서는 문제가 바르게 해결되었는지 평가하고 오류가 있다면 수정하고 재실행하는 단계이다.

03 목표 상태란 문제 해결 후 도달하고자 하는 최종 상태이다. 여기에서 철수는 마방진을 만드는 것이 목표였기 때문에 마방진을 완성한 것이 목표 상태가 된다.

04 문제 정의는 해결 범위를 정하고 해결 방향을 정하는 단계이다. ⑤는 문제 해결 방법을 찾은 것으로 문제 정의와는 다르다.

05 문제 해결을 위해서는 초기 상태 분석을 가장 먼저 해야 한다.

06 문제란 목표 달성 과정에서 생기는 장애이다.

07 목표 상태란 문제 해결 과정의 최종 목표에 도달한 상태로 문제가 바르게 해결될 수 있도록 방향을 제시한다.

08 초기 상태란 문제 해결 과정에서 문제를 발견한 시점의 상태로 사탕의 개수와 나누어줄 학생의 수를 알고 있으나 어떻게 나누어야 할지 모르는 상태가 초기 상태가 된다.

09 초기 상태란 문제를 발견한 시점의 상태를 말하는 것으로 문제 해결에 필요한 내용을 찾고 준비하는 기초가 된다.

10 문제 정의는 문제를 명확하게 이해하고 기술하는 것으로 해결해야 할 문제의 범위를 명확하게 설정하여 올바른 문제 해결이 이루어질 수 있도록 한다.

11 문제의 구조화는 복잡한 문제를 이해하고 해결하기 쉬운 작은 단위로 나누는 과정이다. 이 과정에서 나누어진 단위가 수행 가능한 작업이 되며, 이 작업들을 하나씩 해결해 나가면 전체 문제를 체계적으로 해결할 수 있다.

12 현재 상태는 문제 해결 과정에서 현재 시점의 상태를 의미하며, 수행 작업을 통해 변화한다.

13 1번 수행 시 0+1=1
2번 수행 시 1+1=2
3번 수행 시 1+2=3
4번 수행 시 2+3=5
5번 수행 시 3+5=8

14 문제 해결을 처음 시작하는 시점의 상태를 초기 상태라 한다. 따라서 100m 달리기에서 가장 빠른 학생 한 명을 뽑아야 하는 상황에서 측정을 위해 모든 학생이 준비된 상태는 초기 상태이다.

15 목표 상태는 문제 해결 후 도달하고자 하는 최종 상태이다.

16 첫 번째 수행 작업으로 총원 91의 약수를 구하면 1, 7, 13, 91이 나타난다. 이후 1과 자신의 수를 제외하게 된다면 1, 91이 목록에서 제외되어, 7, 13이 남는다.

17 추상화란 문제의 복잡성을 제거하여 핵심적인 개념 또는 기능을 간추려 내는 것으로 불필요한 정보를 제거하여 핵심 개념만 남기는 과정을 의미한다.

18 예시 답안
3. 7리터의 물을 비운다.
4. 4리터의 물을 비운다.
5. 7리터 물통의 물을 4리터 물통으로 옮긴다.
6. 4리터 물통의 물을 7리터 물통으로 옮긴다.

해설
문제를 해결하기 쉬운 작은 단위로 나누게 되면 각 물통을 비우거나, 채울 수 있으며 물통의 물을 다른 곳으로 옮길 수 있다. 따라서 각 물통의 물을 비우거나, 물통 간

의 물을 옮기는 것이 수행 작업이 될 수 있다.

19 예시 답안
해결 방향이 불명확해지고 목표 상태에 도달하기 위한 과정이 비효율적으로 되어 잘못된 해결 방법을 선택할 가능성이 높아진다.

해설
문제 정의란 문제 상황 속에서 해결해야 할 문제의 범위를 명확하게 설정하는 것으로 문제의 범위가 모호해질 경우 목표 상태가 제대로 설정되지 않으며 문제 해결의 방향을 제대로 설정할 수 없다.

20 예시 답안
학생 희망 프로그램 조사하기 / 예산 계획 작성하기 / 장소 시간 배치하기 등

해설
수행 작업이란 복잡한 문제를 수행 가능한 작은 단위로 나눈 것을 의미한다.

02 핵심 요소와 알고리즘 표현

시험 대비 문제
본문 71~73쪽

정답

01 ⑤	02 ①	03 ④	04 ⑤	05 ⑤	06 ③
07 ⑤	08 ②	09 ①	10 ⑤	11 ⑤	12 ⑤
13 ②	14 목표 상태		15 ㄱ. 유한성, ㄴ. 효과성		
16 의사 코드		17 a. 선택 구조, b. 순차 구조			
18 ②, ③		19~20 해설 참고			

해설

01 실제 모양을 다 그리지 않고, 건물, 길만 단순한 도형으로 표현한 것이 전형적인 추상화이다.

02 목표가 "키가 가장 큰 학생"을 찾는 것이므로, 결과를 가르는 핵심 정보는 키이다.

03 핵심 요소는 초기 상태에서 목표 상태로 가는 데 꼭 필요한 중요한 정보이다.

04 알고리즘은 문제를 해결하기 위한 구체적인 절차와 방법의 모음이다.

05 알고리즘은 반드시 유한한 단계 후에 끝나야 하므로 무한성은 특성이 아니다.

06 단계가 애매하지 않고 분명해야 한다는 것은 명확성에 대한 설명이다.

07 데이터베이스 테이블은 자료를 저장하는 구조이고, 알고리즘의 절차를 표현하는 방법이 아니다.

08 마름모 기호는 조건을 검사하고 참/거짓에 따라 흐름이 갈라지는 부분을 나타낸다.

09 조건 분기나 반복 없이 순서대로만 실행되므로 순차 구조이다.

10 "60점 이상이면~ 아니면~"처럼 조건에 따라 다른 일을 하는 것이 선택 구조이다.

11 조건(비밀번호가 맞음)을 만족할 때까지 같은 일을 반복하므로 반복 구조의 예이다.

12 자연어 표현은 사람이 읽고 이해하기 쉽다는 장점이 있다.

13 사과를 등급별로 나누기 위해 소비자들이 좋아하는 것을 기준으로 삼아야 하며, 이 기준이 당도와 크기, 상처의 유무이다. 따라서 색상은 핵심 요소가 아니다.

14 문제의 목표 상태는 문제 해결에 필요한 핵심 요소를 판별하기 위한 기준이 된다.

15 유한한 단계를 거친 후 문제가 해결되고 종료되는 특성을 유한성이라 한다. 각 명령의 단계가 충분히 단순하게 표현되어 유한한 시간 내에 수행할 수 있어야 하는데 이를 효과성이라 한다.

16 프로그래밍 언어와 비슷한 형식으로 알고리즘을 기술했으므로 의사 코드이다.

18 순차 구조의 3번째 처리 블록에서부터 8번째 처리블 록까지 "합계를 더하는 수만큼 증가"와 "더하는 수를 1만큼 증가" 2개가 3번 반복되고 있다. 따라서 이 명령을 순서대로 적은 2, 3이 반복 구조 속에 들어간다.

19 (예시 답안)
쾨니히스베르크의 다리 문제에서는 도시의 자세한 모습 대신 땅을 점, 다리를 선으로 단순하게 나타냈다. 이렇게 추상화를 하면 문제의 구조가 더 잘 보이고, 다리를 한 번씩만 건널 수 있는지 논리적으로 판단하기 쉬워진다.

(해설)
문제가 단순해지고 풀이가 쉬워지는 의미의 내용으로 작성할 수 있어야 한다.

20 (예시 답안)
종료 조건이 없어 유한성을 만족하지 못하기 때문

(해설)
알고리즘은 유한한 단계 안에 종료되어야 하는데, 이 절차는 종료 조건이 없이 무한히 반복된다.

03 알고리즘 분석과 비교

시험 대비 문제   본문 77~79쪽

정답

01 ⑤	02 ①	03 ⑤	04 ④	05 ⑤	06 ④
07 ⑤	08 ③	09 ①	10 ⑤	11 ⑤	12 ③

13 수행 단계 또는 상태 변화   **14** 수행 단계 수
15 알고리즘 비교   **16** 단순성, 적응성, 효율성 등
17 비효율적인 부분을 찾아 개선, 다른 알고리즘을 선택 등
18~20 해설 참고

(해설)

01 같은 문제를 두고도 여러 가지 방법이 존재한다는 점이 알고리즘 다양성이다. 따라서 같은 목적지에 도달하기 위해 지하철, 버스 등 다양한 점이 존재한다는 점이 알고리즘의 다양성을 보여준다.

02 같은 문제에도 여러 해결 방법이 있을 수 있다는 것이 다양성의 핵심이다. 그러므로 항상 하나만 존재해야 한다는 ①의 설명은 잘못된 것이다.

03 알고리즘을 분석할 때는 보통 수행 단계의 수를 중심으로 얼마나 효율적인가를 따져보는 과정이다.

04 알고리즘 분석의 목적은 효율성을 파악하고 개선점을 찾기 위해서이다.

05 효율성이란 문제를 해결하는 데 얼마나 빠르게 해결할 수 있는가를 나타내는 것으로 문제 해결을 위해 수행하는 작업의 횟수가 기준이 된다.

06 '크다'와 '작다'의 힌트는 다음에 시도할 숫자의 범위를 줄일 수 있게 도와주기 때문에 수행 단계 수를 줄이는 데 도움이 된다.

07 효율성이란 문제를 해결하기 위해 얼마나 적은 수행 작업을 수행하느냐를 나타내는 것으로 분석을 통해 불필요한 수행 작업을 제거하여 개선할 수 있다.

08 같은 문제를 해결하는 여러 알고리즘 중 최적의 알고리즘을 선택하기 위해서는 반드시 알고리즘 비교가 필요하다. 이를 위해 알고리즘을 수행하는 데 필요한 시간을 예측하기 위해 수행 작업의 횟수를 분석한다.

09 ②는 단순성, ③은 효율성, ⑤는 적응성을 의미하고 있으며, 이를 바탕으로 문제 상황에 얼마나 잘 맞는지 파악하여야 한다. 알고리즘의 유명세는 알고리즘을 비교하는 기준에 직접적인 관련이 없다.

10 단순성이란 이해, 구현이 쉬운 방법을 의미한다. 이는 구조가 간단하고, 쉽게 이해할 수 있는 방법을 선택하는 것을 뜻한다.

11 입력의 정렬 여부, 크기 변화에 상관없이 사용할 수 있는 알고리즘이 적응성이 높은 알고리즘이다.

12 한 번만 간단히 실행하고 끝나는 경우 조금 느리더라도 단순한 알고리즘을 써도 큰 문제가 되지 않는다. 나머지는 데이터의 양이 많거나, 실행 횟수가 많아 효율성이 매우 중요하다.

13 수행 단계·상태 변화의 수를 기준으로 알고리즘이 얼마나 효율적인지 따져보는 과정이 알고리즘 분석이다.

14 알고리즘 분석에서 가장 기본이 되는 기준은 수행 단계 수이다.

15 여러 알고리즘을 각각의 기준으로 비교, 평가하는 과정이 알고리즘 비교이다.

16 알고리즘 비교를 위한 기준으로는 단순성, 적응성, 효율성이 있다.

17 분석이 완료되면 비효율적인 부분을 찾아 더 나은 알고리즘으로 개선이 이어질 수 있도록 한다.

18 (예시 답안)
세 방법 모두 "청소 구역을 공평하게 나누기"라는 같은 문제를 해결하지만, 줄 위치, 번호표, 희망 구역 등 기준이 서로 다르기 때문에 절차도 다르게 구성되었다. 이처럼 같은 목표를 두고 여러 해결 방법이 나오기 때문에 알고리즘의 다양성을 보여주고 있다.

(해설)
도달하고자 하는 목표는 같지만 기준에 따라 다양한 절차가 나올 수 있다는 의미가 알고리즘의 다양성을 설명하는 것이다.

19 (예시 답안)
방법 B는 줄 서기 전 각 줄의 길이를 비교하여 사람이 적은

줄에 서서 평균 대기 시간을 줄일 수 있다.

(해설)
대기 시간(수행 단계 관점)에서 이득이 될 수 있다.

20 (예시 답안)
적응성은 입력 데이터의 크기나 유형에 얼마나 잘 적응하는지 나타내는 것으로 정리된 데이터에서 조금 어긋나도 사용 가능한 B가 더 좋다. 방법 B는 입력 데이터 형식이 조금씩 바뀌거나 정리되기 어려운 상황에서 장점이 잘 나타난다.

(해설)
입력 데이터 형식이 조금 바뀌더라도 사용 가능하고, 그러한 상황에서 장점이 드러난다.

04 문제 해결 전략과 알고리즘 설계

시험 대비 문제 · 본문 83~85쪽

정답

01 ④	02 ③	03 ③	04 ③	05 ②	06 ④
07 ③	08 ④	09 ⑤	10 ⑤	11 ⑤	12 ①
13 ⑤	14 100	15 12,600원	16 B, 탐욕법		
17 64	18~20 해설 참고				

(해설)

01 거꾸로 풀기는 목표를 먼저 고정하고 이전 상태를 거슬러 올라가며 해결한다.

02 공연 시작이 목표 상태이며, 출발 시간이 초기 상태로 두어 목표에서 역으로 설계하는 방식인 거꾸로 풀기를 사용해 문제를 해결할 수 있다.

03 가장 많이 담기 위해서는 가장 싼 것부터 담아야 물건의 양이 가장 많아질 수 있다.

04 목표에서 역으로 초기 상태인 원래의 문장으로 역으로 변환하며 복원할 수 있다. 따라서 거꾸로 풀기 설계전략을 사용할 수 있다.

05 10:00에서 준비시간 18분, 이동 시간 12분, 점검 시간 7분을 순서대로 빼면 된다. 따라서 9:23이다.

06 문항별 평균 점수 산출이 목표이기 때문에 문항별로 나누어 해결하는 것이 적절하다.

07 목표에서 역으로 계산해가는 거꾸로 풀기가 적절하다.

08 시행착오에서 정답을 찾으면 시행을 중단하고 성공한 값을 출력한다.

09 문제 해결 전략은 알고리즘을 체계적 효율적으로 작성하기 위한 방법

10 시행착오법은 규칙이 없고 경우의 수가 적을 때 모든 방법을 시도하는 방법이다.

11 최소한의 동전을 거슬러 주기 위해서는 매번 큰 금액의 동전부터 거슬러 주는 것이 최선의 선택이다.

12 매 단계 가능한 최선을 선택하는 것으로 이는 탐욕법의 전략적 사고를 보여준다.

13 종료가 빠른 순으로 현재 가능한 회의를 고르면 A(1, 3), B(3, 4), E(5, 6), F(6, 8), G(8, 9) 순서가 된다. C는 선택 시점에 회의가 중복되어 선택되지 않으며, D보다 E가 먼저 선택되며 다음 선택되는 D는 E와 중복되어 선택되지 않는다.

14 00~99는 총 100개이므로 모두 시도하여 99번째 찾는 경우가 최악이므로 최악의 시도 횟수는 100이 된다.

15 8,400원, 4,200원 순서로 선택하여 12,600원이 된다.

16 S→A(거리3)→C(거리2)→B(거리3) 순서로 선택하여 이동한다. 현재 위치에서 가장 가까운 거리를 이동하는 것으로 탐욕법에 해당한다.

17 16×16 크기의 이미지를 2×2로 나누면 가로 8개, 세로 8개의 조각이 나온다. 따라서 8×8=64조각이 된다.

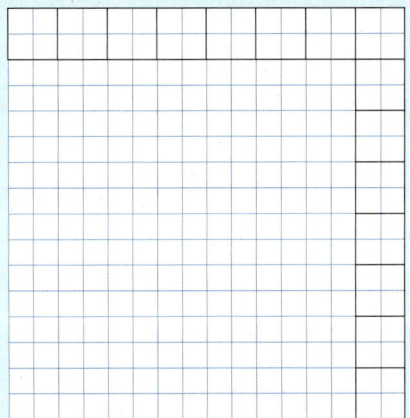

18 (예시 답안)
현재 위치에서 직선거리로 가장 가까운 배송지를 선택한다. 현재 이동 거리가 짧으면 전체 이동 거리도 짧을 것이라는 판단으로 기준을 선정하였다.

해설 현재 최선을 선택하고 현재의 최선이 최종적으로 최적의 결과를 얻을 것이라는 이유를 작성한다.

19 (예시 답안)
최적이 아니다. 3+3과 같이 2개의 동전으로 6원을 만들 수 있다.

(해설)
조건 중 '가장 적은 개수의 동전'이라는 말이 있으므로 2개로 만들 수 있는 동전의 사례를 제시할 수 있으면 된다.

20 (예시 답안)
최종값 50(100÷2) ← 100(97+3) ← 97(194÷2) ← 194(191+3) ← 191이면 시작 값 x=191이다.

(해설)
최종값에서 출발해 이전 상태 후보를 역으로 구성해 가는 것이 중요하다. 단, 여기에서는 이전 상태가 다양하게 나타나 후보가 여러 개 발생할 수 있다. 예를 들어 50(47+2) ← 47(94÷2) ← 94(91+3) ← 91(182÷2) ← 182라면 x=182가 될 수도 있는 것이다.

05 데이터의 순차적 저장

시험 대비 문제 본문 91~93쪽

정답

01 ⑤	02 ④	03 ③	04 ③	05 ③	06 ⑤
07 ②	08 ⑤	09 ⑤	10 ⑤	11 ⑤	12 3개

13 햄버거-마라탕-초밥-치킨   14 방어

15~17 해설 참고

(해설)

01 프로그램 실행 도중에는 리스트에 저장된 데이터를 삭제할 수 있다.

02 리스트에는 문자뿐만 아니라 숫자 등 다양한 유형을 저장할 수 있고, 여러 개의 데이터를 순서대로 저장할 수 있다. 데이터를 추가하면 리스트의 맨 마지막 항목으로 저장된다. 리스트에 동일한 데이터를 중복해서 저장할 수 있다.

03 여러 개의 데이터를 쉽고 효율적으로 저장, 관리할 수 있는 것이 리스트의 장점이다.

04 추가하기 블록을 통해, 장바구니에는 참외-감-복숭아-배-수박이 저장된다.
1번째 항목을 삭제하면, 감-복숭아-배-수박이 저장된다.
4번째 항목을 삭제하면, 감-복숭아-배가 저장된다.

05 반복하기 코드를 통해 번호 리스트에는 1번 ~ 20번이 저장된다.
5번째 항목을 삭제했을 때, 5번이 삭제된다.
5번째 항목이 삭제되었기 때문에, 리스트의 10번째 항목은 11번이다.
10번째 항목을 삭제했을 때, 11번이 삭제된다.
따라서 출석부 리스트에 저장되어 있지 않은 항목은 11번이다.

06 마라톤 완주하기를 국토대장정 하기로 변경해야 하므로, 버킷 리스트의 1번째 항목을 국토대장정 하기로 바꾸기 코드를 실행해야 한다.

07 보기 ②의 실행 결과는 포도-수박-복숭아이고, 다른 보기의 결과는 복숭아-수박-포도이다.

08 퀴즈에 대한 답은 답 리스트에 저장되어 있기 때문에, 답의 문제 번호 번째 항목과 대답이 같은지 비교해서 같으면 정답을, 다르면 오답을 출력한다.

09 한 개의 대기 번호 데이터만 저장하면 되기 때문에, 여러 개의 데이터를 저장하는 리스트보다는 변수를 활용하는 것이 더 좋다.

10 여러 명의 학생 점수를 저장하려고 하면, 여러 개의 데이터를 저장할 수 있는 리스트를 활용하는 것이 좋다.

11 리스트에는 0-10-20-30으로 총 4개의 항목만 저장된다. 이때, 저장되어 있지 않은 5번째 항목에 접근하려고 하면 오류가 발생한다.

12 코드 실행 결과, 펜-교과서-공책이 저장되기 때문에, 항목의 개수는 3개이다.

13 추가하기 코드까지 실행하고 난 후의 리스트에는 햄버거-피자-치킨이 저장되어 있다.
2번째 항목을 마라탕으로 바꾸면, 리스트 데이터는 햄버거-마라탕-치킨으로 변경된다.
초밥을 3번째에 넣기를 통해, 리스트 데이터는 햄버거-마라탕-초밥-치킨으로 변경된다.
음식 항목 수는 4로 '음식 항목 수 ≥ 5' 조건을 만족하지 않아 1번째 항목을 삭제하지 않는다.
최종적으로 음식 리스트에는 햄버거-마라탕-초밥-치킨이 저장된다.

14 뜻의 4번째 항목이 대답과 같을 때, 정답을 출력하기 때문에 방어를 입력해야 한다.

15 (예시 답안)
리스트는 여러 개의 데이터를 순차적으로 저장할 수 있는 데이터 구조다.

(해설)
여러 개(많은 양)의 데이터를 순차적으로 저장할 수 있는 것이 리스트의 개념이자 특징이다.

16 (예시 답안)
변수는 하나의 데이터만 저장할 수 있지만, 리스트는 여러 개의 데이터를 저장할 수 있다.

(해설)
하나의 변수는 하나의 데이터만 저장할 수 있지만, 하나의 리스트는 여러 개의 데이터를 저장할 수 있다.

17 (예시 답안)
코드를 통해 출석부 리스트에 저장된 항목의 개수는 10개이다. 삭제할 18번째 항목이 없는데 삭제하려고 접근했기 때문에 오류가 발생한 것이다.

06 논리 연산과 중첩 제어 구조

시험 대비 문제 본문 98~100쪽

정답

01 ②	02 ③	03 ③	04 ①	05 ①	06 ③
07 ⑤	08 ④	09 ③	10 ⑤	11 ⑤	
12 8세 이상 62세 미만			13 운영 중		14 50회
15 18	16~20 해설 참고				

(해설)
01 '그리고'는 모든 조건이 참일 때, 참인 논리 연산자이다. 조건이 하나라도 거짓이면 거짓으로 판단한다.

02 '또는'은 조건 중 하나라도 만족하면 참인 논리 연산자이다. 모든 조건이 거짓이면 거짓으로 판단한다.

03 그리고는 두 조건 모두 만족해야 참이다. '요일이 화'이고 '주문 방법이 방문 포장'인 ③의 결과만 참이다.

04 '또는'은 두 조건 중 하나라도 만족하면 참이다. ①은 조건을 모두 만족하지 않기 때문에 결과는 거짓이다. 다른 보기들은 조건을 하나 또는 모두 만족하기 때문에 결과가 참이다.

05 생명이 0 이하이고 시간이 0 이하가 아닐 때 거짓이다.

06 중첩 제어 구조는 제어 구조 안에 다른 제어 구조를 중첩한 것이다. 중첩 제어 구조의 사용 횟수는 제한되지 않으며, 선택 구조와 반복 구조를 함께 사용할 수 있다.

07 문제에서 제시한 코드는 키가 190이하 140이상일 때, "통과"를 출력한다. 이를 논리 연산을 활용하여 ◀ 키▾ 값 ≤ 190 그리고▾ 키▾ 값 ≥ 140 ▶ 로 표현할 수 있다.

08 선택-반복 중첩 제어 구조를 사용한 프로그램으로, 시간이 0 초과하면 1초 기다리기를 4번 반복하고 "끝"을 출력한다. 현재 시간에 저장된 값은 4이기 때문에, 1초×4번 = 4초 후에 "끝"이 출력된다.

09 반복-선택 중첩 제어 구조를 사용한 프로그램으로, 수를 1씩 증가하며 2의 배수이면 결과에 수의 값을 더한다. 10번 반복하기로 인해 수는 1부터 11까지 증가하고, 결과에는 2+4+6+8+10=30이 저장된다.

10 반복-반복 중첩 제어 구조를 사용한 프로그램으로, 구구단의 2단부터 6단까지 결과를 리스트에 저장한다. 2×1 = 2, 2×5 =10, 4×5 = 20은 리스트에 저장되어 있고, 1과 11은 저장되어 있지 않다.

11 ①~④ 까지는 조건이 한 개로 하나의 조건문을 통해 해결할 수 있지만, ⑤는 '평일이다.', '방학이 아니다.'와 같이 조건이 두 개 있기 때문에 선택-선택이 중첩된 중첩 제어 구조를 사용해야 한다.

12 나이가 8세 미만이거나 62세 이상이면 입장료가 1,000원, 아닌 경우 2,500원이다. 그러므로 입장료가 2,500원인 나이의 범위는 8세 이상 62세 미만이다.

13 시간이 8 이상이고 19 이하이기 때문에 "운영 중"을 출력한다.

14 "안녕!" 말하기를 10번 반복하는 행동을 5번 반복해야 하므로, 해당 코드는 10×5 = 50회 호출된다.

15 반복-선택 중첩 제어 구조를 사용한 프로그램으로, 수를 1씩 증가하며 3의 배수이면 결과에 수의 값을 더한다. 10번 반복하기로 인해 수는 0부터 9까지 증가하고, 결과에는 3+6+9=18이 저장된다.

16 (예시 답안)
논리 연산은 여러 조건을 확인해 참인지 거짓인지를 판단하는 연산이다.

(해설)
논리 연산은 여러 조건을 확인해 참인지 거짓인지를 판단하는 연산으로, 논리 연산자에는 '그리고', '또는', '아니다' 등이 있다.

17 (예시 답안)
제어 구조 안에 또 다른 제어 구조가 들어간 구조이다.

(해설)
중첩 제어 구조는 제어 구조 안에 또 다른 제어 구조가 들어간 구조이다. 중첩 제어 구조를 활용하면 프로그램의 수행 순서를 쉽게 제어할 수 있다.

18 (예시 답안)
모든 조건이 참일 때만 결과가 참이 된다.

(해설)
그리고(AND)는 주어진 조건을 모두 만족하면 참, 하나라도 만족하지 않으면 거짓으로 판단한다.

19 (예시 답안)
'아니다'는 조건의 결과를 반전시키는 논리 연산자로, 조건이 참이면 거짓으로 조건이 거짓이면 참으로 바꾸는 역할을 한다.

(해설)
아니다(NOT)는 조건의 결과를 반전시키는 논리 연산자이다.

20 (예시 답안)
◀ 연도▾ 값 / 4 의 나머지▾ = 0 그리고▾ 연도▾ 값 / 100 의 나머지▾ != 0 또는▾ 연도▾ 값 / 400 의 나머지▾ = 0 ▶

(해설)
'4의 배수이면서 100의 배수가 아니다'의 조건이 참이어야 윤년이다.

◀ 연도▾ 값 / 4 의 나머지▾ = 0 그리고▾ 연도▾ 값 / 100 의 나머지▾ != 0 ▶

400의 배수이면 윤년이다.

◀ 연도▾ 값 / 400 의 나머지▾ = 0 ▶

이 두 조건 중 하나라도 만족하면 윤년이기 때문에 '또는'을 활용하여 조건을 완성할 수 있다.

07 함수와 디버깅

시험 대비 문제   본문 105~108쪽

정답

01 ①	02 ②	03 ⑤	04 ②	05 ④	06 ③
07 ④	08 ⑤	09 ④	10 ③	11 ③	12 ①
13 ⑤	14 함수 호출		15 16	16 ㄱ, ㄴ, ㄷ	
17~21 해설 참고					

(해설)

01 디버깅은 프로그램의 오류를 찾아내고 수정하는 과정이다.

02 오류 메시지를 통해 오류를 확인할 수 있다. 또한 실행 속

도 조절을 통해 값이나 동작 변화를 확인하며 오류 위치를 찾아낼 수 있다. 변수나 리스트를 활용하여 값의 변화를 확인하고 오류를 찾아낼 수도 있다.

03 리스트의 범위를 벗어난 값에 접근하려고 할 때, 오류 메시지가 출력된다.

04 함수를 만드는 것을 함수 정의 또는 함수 선언이라고 한다.

05 함수를 호출하면 해당 기능이 실행되기 때문에, 자주 사용하는 코드를 중복해서 작성할 필요가 없다.

06 함수는 호출해야 실행된다.

07 해당 함수는 "무궁화 삼천리 화려강산 대한 사람, 대한으로 길이 보전하세" 가사를 출력하는 함수로, "동해물과 백두산이 마르고 닳도록"의 뒤, "남산 위에 저 소나무, 철갑을 두른 듯" 뒤에 출력되어야 하므로 함수를 호출할 위치는 ㄴ, ㄷ이다.

08 함수는 두 수를 교환하는 기능을 한다. 보관에 숫자 1(5)을 저장하고 숫자 1을 숫자 2(1)로 정한 다음, 숫자 2를 보관(5)으로 정한다. 코드를 실행하면 숫자 1에는 1, 숫자 2에는 5가 저장된다.

09 함수는 1부터 숫자까지의 합을 구하는 기능을 한다. 함수를 호출하면 숫자를 1씩 감소하며 결과에 숫자를 더한다. 결과는 $5 + 4 + 3 + 2 + 1 = 15$이다.

10 숫자를 2로 정한 다음, 더하기 함수를 실행한다. 숫자는 $2 + 10 = 12$가 된다. 그리고 나누기 함수를 실행한다. 숫자는 $12 / 2 = 6$이 된다.

11 함수1을 실행하면 "안녕", "만나서 반가워."를 순서대로 출력하고, 함수2를 호출한다. 함수2가 호출되면 "안녕!", "나는 정보야."를 순서대로 호출한다. 그러므로 출력되는 결과는 "안녕 만나서 반가워. 안녕! 나는 정보야."이다.

12 함수1을 호출하면, 숫자를 −3으로 정한다. 그리고 함수2를 호출한다. 숫자는 $-3 \times 10 = -30$이 된다. 함수2의 기능을 모두 수행하고 함수2를 호출한 아래 명령어를 실행하면 숫자는 $-30 + 7 = -23$이 된다.

13 함수의 매개변수에 관한 문제이다. 매개변수는 함수 호출 시, 전달받은 값을 함수 내부에서 사용할 수 있게 해주는 변수이다. 오브젝트1은 '엉금엉금'을 출력하며 이동 방향으로 10만큼 10번 이동하고, 오브젝트2는 '깡충깡충'을 출력하며 이동 방향으로 20만큼 10번 이동한다. 오브젝트1의 이동 거리는 $10 \times 10 = 100$, 오브젝트2의 이동 거리는 $20 \times 10 = 200$이다. 그러므로 코드 실행 후, 두 오브젝트의 위치는 다르다.

14 함수를 실행하는 것을 함수 호출이라고 한다. 함수를 호출하면 함수의 기능이 실행된다.

15 함수는 결괏값을 2배 증가하는 기능을 한다. 함수를 4번 호출했기 때문에, 결과는 $1 \times 2 \times 2 \times 2 \times 2 = 16$이 된다.

16 디버깅은 프로그램의 오류를 찾아내고 수정하는 과정으로, 프로그램에 오류가 발생하거나 실행 결과가 의도한 내용과 일치하지 않을 때, 디버깅이 필요하다.

17 (예시 답안)
함수를 사용하면 같은 코드를 반복해서 작성하지 않아도 되고, 기능을 수정할 때 함수만 수정하면 되어 프로그램 관리가 쉬워진다.

(해설)
함수를 사용하면 반복되는 기능을 계속해서 작성할 필요 없이 함수 이름을 호출하기만 하면 그 기능이 실행되기 때문에 효율적으로 코드를 작성할 수 있다. 또한 기능을 변경해야 할 때 함수만 수정하면 되기 때문에 프로그램의 유지 보수 측면에서도 좋다.

18 (예시 답안)
꽃잎 하나에 해당하는 다이아몬드 모양을 그리는 기능을 함수로 만들면 좋을 것 같다. 장미꽃은 여러 개의 다이아몬드 모양이 반복되어 만들어지므로, 다이아몬드 모양을 그리는 기능을 함수로 만들면 코드의 중복을 줄일 수 있고 수정과 관리가 쉬워지기 때문이다.

(해설)
이 프로그램의 핵심 요소는 장미꽃은 다이아몬드 모양의 꽃잎으로 구성되어 있다는 것이다. 다이아몬드 모양 그리는 기능을 함수로 만든 후 다이아몬드를 그려야 할 때 함수를 호출하기만 하면 되므로, 코드의 재사용성이 높아지고 코드가 간결해진다.

19 (예시 답안)
계속 반복하기로 인해 결과에 1만큼 더하기 행동을 무한 반복하기 때문에, 결과 말하기 코드를 실행하지 못하여 결괏값이 출력되지 않는다.

(해설)
결괏값 출력 코드를 실행하기 위해서는 반복문을 빠져나올 수 있는 조건이 필요하다.

20 (예시 답안)
'안녕! 말하기'와 '만나서 반가워 말하기' 코드 사이에 시간이 없어, "안녕!" 다음에 "만나서 반가워"가 바로 출력되면서 "안녕!"이 출력되지 않는 것처럼 보인다. 이 문제는 두 코드 사이에 '1초 기다리기' 블록을 추가하거나, '안녕! 말하기' 대신 '안녕을 1초 동안 말하기' 블록을 사용하여 출력 사이에 약간의 텀을 두는 방법으로 수정할 수 있다.

(해설)
말하기 블록이 연속으로 실행되어 이전 메시지가 바로 바뀌는 문제이므로, 기다리기 블록이나 말하기(시간 지정) 블록을 사용해 출력 간격을 조절해야 한다.

21 (예시 답안)

5. < 점수 ▼ 값 > 90 > 조건 부분에 오류가 있다. 해당 조건을 < 점수 ▼ 값 ≥ 90 > 로 수정해야 한다.

(해설)
점수가 90점 이상일 때 성공을 출력해야 하는데, 조건에 등호가 빠져 점수가 90점을 초과해야 성공이 된다. 그러므로 조건에 등호를 추가해야 한다.

08 문제 해결 프로젝트

시험 대비 문제 ── 본문 114~117쪽

정답

01 ④	02 ④	03 ①	04 ⑤	05 ⑤	06 ③
07 ①	08 해설 참고		09 ④	10 ②	11 ①
12 해설 참고		13 ⑤			
14 ㉠ 초고령 사회 ㉡ 고령 사회 ㉢ 고령화 사회					
15 ㉠ 구성비 값 ≥ 14 ㉡ 구성비 값 ≥7			16 ③		
17~20 해설 참고					

(해설)

01 공유할 때 다른 사람들의 프로젝트를 허락 없이 그대로 사용해서는 안 된다.

02 다른 사람의 결과물을 출처 없이 활용하는 것은 저작권과 디지털 윤리를 위반하는 행위로, 공유할 때 조심해야 한다.

03 프로젝트 협력이 잘 이루어지기 위해서는 역할을 분담하고 의견을 나누며 문제를 함께 해결하는 과정이 중요하다.

04 공유하면 다양한 피드백과 의견을 받을 수 있다. 이를 통해 작품을 개선하고 발전시킬 수 있다.

05 공유를 통해 다양한 사람들과 지식과 기술을 나누며 더 좋은 프로그램을 개발할 수 있다. 공유 시, 저작권 보호를 위해 노력해야 한다.

06 아래 단계를 거쳐 6이 출력된다.

단계	0	1	2	3	4	5	6
단계별 칭찬 인원	1	3	3×3	9×3	27×3	81×3	243×3
칭찬받은 전체 인원	0	3	3+9	12+27	39+81	120+243	363+729

07 단계, 단계별 칭찬 인원, 칭찬받은 전체 인원을 저장하기 위해 변수가 사용되었다.

08 (예시 답안)
'단계별 칭찬 인원을 단계별 칭찬 인원 값×3으로 정하기' 부분을 '단계별 칭찬 인원을 단계별 칭찬 인원 값×4로 정하기'로 수정한다.

(해설)
기존에 3명으로 제한하던 조건을 4명으로 변경하여, 한 번에 칭찬이 가능한 인원이 4명이 되도록 수정한다.

09 화살표 키가 눌리고, 벽에 닿지 않으면 이동하는 코드이다. 두 조건 모두 만족해야 하므로 빈칸에는 그리고 논리 연산이 들어간다.

10 변수: 점수, 리스트: 닉네임, 점수판, 논리 연산: 그리고, 중첩 제어 구조: 반복-선택 중첩 제어 구조가 사용되었다.

11 리스트에는 동일한 데이터가 저장될 수 있다. 닉네임은 중복해서 사용할 수 있다.

12 (예시 답안)
닉네임을 저장하는 리스트와 점수를 저장하는 리스트가 사용되었다. 여러 명의 닉네임과 점수를 누적하여 저장해야 하므로, 많은 양의 데이터를 효율적으로 관리할 수 있는 리스트를 사용하였다.

(해설)
리스트는 여러 데이터를 순서대로 저장할 수 있어, 닉네임과 점수처럼 데이터를 누적해서 저장하는 상황에 적합하다.

13 고령화 단계는 65세 이상 인구 구성비에 따라 결정되기 때문에, 핵심 요소는 65세 이상 인구 구성비이다.

14 7% 이상 14% 미만은 고령화 사회, 14% 이상 20% 미만은 고령 사회, 20% 이상은 초고령 사회이다. 각 조건에 해당하는 65세 이상 인구 구성비를 고령화율에 따른 분류 기준과 비교하여 고령화 단계를 판단할 수 있다.

15 ㉠은 고령 사회를 판단하는 조건이 들어가고, ㉡은 고령화 사회를 판단하는 조건이 들어간다. 따라서 ㉠에는 구성비 값이 14 이상인지 판단하는 조건이, ㉡에는 구성비

값이 7 이상인지 판단하는 조건이 들어가면 된다.

16 고령화 사회 시작 연도를 구하기 위해서는 연도와 65세 이상 인구 구성비 데이터만 필요하다.

17 (예시 답안)
테이블의 1행은 연도 데이터가 아니라 연도, 0~14세, 65세 이상과 같은 속성 정보를 나타내는 제목 행이다. 따라서 실제 연도 데이터가 저장되어 있는 2행부터 처리해야 하므로, 행 번호를 2부터 시작한다.

(해설)
테이블에서는 첫 번째 행에 데이터의 의미를 설명하는 열 제목(속성 정보)이 들어가는 경우가 많다. 이 프로그램에서도 1행은 연도와 연령대 항목을 설명하는 제목 행이므로 계산에 사용하지 않는다.

18 (예시 답안)
고령화 사회는 65세 이상 인구 구성비가 7% 이상이 되었을 때 시작된다. 따라서 이 조건을 만족하면 시작 연도가 저장되며, 시작 연도가 0이라는 것은 아직 고령화 사회가 시작되지 않았다는 의미이므로 출력할 연도가 없기 때문에 0이 아닐 때만 연도를 출력한다.

(해설)
고령화 사회가 처음 시작된 연도를 저장하기 위해 변수를 사용한다. 초깃값으로 설정된 0은 아직 조건을 만족하지 못했음을 의미한다. 65세 이상 인구 구성비가 7% 이상이 되면 해당 연도가 저장되므로, 시작 연도가 0이 아닌 경우에만 고령화 사회의 시작 연도를 출력하도록 한다.

19 (예시 답안)
공유를 통해 다양한 피드백과 의견을 받아, 프로젝트를 개선하고 발전시켜 완성도를 높일 수 있다. 또한 공유하는 문화를 통해 많은 사람들과 지식과 기술을 나누고 더 좋은 프로그램을 개발할 수 있다.

(해설)
공유하는 문화를 통해 더 좋은 프로그램이 개발된다.

20 (예시 답안)
프로젝트를 공유할 때는 디지털 윤리를 지켜 다른 사람을 존중하고 부적절한 내용이 포함되지 않도록 해야 한다. 또한 다른 사람의 자료나 코드를 사용할 경우에는 출처를 밝히는 등 저작권을 보호해야 한다. 또한 개인 정보가 외부에 노출되지 않도록 주의해야 한다.

(해설)
프로젝트 공유 시 주의할 점: 디지털 윤리 지키기, 저작권 보호, 개인 정보 보호 등

 대단원 마무리 문제 ── 본문 118~125쪽

정답

01 ⑤	02 ⑤	03 ⑤	04 ④	05 ⑤	06 ③
07 ⑤	08 ③	09 ⑤	10 ③	11 ②	12 ②
13 ①	14 ⑤	15 ⑤	16 ④	17 ③	18 ④
19 ④	20 ③	21 얇은 교복 바지		22 ③	

23 3, 8, 11, 14, 16, 21　　24 사과 5조각, 포도 4조각
25 전체 만족도 점수　　26 다양성
27 알고리즘 비교　28 3줄　29 로마　30 사각형, 3개
31 디버깅　　32~40 해설 참고

(해설)

01 문제 정의는 해결 범위를 명확히 하여 해결 방향을 잡게 해준다.

02 문제 구조화란 문제를 작은 단계의 수행 단위로 나누는 것을 의미한다.

03 순서도는 흐름을 시각적으로 표현하여 사람 눈으로 구조를 쉽게 이해하기 위한 도구이다.

04 알고리즘 분석은 수행 단계 수, 비교 반복 횟수 등, 얼마나 많은 작업이 필요한지 따져보는 과정이다.

05 밑줄 부분은 얼마나 많은 단계(효율성), 어떤 상황에서 잘 동작하는지(적응성)를 기준으로 어느 방법을 쓸지 결정(선택)하는 것으로 알고리즘 비교 과정을 의미한다.

06 탐욕법은 매 단계마다 최선의 선택을 통해 최적의 해를 구하는 방법이다.

07 시행착오법은 모든 경우의 수를 모두 수행해 정답을 찾는 방법이다. 따라서 모든 이동 경로를 수행하며 목적지에 도달하는지 확인하는 것이 시행착오법 설계로 가장 적절하다.

08 원래의 문자열을 찾기 위해 결괏값에서 수행한 연산을 역으로 수행하면 된다. 따라서 맨 앞에 문자열 K를 제외하고 문자열을 뒤집는 순서로 수행하면 KNOHTYP → NOHTYP → PYTHON이 된다.

09 리스트에 동일한 데이터를 중복해서 저장할 수 있다.

10 오늘의 평균 온도는 여러 개의 데이터를 저장하는 리스트보다는 변수에 저장하는 것이 좋다.

11 ②의 실행 결과는 배-사과-딸기-복숭아-포도이다. 나머지는 포도-배-사과-딸기-복숭아이다. 리스트에서 추가하기는 맨 마지막 항목으로 추가된다.

12 반복하기 코드를 통해 번호 리스트에는 1번~20번이 저장된다. 21번이 추가되고 2번, 6번이 순서대로 삭제된다. 따라서 출석부 리스트에 저장되어 있지 않은 항목은 2번이다. 5번째 항목을 삭제했지만 6번이 삭제되는 이유는 2번이 삭제되면서 6번이 리스트의 5번째 항목이 되었기 때문이다.

13 토요일 또는 일요일을 입력했을 때, 참인 결과가 나와야 주말이 출력된다. 이 경우에는 두 조건 중 하나라도 만족하면 참, 모두 만족하지 않을 때만 거짓임을 판단하는 '또는' 논리 연산을 사용하는 것이 좋다. '!='는 '같지 않다'라는 비교 연산으로, '요일 != 토'는 요일이 토요일이 아닐 때 참이 된다.

14 9 이상 21 이하를 입력하면 "영업 중"을 출력하고, 9 미만 21 초과 숫자를 입력하면 "영업 종료"를 출력한다. 보기의 숫자 중 24만 "영업 종료"로 다른 결과를 출력한다.

15 위 코드는 숫자에 3을 저장하고 숫자에 10을 더하는 과정을 3번 반복한다. 코드를 실행하면 숫자에 3+10+10+10=33이 저장된다.

16 수1을 2, 수2를 3으로 정하고 함수1을 호출한다. 함수1은 함수2를 호출한다. 함수2에서 수2는 13이 된다. 함수2를 마치고 수1은 2+13=15가 된다.

17 감정이나 가치 판단처럼 정답이 명확하지 않은 문제는 컴퓨팅 시스템을 이용하여 해결하기 어렵다.

18 프로젝트 협력이 잘 이루어지기 위해서는 자신의 역할에 충실할 뿐만 아니라 원활한 소통도 중요하다.

19 컴퓨팅 시스템을 활용하여 실생활 문제뿐만 아니라 다양한 학문 분야의 문제를 해결할 수 있다.

20 ① 선택-선택 중첩 제어 구조가 사용되었다. ② '또는'은 두 조건 중 하나라도 참이면 참으로 판단한다. ④ 기온이 20도이고 월요일이면 두꺼운 체육복 바지를 출력한다. ⑤ 월요일이면 얇은 체육복 바지 또는 두꺼운 체육복 바지를 출력한다.

21 기온이 25도 이상이고 요일은 월 또는 수요일이 아니기 때문에 얇은 교복 바지를 출력한다.

22 첫째 날 주차장과 둘째 날 주차장 리스트의 항목 값이 모두 1일 때, 해당 항목 번호를 결과 리스트에 저장하기 때문에 결과 리스트에 저장된 값은 이틀 모두 사용된 주차 공간 번호이다.

23 첫째 날 주차장과 둘째 날 주차장 리스트에서 값이 모두 1인 항목을 찾아, 항목 번호를 결과 리스트에 저장하는 프로그램이다.

24 초기 상태: 사과 2 포도 3
1회 수행: 사과 3 포도 3
2회 수행: 사과 4 포도 3
3회 수행: 사과 5 포도 3
4회 수행: 사과 5 포도 4

25 목표는 전체 만족도 평균으로 전체 만족도 점수들을 사용해 구할 수 있다.

26 같은 문제를 두고 관점과 기준에 따라 다른 절차가 만들어지는 것이 알고리즘의 다양성이다.

27 선생님이 제공한 표는 단순성, 효율성, 적응성에 대해 기록한 표이다. 이를 바탕으로 적절한 알고리즘을 선택하는 것은 알고리즘 비교라 한다.

28 1줄에는 6+1(공백)+5=12
2줄에는 6+1(공백)+5=12
3줄에는 4
총 3줄이 필요하다.

29 수도의 2번째 항목이 대답과 같을 때, 정답을 출력하기 때문에 로마를 입력해야 한다.

30 90도씩 회전하면서 4번 움직이면 사각형이 그려진다. 사각형 그리기를 3번 반복하기 때문에 3개의 사각형이 그려진다.

31 컴퓨터 프로그램의 오류를 찾아내고 수정하는 과정을 디버깅이라고 한다. 프로그램을 작성하는 것만큼 오류를 발견하고 수정하는 디버깅 과정도 중요하다. 디버깅을 돕는 도구로는 디버거가 있다.

32 (예시 답안)
빈칸 위의 숫자를 아래로 움직이기 등

(해설)
8퍼즐 문제를 수행 가능한 형태로 구조화하였을 때 다음과 같은 4가지 수행 작업이 나타난다.
빈칸 위의 숫자를 아래로 움직이기
빈칸 아래의 숫자를 위로 움직이기
빈칸 왼쪽의 숫자를 오른쪽으로 움직이기
빈칸 오른쪽의 숫자를 왼쪽으로 움직이기

33 (예시 답안)
오류를 수정하지 못해 결과의 정확성과 신뢰성을 확보할 수 없다.

(해설)
해결 방법 평가에서 결과물과 과정이 올바른지 평가하

며, 이를 통해 발견된 오류를 수정하는 과정이 피드백이다. 따라서 피드백 과정이 없다면 오류를 수정할 수 없어 문제 해결 결과의 정확성과 신뢰성 확보가 어렵다.

34 예시 답안
엘리베이터를 호출한 사람의 위치(층), 층에서 기다린 시간, 대기 인원 수 등

해설
"기다리는 사람이 가장 적게 되도록"이 목표이므로, 어디에서, 얼마나 기다리는지, 엘리베이터 위치 같은 정보가 핵심 요소가 될 수 있다.

35 예시 답안
3. 현재 금액이 음료 가격보다 많으면 음료가 나오고 5번으로 넘어간다.
4. 현재 금액이 음료 가격보다 작으면 100원을 넣고 2번으로 돌아간다. 등

해설
알고리즘의 명확성과 유한성을 실제로 찾아보는 것으로 얼마나? 어떻게 판단하는가? 라는 의문이 생긴다면 대부분 명확성이 부족한 표현이다.

36 예시 답안
한 번만 간단히 사용하는 프로그램이라면 구조가 단순하고 이해하기 쉬운 방법 A를 사용하는 것이 적절하다. 조금 느리더라도 단순성이 높으므로 작성이 편하기 때문이다. 반면 매일 사용하며 같은 형식의 큰 데이터를 처리하는 프로그램은 방법 적응성은 낮아도 되지만 효율성이 높아야 한다. 따라서 일정한 형식에서 매우 빠른 처리를 보여주는 방법 C를 선택하는 것이 적절하다.

해설
한 번만 간단히 사용하는 것은 단순성, 일관된 데이터 형식, 큰 데이터는 적응성은 낮아도 높은 효율성 중심으로 선택한다.

37 예시 답안
탐욕법, 3회, 최소한의 이동을 위해 매번 최대 10kg을 채워 옮기는 것이 좋다. 따라서 상자에 10kg을 채우기 위해 가장 무거운 것부터 채워 10kg을 맞추면 다음과 같이 상자를 채울 수 있다.

해설
1회 6+4 = 10
2회 6+4 = 10
3회 4+2+2 = 8

38 예시 답안
모든 정류장을 다 확인할 때까지 2~3단계를 반복한다.

해설
최댓값 찾기 알고리즘의 예로 현재 최곳값을 기억해 두고, 새로운 값과 비교하며 갱신하는 것이다. 이러한 과정이 반복되기 때문에 반복되는 영역과 반복 조건을 찾는 것이 중요하다.

39 예시 답안
원을 그리는 기능을 함수로 만들면 좋을 것 같다. 위 모양은 원 모양이 반복되어 만들어지므로, 원 그리기 기능을 함수로 만들면 코드의 중복을 줄일 수 있고 원의 크기가 변경되더라도 해당 함수만 수정하면 되기 때문에 수정과 관리가 쉬워지기 때문이다.

해설
이 프로그램의 핵심 요소는 원이 반복해서 그려지는 것이다. 원을 그리는 기능을 함수로 만든 후 원을 그려야 할 때 함수를 호출하기만 하면 되므로, 코드의 재사용성이 높아지고 코드가 간결해진다.

40 예시 답안
축구공은 골대에 닿아도 위쪽 벽에 닿을 때까지 앞으로 간다. 앞으로 가는 동안 골대에 계속 닿아 있는 상태가 되므로 계속해서 점수가 1씩 증가하여 한 번에 많은 점수가 올라가는 오류가 발생하였다. 축구공이 골대에 닿는 순간 반복문을 중단하여 더 이상 앞으로 가지 않고 처음 위치로 돌아가도록 만들면 오류를 해결할 수 있다.

해설
프로그램 실행 속도를 느리게 조절하고, 점숫값의 변화를 변수나 리스트를 통해 확인하며 오류를 찾아낼 수 있다.

IV 인공지능

01 인공지능과 인공지능 시스템

시험 대비 문제　　　　　본문 131~133쪽

정답

01 ⑤	02 ③	03 ③	04 ⑤	05 ②	06 ③
07 ⑤	08 ⑤	09 ⑤	10 ⑤	11 ⑤	12 ①
13 ⑤	14 ③	15 ⑤	16 ⑤	17 탐색	18 추론
19 인식	20 해설 참고				

해설

01 ①, ②, ③, ④는 정보를 받아들이고 구별하는 '인식' 사례이나, ⑤는 여러 경우 중에서 최선을 찾는 '탐색' 사례이다.

02 인공지능 시스템의 작동 과정은 제일 먼저 데이터를 수집하고, 이를 소프트웨어가 학습하여 모델을 만든 후, 모델을 통해 최종 결과를 도출하는 과정이다.

03 '다'는 미리 설정된 시간에만 작동하는 일반 소프트웨어의 사례이며, 학습이나 데이터 분석 기능이 포함되지 않는다.

04 인공지능은 사람이 일일이 규칙을 코딩하기 어려운 복잡한 문제도 방대한 데이터를 통해 스스로 규칙을 발견하여 해결할 수 있다.

05 인공지능 모델은 학습 결과로 생성된 판단 기준이며, 새로운 데이터를 통해 재학습하여 수정할 수 있다. 따라서 한번 생성되면 수정할 수 없다는 설명은 옳지 않다.

06 인식은 센서를 통해 입력된 데이터(이미지, 음성 등)를 받아들이고 구별하는 과정에 해당한다.

07 인공지능의 핵심 특성은 인식·학습·탐색·추론이며, 저장은 일반 컴퓨터 기능에 해당한다.

08 탐색은 여러 경우 중 가장 적절한 해결 방법을 선택하는 기능이다.

09 인공지능은 데이터를 학습하여 스스로 판단 기준을 형성한다.

10 알람은 고정된 시간에만 작동하는 일반 소프트웨어 사례이다.

11 모델은 학습을 통해 생성된 규칙이나 판단 기준이다.

12 반복 학습은 규칙을 더 정교하게 만들어 성능을 향상시킨다.

13 인공지능은 데이터를 분석해 사람이 일일이 정의하기 어려운 규칙을 스스로 찾는다.

14 학습을 통해 생성된 모델을 적용하여 결과를 도출한다.

15 기존 데이터를 기반으로 미래를 예측하는 것은 추론에 해당한다.

16 학습은 데이터에서 패턴과 규칙을 발견하는 과정이다.

17 탐색은 가능한 여러 경우의 수 중 가장 적절한 해결 방안이나 경로를 선택하는 과정이다.

18 추론은 학습된 지식이나 모델을 활용해 새로운 상황에 대한 결론을 도출하는 과정이다.

19 입력된 데이터를 구별하는 기능을 인식이라고 한다.

20 **예시 답안**

디지털 체중계는 단순 측정 데이터만 보여주지만, 스마트 건강 관리 체중계는 다양한 데이터를 수집하고 누적된 건강 데이터를 인공지능이 학습하여 개인의 건강 상태를 분석하고 그 결과에 따른 예측이나 조언을 제공한다.

02 인공지능과 데이터

시험 대비 문제   본문 137~139쪽

정답

01 ⑤	**02** ②	**03** ⑤	**04** ⑤	**05** ⑤	**06** ⑤
07 ⑤	**08** ③	**09** ⑤	**10** ④	**11** ⑤	**12** ④
13 ①	**14** ②	**15** 음성 데이터(또는 소리 데이터)			
16 정확성		**17** 수치 데이터		**18~20** 해설 참고	

해설

01 학습 데이터의 다양성이 부족하면(찌그러진 캔 누락), 실제 상황에서 인식률이 떨어진다.

02 공공 데이터는 국가기관이나 공공 기관이 공개한 정보로, 개인의 사생활 정보는 공개 대상이 아니다.

03 정확하지 않은 데이터는 인공지능이 잘못된 정보를 학습하여 엉뚱한 결과를 낳게 한다.

04 인공지능은 수많은 데이터를 학습하여 데이터 사이의 규칙과 패턴을 발견한다. 이러한 규칙을 바탕으로 새로운 상황을 판단하고 예측할 수 있다.

05 학습 데이터의 양이 부족하면 데이터 사이의 규칙을 일반화하기 어렵다. 따라서 새로운 상황에서 정확한 판단을 내리기 힘들어진다.

06 ⑤는 텍스트 데이터이며, 나머지는 모두 소리 데이터이다.

07 오래되어 실제 사실과 다른 통계 자료를 사용하는 것은 데이터 정확성이 낮은 사례이다.

08 숫자로 표현되는 데이터를 분석하여 변화를 예측하는 것은 수치 데이터 활용 사례이다.

09 공공 데이터는 국가 기관 등이 제공하는 신뢰성 있는 자료이다.

10 여러 집단과 상황을 포함해야 공정한 판단이 가능하다.

11 데이터의 양이 적으면 모델이나 분석 과정에서 충분한 패턴을 학습할 수 없어 규칙을 일반화하기 어렵다. 따라서 데이터 수집 단계에서 충분한 양을 확보하는 것이 중요하다.

12 새로운 상황에서 오답이 잦은 이유는 학습 데이터가 충분히 다양하지 못하거나 양이 부족하기 때문이다. 따라서 가장 먼저 데이터의 다양성과 충분성을 점검해야 한다.

13 데이터 수집 단계에서는 무엇보다도 문제와 직접적으로 연결된 데이터를 확보하는 것이 중요하다. 아무리 정확하고 신뢰할 수 있으며 다양한 데이터라도 문제와 무관하다면 의미가 없다. 따라서 문제와의 관련성을 가장 먼저 고려해야 하며, 이후에 정확성·신뢰성·다양성·범위 같은 요소들을 추가적으로 검토하는 것이 바람직하다.

14 인공지능 모델은 다양한 상황을 학습해야 새로운 환경에서도 정확한 분류가 가능하다. 따라서 다양한 조명과 배경을 포함한 데이터가 인공지능의 정확도를 높이는 핵심 요소이다.

15 마이크를 통해서 입력된 사용자의 말은 음성 데이터로 분류되며, 인공지능은 이를 텍스트로 변환한다. 소리의 파형을 분석해 정보를 추출한 서비스이므로 음성 데이터를 활용하는 대표적 사례이다.

16 데이터가 실제 사실과 일치하고 오류가 없는 성질을 정확성이라고 한다. 이는 신뢰할 수 있는 분석 결과를 얻기 위해 반드시 확보해야 하는 핵심 요소이다.

17 기온, 강수량, 미세 먼지 농도처럼 숫자로 측정되고 표현되는 데이터를 수치 데이터라고 한다. 이러한 데이터는 계산과 통계 분석에 활용할 수 있어 인공지능 학습과 예측에 매우 중요한 역할을 한다.

18 (예시 답안)
어두운 환경에서 찍은 다양한 사진을 추가로 수집하여 다시 학습한다.

(해설)
인공지능은 학습한 데이터에 따라 성능이 달라지므로, 어두운 환경에서도 잘 인식하려면 해당 조건의 사진을 충분히 포함해야 한다. 다양한 조명과 배경을 반영한 학습 데이터가 있을 때 인식 정확도가 높아진다.

19 (예시 답안)
학습 데이터에 개인 정보가 포함되면 인공지능 모델을 통해 개인의 사생활이 유출될 수 있으며, 이는 심각한 인권 침해 및 윤리적 문제를 일으킨다.

(해설)
인공지능은 학습 데이터를 바탕으로 판단 기준을 수립하므로, 학습된 모델 내에 개인 정보가 암묵적으로 포함되어 유출 사고로 이어질 위험이 크다.

20 (예시 답안)
데이터가 많을수록 인공지능은 다양한 사례 속에서 공통된 규칙을 발견하고 일반화하여 새로운 상황에서도 더 정확하게 판단할 수 있다.

(해설)
인공지능은 학습 데이터를 통해 규칙을 찾아내고 이를 기준으로 판단한다. 데이터가 충분히 확보되어야 다양한 사례를 반영해 예외 없는 일반적인 규칙을 발견할 수 있으며, 그 결과 더 똑똑하고 신뢰성 있는 모델이 만들어진다.

03 인공지능 시스템을 이용한 문제 해결

시험 대비 문제   본문 143~145쪽

정답

01 ①	02 ④	03 ④	04 ⑤	05 ⑤	06 ②
07 ⑤	08 ⑤	09 ④	10 ③	11 ⑤	12 ②
13 ①	14 ⑤	15 ③	16 ⑤	17 분류	18 예측
19~20 해설 참고					

(해설)

01 인공지능의 판단 결과를 바탕으로 실제 시스템이 어떻게 움직일지 결정하는 정해진 절차를 알고리즘이라고 한다.

02 데이터의 다양성과 충분한 양이 확보되어야 인공지능의 인식 정확도가 높아진다.

03 만족스러운 결과가 나올 때까지 데이터를 보완하거나 조건을 바꿔 재학습시켜야 한다.

04 손글씨 이미지를 분석하여 정해진 범주(숫자)로 나누는 작업이므로 이미지 분류 모델이 적합하다.

05 인공지능이 판단한 결과에 따라 서로 다른 동작을 실행하기 위해서는 "만약 ~라면"과 같은 조건문 구조가 필수적이다.

06 인공지능으로 문제를 해결할 때는 제일 먼저 문제를 정의하고 데이터를 수집·분석한 다음 모델을 생성한 뒤 모델을 활용하여 문제를 해결한다.

07 모델 생성 단계는 인공지능이 데이터를 학습하여 스스로 규칙을 세우는 과정이다. 출력이나 데이터 삭제는 모델 생성 단계와 관련이 없다.

08 인공지능 모델 활용 단계는 학습이 끝난 모델을 실제 문제 해결이나 응용 환경에 적용해 결과를 확인하는 과정이다.

09 반복 횟수가 너무 적으면 데이터의 특성을 충분히 반영하지 못해 성능이 떨어질 수 있으며, 적절한 횟수를 설정해야 일반화된 성능을 얻을 수 있다.

10 인공지능은 데이터와 조건에 따라 데이터에 오류가 있을 수 있음을 인식하고 검증하는 태도가 필요하다.

11 환경 오염을 예측하고 대응하는 것은 인공지능의 긍정적 활용 사례이다.

12 인공지능 문제 해결 4단계에서 가장 마지막에 수행해야 하는 것은 모델 활용 단계로, 생성된 인공지능 모델을 실제 문제 해결에 적용하여 결과를 도출하는 과정이다.

13 데이터를 정해진 범주로 나누는 작업은 분류에 해당한다.

14 의료 분야에서 인공지능은 환자의 영상 데이터를 분석해 질병을 진단하거나 치료 방향을 제시하는 데 활용된다. 특히 엑스레이 영상 분석은 의사의 판단을 보조하여 정확성과 효율성을 높이는 대표적인 사례이다.

15 학습 반복 횟수가 지나치게 많으면 모델이 학습 데이터에만 지나치게 맞춰져서 새로운 데이터에 대한 일반화 능력이 떨어지는 과적합 문제가 생길 수 있다. 따라서 적절한 반복 횟수를 설정하는 것이 중요하다.

16 환경 재해 관리 분야에서 인공지능은 기상 데이터를 분석해 태풍, 홍수, 폭염 등 재해 발생 가능성을 예측하고 대비책을 마련하는 데 활용된다. 이를 통해 피해를 최소화하고 안전한 사회를 구축하는 데 기여할 수 있다.

17 데이터를 기준에 따라 범주로 나누는 작업을 분류라고 한다.

18 과거 데이터를 기반으로 미래값을 추정하는 기능을 예측이라고 한다.

19 (예시 답안)
수집한 데이터에 숨겨진 패턴이나 경향을 미리 파악하여, 어떤 인공지능 모델(분류, 예측 등)을 만드는 것이 적합한지 결정할 수 있기 때문이다.

(해설)
수집한 데이터를 분석하고 시각화하는 과정은 데이터에 숨어 있는 패턴이나 경향을 미리 파악하게 해준다. 데이터에 대한 이해가 높을수록 문제 해결에 최적화된 모델(예: 분류, 예측 등)을 올바르게 설계할 수 있으며, 잘못된 모델 선택으로 인한 성능 저하를 예방할 수 있다.

20 (예시 답안)
사람이나 인공지능이 낸 선택(가위, 바위, 보)이나 점수와 같이 프로그램 실행 중에 계속 변하는 값을 저장하고 관리하기 위해서이다.

(해설)
변수는 숫자나 문자와 같은 데이터를 담아두는 상자 역할을 한다. 필요한 값을 넣어 두었다가 꺼내 쓸 수 있어, 다양한 상황에서 데이터를 쉽게 저장하고 활용할 수 있다.

04 인공지능 윤리

시험 대비 문제　　　　본문 149~151쪽

정답

01 ④	**02** ⑤	**03** ③	**04** ③	**05** ⑤	**06** ②
07 ④	**08** ⑤	**09** ⑤	**10** ③	**11** ⑤	**12** ⑤
13 ②	**14** ③	**15** ④	**16** ①	**17** 투명성	
18 데이터 편향성		**19** 사용자 동의		**20** 해설 참고	

(해설)

01 인공지능의 판단은 사회적 파급력이 크므로 인간의 가치를 보호하기 위한 윤리 기준이 필수적이다.

02 수집된 데이터의 불균형이 인공지능의 편향된 판단을 낳는 주된 원인이다.

03 보안을 위해 모든 알고리즘을 비밀로 유지하는 것은 투명성 원칙이 아니다.

04 책임성은 결과에 대한 책임 주체를 명확히 하는 것과 관련 있다.

05 저작권은 일정 기간 동안 창작자의 권리를 보호한다. 따라서 보호 기간이 끝난 자료는 자유롭게 활용할 수 있어 저작권 침해에 해당하지 않는다.

06 인공지능에서 공정성을 확보하려면 다양한 집단의 데이터를 포함해 학습시켜야 한다. 특정 집단만 반영하거나 데이터를 줄이면 편향된 결과가 나타날 수 있다.

07 단순히 불편이나 기술적 오류는 책임 문제와 크게 연결되지 않지만, 잘못된 채용 판단처럼 개인의 권리와 기회에 직접적인 피해가 생기면 누가 책임을 져야 하는지가 핵심 쟁점이 된다. 따라서 가장 관련 깊은 상황은 ④번이다.

08 재난 예측, 환경 분석, 의료 보조 등은 긍정적인 활용 사례이다. 반면 딥페이크로 가짜 뉴스를 만드는 것은 사회적 혼란을 일으키는 오남용 사례이다.

09 데이터 최소 수집 원칙은 서비스 운영에 꼭 필요한 정보만 모아 개인 정보 보호와 안전을 강화하는 것을 목표로 한다.

10 우리나라가 인공지능 윤리 기준을 제정한 것은 2020년이다.

11 개발자는 인공지능이 특정 집단에 불리하게 작동하지 않도록 설계 단계에서 공정성을 고려해야 한다. 이는 편향을 줄이고 사회적으로 신뢰받는 기술을 만드는 데 중요한 윤리적 실천이다.

12 사용자는 인공지능의 최종 활용 주체이므로, 그 결과가 타인과 사회에 미칠 영향을 고려하며 책임감 있게 사용해야 한다. 윤리적 사용은 개발자뿐 아니라 사용자에게도 중요한 의무이다.

13 인공지능의 판단 과정이 투명하지 않으면 사용자는 결과의 근거를 신뢰하기 어렵다. 이로 인해 기술에 대한 불신과 사회적 수용성 저하가 발생할 수 있다.

14 개인 정보를 익명 처리(비식별화)한 후 활용하는 것은 프라이버시를 보호하는 방법이다. 동의 없는 수집이나 무단 활용은 윤리 원칙에 위배된다.

15 인공지능 윤리의 목적은 기술 발전 그 자체가 아니라, 인간의 존엄성과 권리를 보호하면서 사회에 긍정적으로 기여하도록 하는 데 있다.

16 데이터 편향성이 계속되면 특정 집단에 불리하거나 불공정한 결과가 나타날 수 있다. 이는 인공지능의 공정성과 신뢰성을 떨어뜨려 사회적 문제로 이어질 수 있다.

17 투명성 원칙은 인공지능의 판단 과정과 결과를 사용자에게 이해할 수 있도록 공개하는 것을 의미한다. 이 원칙이 지켜져야만 신뢰성과 책임성이 확보된다.

18 데이터 편향은 학습 데이터가 특정 집단이나 특성을 과도하게 반영해 불공정한 결과를 초래하는 현상이다. 이로 인해 인공지능은 차별적 판단을 내리며 사회적 신뢰성과 공정성을 저해할 수 있다.

19 데이터를 수집할 때는 목적과 기간을 명확히 알리고 사용자의 자발적이고 명확한 동의를 얻는 것이 필수적이다. 이는 개인 정보 보호와 인공지능 윤리의 기본 원칙을 지키는 핵심 요소이다.

20 (예시 답안)
데이터 수집 전 사용자의 동의를 구한다. 수집된 데이터에서 개인을 식별할 수 있는 정보를 삭제(비식별화)한다. 데이터의 최소 수집 원칙을 준수한다. 데이터의 안전한 저장 및 암호화를 한다. 접근 권한을 제한한다 등

(해설)
프라이버시 보호를 위해 개발자는 불필요한 정보를 수집하지 않고, 동의와 보안 절차를 철저히 지켜야 한다. 이러한 조치들은 개인 정보 유출을 방지하고 인공지능에 대한 사회적 신뢰를 높이는 데 필수적인 방법으로 인공지능 윤리의 가장 기본이 되는 실천 방안이다.

대단원 마무리 문제   본문 152~155쪽

정답

01 ④	02 ③	03 ⑤	04 ③	05 ④	06 ⑤
07 ④	08 ②	09 ③	10 ⑤	11 ③	12 ①
13 ①	14 ④	15 ⑤	16 ⑤	17 ①	18 ③
19 ⑤	20 ⑤	21 ④	22 ②	23 ③	24 탐색
25 추론	26 수치 데이터		27 변수	28 공정성	
29~31 해설 참고					

(해설)

01 인공지능은 정해진 결과만 반복하는 것이 아니라 학습된 데이터에 따라 지능적이고 유동적인 결과를 도출한다.

02 인식은 입력된 데이터를 구별하고 식별하는 과정이다.

03 인공지능의 지능 수준은 학습하는 데이터의 품질과 양에 의해 결정되므로 양질의 데이터 확보가 가장 중요하다.

04 시각 정보를 식별하는 것은 '인식'이며, 기존 데이터를 바탕으로 미래를 예측하는 것은 '추론'이다.

05 일반 소프트웨어는 사람이 작성한 고정 규칙에 따라 작동한다.

06 규칙이 복잡하고 유동적인 상황은 스스로 학습하여 규칙을 만드는 인공지능 소프트웨어가 훨씬 효율적으로 처리한다.

07 인공지능은 학습한 데이터의 질에 따라 성능이 크게 달라

지므로, 정확하고 신뢰할 수 있는 데이터를 사용해야 더 올바른 결과를 얻을 수 있다. 따라서 데이터는 인공지능의 성능을 결정하는 핵심 요소이다.

08 인공지능 모델을 만들기 위해서는 데이터를 여러 번 학습시키는 반복 학습 과정이 꼭 필요하다.

09 다양성은 여러 상황을 반영하는 다양한 데이터가 고르게 포함되어야 하는 것을 의미한다.

10 인공지능이 흰색 강아지만 학습하여 검은색 강아지를 인식하지 못하는 것은 데이터의 다양성 부족 사례이다.

11 인공지능 시스템을 구축하기 위해서는 가장 먼저 해결하려는 문제를 명확히 해야 한다.

12 인공지능 시스템을 구성하는 올바른 절차는 문제 정의 후 데이터 수집 및 분류, 학습, 모델 생성 및 적용의 순서이다.

13 인공지능 학습에 사용되는 데이터의 신뢰성이 떨어지면 잘못된 정보가 모델에 반영되어 잘못된 학습 결과를 초래한다.

14 인공지능 모델의 성능이 만족스럽지 않을 경우 데이터를 추가하거나 학습 조건을 변경하여 성능이 개선될 때까지 재학습시켜야 한다.

15 예측은 과거의 데이터를 기반으로 이루어지며, 충분한 데이터가 있을수록 정확도가 높아진다.

16 시각화는 복잡한 데이터 속에서 의미 있는 정보(경향성)를 도출하는 데 매우 효과적이다.

17 인공지능은 안전, 복지, 환경 보호 등 사회적 문제를 해결하는 긍정적인 방향으로 활용되어야 하며, 사생활 침해는 지양해야 한다.

18 인간 존엄성 보장은 인공지능이 인간을 돕는 도구로서 기본권을 존중하고 차별을 방지하는 데 목적이 있으며, 사람보다 더 높은 지능을 반드시 가져야 한다는 주장은 인간 존엄성과 직접적인 관련이 없다.

19 창작자의 허락이 없는 데이터 활용은 지식재산권 침해라는 윤리적 문제를 일으킨다.

20 데이터의 다양성 확보는 편향을 막고 공정성을 높이는 핵심 방법이다.

21 데이터 편향을 줄이려면 특정 집단에 치우치지 않고 다양한 연령과 지역을 포함한 데이터를 학습시켜야 인공지능이 더 공정하고 정확한 판단을 내릴 수 있다.

22 인공지능 윤리가 필요한 가장 큰 이유는 인공지능이 인간의 존엄성과 사회 전반에 미치는 영향이 크기 때문이다. 따라서 윤리적 기준을 마련해 기본권을 보호하고 안전하고 책임 있는 기술 활용을 보장해야 한다.

23 운영자는 인공지능 시스템이 올바르게 작동하도록 관리하고, 문제가 생기면 이를 해결하고 개선하는 책임을 진다. 단순히 방치하거나 개인 정보를 무단 공개하는 행위는 운영자의 올바른 역할이 아니며, 사용자에게 책임을 떠넘기거나 데이터를 무단 삭제하는 것도 부적절하다. 따라서 가장 적절한 역할은 문제를 관리하고 개선하는 것이다.

24 여러 경우의 수 중에서 가장 적절한 해결 방법을 찾는 기능은 탐색 기능이다. 탐색은 다양한 선택지와 가능성을 비교·분석하여 최적의 해답을 도출하는 과정이다.

25 추론은 이미 알고 있는 정보나 모델을 활용해 새로운 판단을 내리는 과정이다.

26 기온, 강수량 등 숫자로 표현되는 데이터이다. 이 데이터는 수학적 연산이 가능하기 때문에 통계 분석, 기계 학습, 예측 모델링 등 다양한 인공지능 응용 분야에서 활용된다.

27 변수는 프로그램에서 데이터를 임시로 담아두는 그릇 역할을 하며, 실행 과정에서 값이 바뀔 수 있다.

28 공정성 원칙은 인공지능이 특정 집단이나 개인을 차별하지 않고, 모든 사람을 동등하게 대우하도록 보장하는 핵심 원칙이다.

29 (예시 답안)
타인의 얼굴을 무단 합성하여 가짜 뉴스를 만들거나 명예를 훼손함으로써 사회적 혼란을 야기하고 개인의 인권을 심각하게 침해할 수 있다.

(해설)
딥페이크 기술은 사실처럼 보이는 합성을 통해 개인의 명예와 인권을 침해할 수 있다. 이러한 허위 정보는 사회적 혼란을 초래하므로 윤리적 규제와 책임 있는 활용이 필요하다.

30 (예시 답안)
인공지능을 편리한 도구로만 생각하지 말고, 자신의 사용 결과가 타인이나 사회에 미칠 영향을 고려하며 책임감 있게 활용해야 한다.

(해설)
사용자는 인공지능을 단순한 도구로만 보지 않고, 그 활용이 사회와 타인에게 미칠 영향을 고려해야 한다. 따라서 책임감을 가지고 올바르게 사용하는 태도가 윤리적으로 중요하다.

31 [예시 답안]

분류는 데이터를 범주로 나누는 것이고, 예측은 미래값을 추정하는 것이다.

[해설]

처리 목적과 결과 형태가 서로 다르다. 분류는 현재의 데이터를 기준으로 성격이나 속성에 따라 그룹을 나누는 과정이고, 예측은 과거와 현재 데이터를 활용해 앞으로 나타날 값을 추정하는 과정이다.

Ⅴ 디지털 문화

01 디지털 사회와 진로

시험 대비 문제 ——— 본문 162~163쪽

[정답]

01 ⑤	02 ④	03 ①	04 ⑤	05 ④	06 ①
07 ③	08 ⑤	09 ⑤	10 ③	11 디지털 기술	

12 웨어러블 기기(디비이스) **13** 자동화
14 스마트 팩토리 **15** 사이버 보안 전문가
16 메타버스 **17** 가상 현실(VR), 증강 현실(AR)
18~20 해설 참고

[해설]

01 디지털 기술은 데이터를 다루는 컴퓨팅 시스템 관련 기술이다.

02 로봇 청소기 시스템은 가정에서 활용 가능한 컴퓨팅 시스템에 해당한다.

03 웨어러블 기기는 무선 통신을 주로 활용하여 자유롭게 착용하고 활동할 수 있다.

04 우리가 온라인에서 활동하는 과정 자체가 데이터로 자동 생성된다.

05 지능화는 사람이 하던 복잡한 판단을 기계가 돕는 것이지, 사람에게 수동 작업을 강요하지 않는다.

06 개인의 특성을 파악하여 맞춤형 정보를 주는 것이 개별화이다.

07 연결성은 네트워크를 통해 시공간의 제약을 극복하게 해 준다.

08 스마트 팩토리의 확대로 제조업은 자동화된 시스템 중심으로 변화한다.

09 데이터를 분석하여 가치 있는 정보를 만드는 것이 데이터 분석가의 핵심 업무이다.

10 현대의 가상 사회는 실제 사회와 밀접하게 상호 작용하며 가상 사회의 데이터가 실제 사회에서도 활용된다.

11 우리가 사용하는 컴퓨터, 스마트폰, 태블릿 등의 기기가 데이터를 만들고, 저장하고 처리하는 일을 가능하게 하는 기술을 디지털 기술이라고 한다.

18 [예시 답안]

디지털 사회의 복잡한 문제를 해결하기 위해서는 소프트웨어나 인공지능의 도움이 필요하다. 이때 인공지능은 데이터를 바탕으로 문제를 분석하여 결과를 제공하므로, 데이터를 올바르게 생성하고 활용하는 능력은 최적의 결과를 얻기 위해 필수적이다.

[해설]

복잡한 문제 해결을 위해 소프트웨어나 인공지능이 데이터를 분석하여 최적의 결과를 도출하므로, '데이터를 올바르게 다루는 역량'이 필수적임을 기술해야 한다.

19 [예시 답안]

장점은 여러 의사 결정 과정에서 도움을 얻어 효율적인 선택을 할 수 있다는 점이며, 단점은 인공지능을 사용하기 위해 막대한 양의 데이터와 에너지를 소모해야 한다는 점이다.

[해설]

'의사 결정의 효율성을 높여'준다는 장점과 함께, 이를 위해 '막대한 양의 데이터와 에너지가 소모'된다는 단점이 모두 언급되어야 한다.

20 [예시 답안]

물리적인 공간이나 직접적인 대면 없이도 업무를 수행할 수 있게 되었다. 예를 들어, 은행에 직접 가지 않고도 온라인으로 은행 업무를 보거나, 상점을 방문하지 않고 물건을 탐색하고 원하는 물건을 구입할 수 있게 되었다.

[해설]

직접적인 대면이나 물리적 '장소의 제약 없이' 온라인 플랫폼을 통해 언제 어디서든 서비스를 이용할 수 있게 된 변화가 핵심이다.

02 디지털 윤리와 권리 보호

정답

01 ⑤	02 ③	03 ⑤	04 ①	05 ②	06 ②
07 ②	08 ①	09 ⑤	10 ①	11 ⑤	12 ④
13 ⑤	14 ③	15 ⑤	16 ④	17 ⑤	18 ①
19 ①	20 디지털 역기능	21 확산성		22 가명 정보	
23 저작물		24 동일성 유지권		25~28 해설 참고	

해설

01 디지털 윤리는 가상 세계에서 지켜야 할 도덕적 판단력과 실천 능력이다.

02 기술 발달보다는 개인이 윤리적으로 행동하려는 의식이 없을 때 역기능이 생긴다.

03 기기 사용을 스스로 조절하지 못해 일상에 문제가 생기는 상태가 과의존이다.

04 계획적으로 사용하고 스스로 멈추는 것은 과의존이 아닌 정상적인 이용이다.

05 기기 사용을 위해 활동량이 줄어들면 신체 건강에 다양한 문제가 발생한다.

06 스마트쉼센터는 스마트폰 과의존 예방 교육 및 상담을 전문으로 수행한다.

07 사이버 폭력의 큰 특징 중 하나는 기록이 오랫동안 남는다는 점이다.

08 시공간 제약이 없는 디지털 공간의 특징 때문에 많은 사람이 모이기 쉬워 집단으로 사이버 폭력이 일어나기 쉽다.

09 단체 채팅방에 초대해 나가지 못하게 하는 '카톡 감옥' 등은 사이버 따돌림이다.

10 맞대응은 상황을 악화시키므로 피하고, 증거를 모아 어른이나 기관에 알려야 한다.

11 상대를 비하할 목적으로 사실 혹은 거짓을 말해 명예를 훼손하는 것은 사이버 명예 훼손이다.

12 살아있는 개인에 대한 정보로, 그 사람임을 알 수 있는 모든 것이 개인 정보이다.

13 종교, 가치관, 물품 구매 내역 등 개인의 생각과 관련된 것은 정신적 정보이다.

14 비밀번호는 8~10자리 이상으로, 여러 종류의 문자를 섞어 주기적으로 바꿔야 한다.

15 저작권은 '인간'이 만든 창작물에만 부여되며, AI가 만든 것은 인정되지 않는다.

16 저작 인격권은 양도할 수 없는 정신적 권리로 공표권, 성명 표시권 등이 있다.

17 헌법, 법률, 판결문 등 공익을 위해 공유해야 하는 정보는 저작권 보호 대상이 아니다.

18 비영리(Non-Commercial)는 돈을 벌기 위한 목적으로 써서는 안 된다는 뜻이다.

19 디지털 워터마킹은 눈에 보이지 않는 정보를 넣어 원본과 소유자를 확인한다.

20 개인이 윤리적으로 행동하려는 의식이 부족할 때 과의존, 사이버 폭력, 정보 침해 등의 역기능이 발생하게 된다.

21 디지털 공간은 현실과 달리 정보의 전달 속도가 매우 빠르기 때문에 피해가 순식간에 커질 수 있다.

22 가명 정보는 개인의 동의 없이도 통계 작성이나 과학적 연구 등의 목적으로 활용할 수 있다.

23 저작물을 만들어야 저작권법의 보호를 받을 수 있다.

24 저작 인격권에는 이 외에도 저작물을 발표할 권리(공표권)와 이름을 표시할 권리(성명 표시권)가 있다.

25 예시 답안
디지털 윤리는 현실과 가상 세계가 합쳐진 디지털 사회에서 우리가 어떻게 행동해야 하는지 판단하는 도덕적 원칙이다. 이는 디지털 공간에서 옳고 그른 행동을 스스로 판단하고 올바른 행동을 실천하는 능력을 의미하므로 디지털 사회에서 중요하다.

해설
'도덕적 원칙', '가상 세계와 현실의 공존', '스스로 판단하고 실천하는 능력'이 포함되어야 한다.

26 예시 답안
확산성은 소문이나 허위 사실이 디지털 공간에서 아주 빠른 속도로 널리 퍼지는 특징이며 , 지속성은 시간과 공간의 제약이 없어 피해자가 24시간 내내 폭력에 노출되는 특징이다. 이로 인해 피해자는 순식간에 수많은 사람에게 비난을 받으며, 집에서도 폭력으로부터 벗어나지 못하는 고통을 겪는다.

해설
확산성은 '속도와 범위', 지속성은 '시간과 공간의 제약 없음'을 중심으로 설명해야 한다.

27 (예시 답안)

자신이 입은 피해를 증명할 수 있는 객관적인 증거(캡처 화면 등)를 보관해야 합니다. 도움을 요청할 수 있는 곳으로는 부모님, 학교 선생님, 또는 117 학교 폭력 신고 센터가 있습니다.

(해설)

'객관적 증거 확보(캡처)'와 '신뢰할 수 있는 어른 또는 전문 기관(117 등) 신고'가 반드시 들어가야 한다.

28 (예시 답안)

창작자는 자신의 저작물을 어떤 조건으로 이용해야 하는지 명확하게 표시할 수 있고 , 이용자는 저작권을 위반하지 않고 의도에 맞게 편리하게 사용할 수 있다.

(해설)

창작자 측면의 '자유로운 이용 조건 명시', 이용자 측면의 '위반 없는 편리한 사용'이 포함되어야 한다.

대단원 마무리 문제   본문 176~178쪽

(정답)

01 ⑤	02 ③	03 ②	04 ④	05 ⑤	06 ①
07 ②	08 ④	09 ⑤	10 디지털 윤리		
11 지속성		12~16 해설 참고			

(해설)

01 디지털 기술의 활용 범위는 사회 전 분야로 점차 확대되고 있다.

02 자동화는 '수행'에, 지능화는 '판단 및 학습'에 초점을 맞추고 있다.

03 보안 취약점 분석과 예방은 보안 전문가의 핵심 업무다.

04 특정 상대를 채팅방에 가두는 것은 '사이버 따돌림'에 해당한다.

05 디지털 기록은 삭제가 어려워 피해가 영구적으로 남을 수 있는 위험이 있다.

06 종교나 가치관은 정신적 정보, 성적이나 경력은 사회적 정보이다.

07 사생활 위협이 큰 정보를 민감 정보라 하며 중요하게 관리한다.

08 동물이나 인공지능이 제작한 것은 저작물로 인정되지 않는다.

09 공표권은 저작 인격권에 포함되는 권리이다.

12 (예시 답안)

복잡한 문제를 해결하기 위해 활용되는 소프트웨어나 인공지능은 데이터를 바탕으로 문제를 분석하여 결과를 제공한다. 따라서 최적의 결과를 얻기 위해서는 데이터를 올바르게 생성하고 분석하는 능력이 필수적이다.

(해설)

'인공지능의 데이터 분석 역할', '최적의 결과 도출'이 포함되어야 한다.

13 (예시 답안)

수많은 기기와 사람이 네트워크로 연결되면서 시간과 공간의 제약이 줄어들게 되었다. 이로 인해 사무실에 직접 출근하지 않고도 집이나 카페에서 업무를 수행하는 원격 근무가 가능해졌으며, 전 세계 사람들과 실시간으로 협업할 수 있는 환경이 조성되었다.

(해설)

'네트워크 연결', '시공간 제약의 감소', '원격 근무 또는 실시간 협업'이 기술되어야 한다.

14 (예시 답안)

첫째, 싫어하는 말이나 행동에 대해 명확하게 거부 의사를 밝힌다. 둘째, 피해 사실을 증명할 수 있는 객관적인 증거(캡처 등)를 확보하고 부모님이나 학교, 전문 기관(117 등)에 도움을 요청한다.

(해설)

'명확한 거부 의사', '객관적 증거 확보', '주변/기관에 도움 요청' 중 2가지가 포함되어야 한다.

15 (예시 답안)

개인 정보란 살아있는 개인에 관한 정보로 개인을 알아볼 수 있는 모든 정보를 의미한다. 비록 정보 하나만으로는 특정인을 알 수 없더라도, 다른 정보와 쉽게 결합하여 개인을 식별할 수 있다면 그 정보 역시 개인 정보로 취급되기 때문이다.

(해설)

'개인을 식별 가능한 정보'라는 정의와 '다른 정보와의 결합성'을 설명해야 한다.

16 (예시 답안)

저작 인격권은 저작자의 사상이나 감정이 담긴 저작물을 통해 저작자의 인격적 이익을 보호하는 정신적인 권리이기 때문이다. 사람의 인격은 물건처럼 사고팔 수 있는 성질의 것이 아니므로, 저작권자가 바뀌더라도 원작자의 인격적 권리는 양도되지 않고 유지된다.

(해설)

'정신적 권리', '인격적 가치의 비거래성(양도 불가)'이 명시되어야 한다.

중학교 **정보** 중간 · 기말 · 내신 대비

자습서 ➕ 평가 문제집

발 행 일 초판 1쇄 2026년 3월 30일

지 은 이 고기식, 안상진, 유미, 이명희, 정진욱, 한희덕

발 행 인 신재석

발 행 처 (주)삼양미디어

주   소 서울시 마포구 양화로 6길 9-28

전   화 02) 335-3030

팩   스 02) 335-2070

등록번호 제10-2285호

Copyright ⓒ 2026, samyangmedia

홈페이지 www.samyang**M**.com

I S B N 978-89-5897-456-7

정   가 18,000원